알기 쉬운

경제와 경영학

Economy and Management

김중호 저

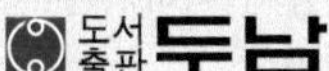

서 문

경영학이라는 학문은 우리의 일상생활에 필요한 기본적인 지식으로 기업뿐만 아니라 정부, 학교, 병원, 종교 단체, 가정 등 사회를 구성하고 있는 모든 형태의 조직은 물론이고 개인에게도 경영의 개념이 중요하게 부상되고 있는 것이 현실이다.

이처럼 사회 전반에 보편화되고 있는 경영의 원리와 개념을 짧은 시간에 체계적으로 학습하고 싶은 것은 우리 모두의 바람일 것이다.

이러한 이유로 경영학을 전공하지 않은 대학생 및 일반인들에게 경영학 강의를 하다 보면 경제학의 기초 이론을 모르는 상태에서 경영의 논리를 이해하는 것은 한계가 있다는 것을 인지하야 경제의 기본이론과 경영학의 맥을 짚는 데 꼭 필요한 기본적인 개념을 한 권의 책으로 학습할 수 있도록 「알기 쉬운 경제와 경영학」을 세상에 내놓게 되었다.

「알기 쉬운 경제와 경영학」은 비전공자 학생들도 이해하기 쉽도록 기본적인 내용을 개괄적으로 구성하다 보니 구체적인 내용이 누락된 것도 많이 있을 것으로 생각된다. 제1편 경제의 기본이론에서는 경제학의 기초개념과 금융시장 등 실생활에 밀접한 내용으로 구성하였고, 제2편 경영의 기본이론에서는 경영학의 기초개념과 계획, 조직화, 지휘, 통제로 이어지는 경영의 관리기능을 포함하고, 제3편 경영의 업무기능에서는 마케팅, 생산·운영, 인적자원, 재무관리 네 부분으로 체계화하였다.

이 책은 비전공 대학생에게 경제학과 경영학 강의 경험을 바탕으로 주요 핵심사항만 정리한 것에 불과한 것으로 기존 관련 자료 및 다른 서적을 많이 인용하였고, 이 과정에서 저자분들께 일일이 양해를 구하지 못한 점 사과의 말씀과 감사를 드립니다.

경제와 경영학의 방대한 분야를 설명하는데 부족한 점이 많다는 것을 알고 있으며, 부족한 부분에 대해서는 독자들의 다양한 비판을 적극 수용하여 지속적으로 보완할 것을 약속드립니다.

끝으로 이 책이 출간될 수 있도록 도와주신 모든 분들께 감사를 드리며, 특히, 출판을 허락해 주신 도서출판 두남의 전두표 사장님과 이승구 상무님 그리고 편집부 여러분들께 깊은 감사를 드립니다.

2022년 1월

김 중 호

차 례

제 1 편 경제의 기본이론

제 2 편 경영의 기본이론

제 3 편 경영의 업무 기능

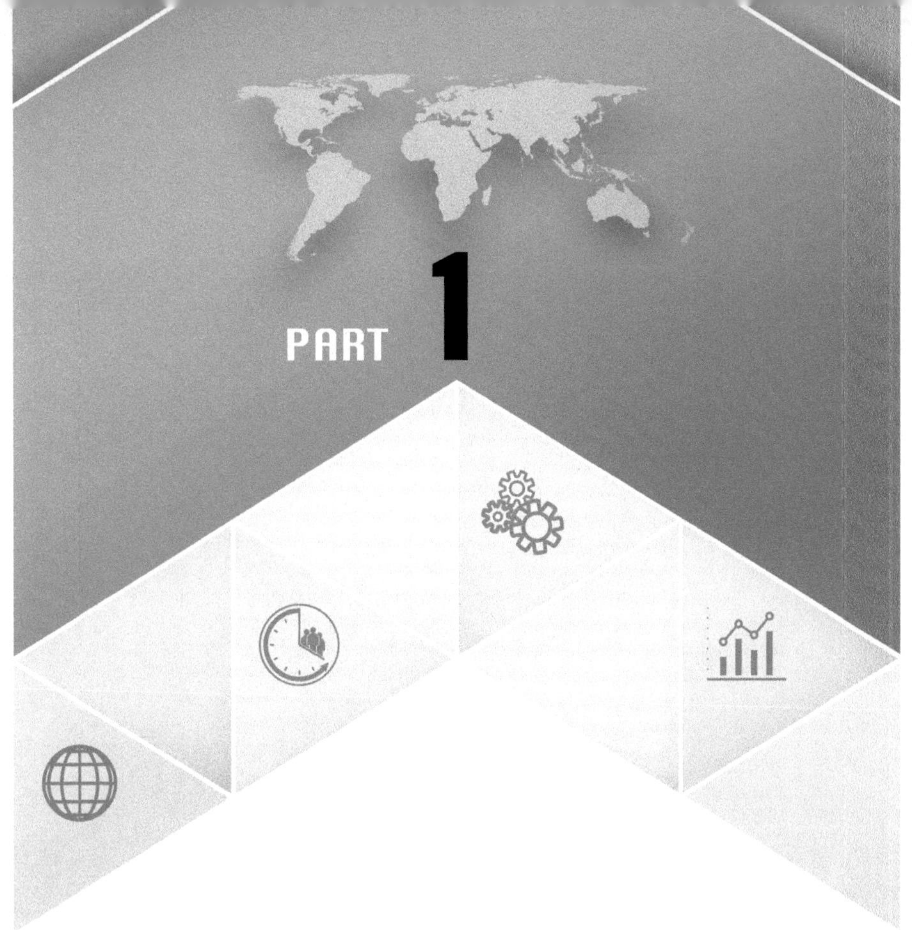

경제의 기본이론

Basic Concepts of Economy

PART I 경제의 기본이론

Chapter 1 경제학의 기초개념

제 1 절 기초개념

1. 경제학의 정의

경제라는 용어의 기원은 '세상을 경영하여 백성을 구제 한다'라는 뜻의 경세제민을 줄여서 표현한 것으로 인간의 경제행위에 관해 연구하고 경제사회의 구조를 규명하는 사회과학의 한 분야라고 정의할 수 있다. 경제학의 기본적인 분석단위는 개인이며, 합리적 선택에 대해 강조하고 이론적인 엄밀성을 추구하기 위해 고급 수학을 활용하고 있다. 다른 관점으로 경제학을 정의할 때, '인간의 경제활동에 기초를 둔 사회적 질서를 연구 대상으로 하는 사회과학'이라고 할 수 있다. 경제활동은 세상을 경영하는 행위를 말하는 것이며, 사회과학은 사회현상에 대한 규칙성의 발견 및 미래 예측 등 과학적 탐구를 목적으로 하는 학문을 말하는 것이다. 경제와 경제학에 관한 정의는 다양한 방식에 의해서 정의를 내리고 있지만, 결국 우리가 경제학을 공부해야 하는 이유는 다음의 네 가지로 요약할 수 있다.

첫째, 현대인으로서 기본적 소양인 합리적인 사고의 훈련으로 둘째, 현실적

필요에 의한 지식으로 셋째, 현대사회에서 경제이슈의 중요성이 커지고 있으므로, 마지막으로 경제학 자체가 인간의 물질적 부와 관련된 모든 것을 다루는 학문이기 때문이다.

위의 네 가지를 종합해보면 경제학이라는 것은 우리가 현실에서 경험할 수 있는 것들에 대한 체계적인 학습이며 본인의 직업, 전공 등 개인적인 차이를 막론하고 누구나 반드시 알고 있어야 할 기본적인 학문이라고 말할 수 있다. 기본적인 학문이기 때문에, 경제학을 알아야 하는 것이며 이는 미래의 자신에 대한 물질적인 부를 추구함에 있어서도 기본이 되는 분야이기 때문이다.

경제학에 다루는 내용들

미시 경제학	거시 경제학
• 합리적인 선택(소비자, 생산자 입장에서) • 시장의 효율성 인식 • 시장실패에 대응방안(정부규제, 정책, 조세)	• 국가단위의 경제규모, 수준 등 측정 • 국가소득의 결정과정(복지, 후생문제) • 경제성장의 촉진 및 불균형에 대한 대처 • 거시경제정책분석(재정, 통화정책)

2. 디지털경제

디지털 경제는 디지털 기술의 활용을 통해 생산, 소비, 유통 등 제반 경제 활동의 방식이 근본적으로 바뀌게 된 경제 시스템을 가리킨다. 좁은 의미로는 기업과 소비자, 기업과 기업, 기업과 정부 등 경제 주체간의 거래 방식이 컴퓨터와 인터넷이라는 디지털 기술에 의존하는 것을 말하고, 넓은 의미로는 조직간 혹은 조직 내에서 디지털 기술에 의존하여 이루어지는 제반 경제 활동을 포함하며, 단순히 재화나 서비스뿐만 아니라 정보의 거래와 흐름도 포함된다.

디지털경제의 기반은 정보통신산업(IT: Information Technology)의 발전과 컴퓨터, 통신, 그리고 정보가 융합되어 만나는 인터넷이다.

디지털경제의 핵심은 ICT(Information and Communication Technology: 정보통신기술)의 발달과 이를 활용한 기술혁신으로 정보가 디지털화되고 인터넷을 통해 컴퓨터, 통신 그리고 정보가 융합되는 것이다. 따라서 디지털경제는 정보,

통신, 컴퓨터가 융합되는 인터넷의 등장과 보급으로 네트워크화가 진전되면서 개인과 기업, 정부가 연결되어 경제적 변화와 사회적 변화까지도 초래한다.

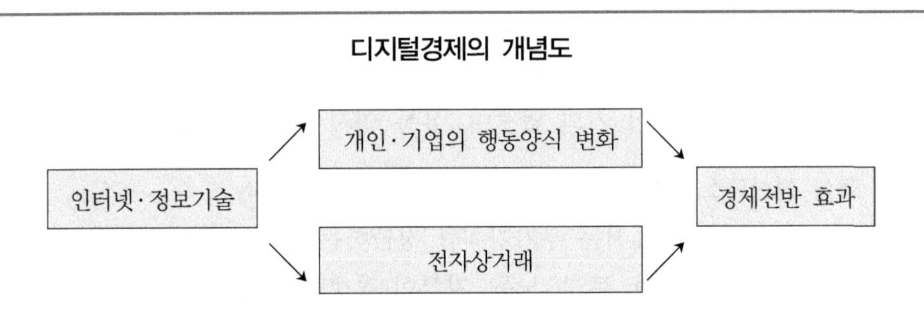

짧은 기간 동안 이루어진 이러한 변화는 디지털 기술이 갖고 있는 고유의 특성으로 인해 가능할 수 있었다.

① 광속성이다. 빛의 속도로 정보를 전달할 수 있어 지식기반경제의 기틀을 다지는 밑거름이 되었다.

② 무한 반복 재현이 가능함으로 인해 아무리 반복 사용해도 정보가 줄어들거나 질이 떨어지지 않는다. 즉, 제품이나 서비스의 개발 투자를 위한 단위생산비용이 최소화됨에 따라 수확체증의 경제 원칙이 일어나는 특성이 있다.

③ 조작 및 변형이 용이함으로써 정보의 가공이 쉽고 다양한 형태로 변형시킬 수 있다. 이것은 인터넷 콘텐츠 산업이 전자상거래 시대의 핵심으로 부상할 수 있는 주요 특성이라고도 할 수 있다.

④ 쌍방향성(interactivity)이다. 정보의 쌍방향전달이 가능함으로 인해 일방전달에서 오는 부작용을 줄일 수 있고 정보의 시너지 효과를 얻을 수 있다.

⑤ 압축성이다. 방대한 정보를 압축 처리할 수 있어 정보의 저장 및 전송이 용이해졌다.

이러한 디지털경제의 특징으로 경제 원리도 변화가 일어나고 있다.

① 수확체증의 법칙 작용

생산비용 측면에서 재화 생산의 한계비용이 거의 제로(zero)에 가까우며, 유통 측면에서도 복제된 제품이 빠르고 쉽게 값싸게 유통된다. 기존 경제에서는 생산 및 유통의 한계비용이 증가하는 수확 체감 법칙이 작용하였다. 그러나 디지털 경제에서는 생산자의 입장에서 초기 투자 이후 추가적인 생산에 어려움이 거의 없으며, 유통 역시 마찬가지이다.

② 핵심 생산요소의 변화

기존의 산업 경제에서는 부가가치를 창출하는 데 물리적 생산 활동이 가장 의미가 있었으며, 토지, 노동, 자본이 경쟁력 유지에 중요한 역할을 하였다. 그러나 디지털 경제의 핵심 요소인 지식, 정보 등은 생산 과정에서뿐만 아니라, 유통, 소비 등 모든 경제 활동에서 부가가치를 높이는 데 중요한 역할을 한다. 또한 인터넷에서 키워드 한 개를 입력하면 곧바로 수백 개의 관련 정보가 출력되는 예처럼, 요소 자체가 투입의 결과물로 즉시 확대 재생산된다는 점에서 기존의 요소들과는 다른 중요한 특징을 지닌다.

또한 경제 구조의 변화도 초래를 하였다.

① 글로벌경제의 심화

기존 산업 경제에서의 글로벌화는 재화, 노동력 및 자본의 이동 등 물리적·유형적 차원에 머물러, 진전 속도가 늦고 지리적으로 제한적이었다. 그러나 지식과 정보가 주요한 자원이 되고 정보통신 기술의 발달로, 이러한 지식과 정보가 전 세계적으로 급속히 교환되면서 세계 경제의 단일화가 가속화되었다. 이에 따라 국가간 상호 의존성이 증가하고, 기업의 업무영역은 전 세계로 급속히 확산되었다.

② 실시간 경제 구현

경제환경 변화, 새로운 기술 등의 전파와 확산이 광속으로 이루어져 실시간(real time) 경제가 구현된다. 산업시대에서는 경제 활동 변화의 내용이 시차를 두고, 혹은 공간적으로 거리를 두고 전파되었다. 그러나 정보 교환이 실시간으로 이루어지는 디지털 경제 시대에서는 시간과 공간의 격차

없이 경제활동이 세계 각국에서 동시에 일어난다.

③ 네트워크 구조로 전환

기존 경제에서는 경제 단위가 부문별로 분리된 채 규모나 권력에 따라 단선적인 계층 구조를 형성하였다면, 디지털 경제에서는 모든 부문이 통합되고, 경제 단위의 크기에 관계없이 상호 연결된 네트워크 구조를 기반으로 한다.

디지털경제가 가져온 산업의 변화 보면 디지털 경제에서는 새로운 고부가가치 창출 분야가 나타나, 경제 발전을 이끄는 핵심 산업이 변화된다. 산업경제에서의 핵심 산업은 철강, 건설, 석유화학(소비재 포함), 전자, 기계(자동차, 항공, 조선)산업 등이다. 반면 디지털경제 시대에서는 서비스산업, 특히 컴퓨터, 정보통신, 콘텐츠(contents) 산업 등 이른바 '제4차 산업'이 핵심 산업이 된다.

산업 경제와 디지털 경제 비교

구분		산업 경제	디지털 경제
경제 원리	생산 법칙	수확 체감 법칙 작용으로 한계비용 증가	생산 및 유통의 한계 비용 수확체증 법칙
	핵심 생산 요소	토지, 노동, 자본 등이 주로 생산 활동에 투입	지식, 정보 등이 생산, 유통 및 소비 모든 경제 활동에 투입
경제 구조	경제의 글로벌화	재화, 노동, 자본 등 물리적·유형적 차원에서 전개	지식, 정보 등 정신적·무형적 차원으로 확대
	실시간 경제	경제 활동이 실시간으로 이루어지지 않음	경제 활동이 실시간으로 이루어짐
	연결 구조	경제 단위의 계층적 구조	경제 단위의 규모에 관계없이 네트워크 구조 형성
산업	핵심 산업	철강, 건설, 기계 산업 등	컴퓨터, 콘텐츠 산업 등
사회 문제	불확실성의 정도	경제 활동 영역 협소로 상대적으로 안정적	경제 활동 대상 확대로 불안정성 심화
	불평등 결정 요인	노동과 자본 정도에 따라 수익 크기가 결정	디지털화 정도에 따른 정보의 양과 질에 의해 결정

이러한 디지털경제의 출현은 새로운 사회·경제 문제를 야기 시켰다.

첫째, 불확실성의 증대이다. 기존의 산업경제는 경제주체가 인식할 수 있는 경제활동의 영역이 협소함으로 인해 미지의 세계에 대한 불확실성이 주를 이루었다. 그러나 디지털 경제에서의 불확실성은 경제 활동 자체가 광범위하고 순간적으로 발생함으로 인해 경제주체가 인식해야 하는 대상이 너무 많은 데서 생겨났다. 이러한 인식대상 범위의 확대로 이전의 산업 시대보다 특정한 변수에 의한 사회 경제적 효과를 계산하고 예측하는 것이 더욱 어려워졌다.

디지털경제에서 경제활동의 변화

단계	산업사회		디지털 경제	
	가치창출 주요수단	필요 생산요소, 기술 및 능력	가치창출 주요수단	필요 생산요소, 기술 및 능력
제품 기술개발	대량생산용 제품 개발	복제기술 공정혁신	다양성, 맞춤성 짧은 제품수명주기	디자인 능력 제품혁신 time to market
조달 물류	vertical integration을 통한 구매력 확보	자본력 시장지배력	virual integration Gobal Sourcing	네트워크효과 정보수집 및 교환능력
제품생산	규모의 경제를 통한 비용절감	대기업 mass production	다품종 소생산을 통한 재고감축	전문기업 mass customization build-to-order just-in-time
판매 유통	대규모 시장과의 근접성 market share	대리점 영업사원 홍보물	one-to-one marketing mind share	소비자 DB확보 cyber trading 정보 infrastructure
서비스	불량품의 회수 및 수리	담당인력의 확보	효율적 활용을 위한 도움	Q/A DB smart manual제공 소비자 feedback의 원활화
고용 기업조직	평생직장 임금을 위한 노동	단순노동 hierarchy조직	평생교육 소유를 위한 노동(stock option)	multi-tasking, hyperarchy 조직

둘째, 디지털 경제 시대의 불평등은 디지털화의 정도에 따라 결정된다. 기존 산업 경제에서는 노동과 자본의 양에 따라 수입이 결정되고 이에 따라 소득 격차가 발생하였다. 반면 디지털 경제에서의 소득은 보유하고 있는 지식이나 정보의 양과 질에 따라 결정되는데, 이는 디지털화 정도에 의존한다. 따라서 컴퓨터 이용이 용이하지 않은 노령층과 정보 인프라가 낙후된 지역 주민들의 소득이 상대적으로 감소할 가능성이 크다.

3. 경제용어

어떤 학문이나 기초적인 개념들을 알아야 그 기본위에 새로운 지식들을 만들어갈 수 있다는 근본적인 문제이지만 생소한 단어, 수많은 그래프와 그림들, 축약되어 있는 외국어 표기 등 경제학에 대한 학습에서는 사전학습의 필요성이 더욱 중요하다.

1) 경제(경세제민)

- 세상을 경영해 백성을 부유하게 한다는 것
- 인간의 경제행위에 관해 연구하고, 경제사회의 구조를 규명하는 것

2) 재화

- 사람에게 쓸모 있는 물건(의복, 음식, 건물)
- 자유재, 경제재, 소비재, 생산재 등

3) 서비스

- 재화의 생산, 교환, 분배, 소비와 관련된 사람의 유용한 행위
- 경제원칙 : 최소비용으로 최대효과를 얻는다.

4) 경제학

- 인간의 물질적 부와 관련된 모든 것을 다루는 학문
- 경제학의 학문적 체계는 전통적으로 경제사, 경제이론, 경제정책론

• 연구대상에 따라 미시경제학, 거시경제학

5) 거시경제

• 경제를 크게 보는 것으로 국가의 개념을 포함하여 보는 관점
• 거시경제변수 : 물가, 환율, 국제수지, 금리

6) 미시경제

• 경제를 세분화하여 보는 것으로 세부 분야별로 나누어 보는 관점

7) 환율

• 외국돈(외환)의 교환비율

8) 물가

• 모든 물건의 가격(소비자물가, 도매물가, 수출입물가)

9) 통화

• 통용되는 화폐를 줄인 말(화폐, 금, 돈 등으로도 표현)

10) 국제수지

• 국제간의 수지타산

11) 금융

• 돈의 융통
• 돈의 융통을 전문적으로 하는 기관을 금융기관이라고 한다.

12) 경기

• 경제 전체의 활동기운
• 경기침체, 경기활성 등으로 표현된다.

13) 경제성장

- 인간의 물질적인 부를 크게 하는 것

14) 경제성장률

- 물질적 부가 얼마나 증가했는가를 나타내는 비율

15) 경기종합지수

- 경기와 연관성이 높다고 판단하는 것들을 모아서 만든 지수
  - 동행종합지수: 현실경기를 가장 잘 반영하는 것들을 모아서 만든 지수 (산업생산지수, 제조업가동률지수)
  - 선행종합지수: 현실경기보다 한발 앞서가는 것들을 모아서 만든 지수 (건축허가면적, 수출신용장내도액)
  - 후행종합지수: 현실경기보다 한발 뒤에서 따라오는 지수 (실업률, 재고지수)

16) 기업경기실사지수(BSI)

- 기업인들에게 앞으로 경기가 좋아질 것인가, 나빠질 것인가를 물어보고 그 답을 지수로 표현하는 것

17) 버블경제

- 부동산과 주가가 이유 없이 오르는 경우

제 2 절 기본원리

1. 경제학의 기본원리

경제학의 시작은 선택의 문제에서 시작된다. 우리가 세상을 살아가는 동안에 크고 작은 다양한 선택의 문제에 직면하게 된다. 오늘만 하더라도 강의를 들으러 갈까? 친구를 만나러 가야 하나? 점심으로 어떤 음식을 먹을까? 등의 개인의 선택이 필요한 일들이 넘쳐나고 있다.

만약에 이때 무엇을 선택하든지 잃을게 없다면, 다시 말해 어떤 선택을 할 때, 대가가 필요 없는 공짜라면 경제학을 배워야 할 필요가 없을 것이다. 하지만 이러한 선택의 대부분은 비용이 수반되며 우리는 하나를 선택하기 위해 또 다른 하나를 포기해야만 한다. 개인에게 어떠한 선택이 가장 합리적인가 하는 것이 바로 '기회비용(opportunity cost)'이며 이를 계산하여 행동하는 것이 경제학의 기본이다. 즉, 포기하는 대가로 얻을 수 있는 반대급부가 더 큰 것을 선택하는 합리적인 행동이 경제학의 핵심인 것이다.

또 다른 경제학의 기본적인 원리로 '희소성의 원칙(Law of Scarcity)'이 있다. 모든 사람들이 아무 부족함 없이 물건을 만들고 서비스를 제공하기에는 우리가 보유하고 있는 자원이 상대적으로 부족하다. 이러한 자원의 희소성이 있기 때문에 우리가 필요로 하는 물건이나 서비스를 효율적으로 분배하고 사용하기 위한 경제문제가 발생하게 된다. 현실경제는 이러한 희소성의 원칙에 의해 지배받기 때문에 경제학의 출발점은 '희소성의 원칙'으로 볼 수 있다.

결국 경제학의 핵심문제는 선택의 문제이고 희소한 자원의 효율적인 배분에 관한 문제이다.

모든 경제사회에서는 주어진 자원을 사용해서 그 사회의 경제적 후생을 극대화하기 위해 제기되는 세 가지 기본문제에 직면한다.

첫째, 무엇을 얼마만큼 생산할 것인가(what and how much)? 즉, 생산물의 종류와 그 수량의 문제이다.

둘째, 그 생산물을 어떻게 생산할 것인가(how to)? 생산방법의 문제로서 사람에 의한 노동집약적인 생산을 많이 할 것인가? 기계에 의한 자본집약적인 생산을 많이 할 것인가? 하는 생산조직이나 생산기술의 문제이다.

셋째, 그 생산물은 과연 누구를 위하여 생산될 것인가(for whom)? 국가를 위한 생산이냐 자본가를 위한 생산이냐 아니면 노동자를 위한 생산이냐 등의 분배문제이다.

이와 같은 세 가지 과제를 현실적으로 누가 해결하는가? 하는 경제문제를 안고 있다는 점에서는 경제체제의 구별이 필요 없겠지만 그 문제의 해결방법에 있는 그것은 경제체제에 따라서 달라진다.

자본주의 경제에서 개인의 이익은 스스로 사회전체의 이익으로 되었고, 개인은 이기심에 따라서 그에게 유리한 경제활동만 하면 가격이 시장을 통해 경제질서를 원활하게 해 주었다. 이는 시장기구, 가격기구(price mechanism)에 의한 가격의 매개변수적인 기능이라고 하는데, 아담스미스(Adam Smith, 1723-1790)는 보이지 않는 손(invisible hand)의 원리라고 했다.

사회주의 경제에서는 이와 같은 가격의 자동조절작용이 없으며 일체의 경제가 중앙당국의 계획에 의하여 수행되는데, 그것은 보이는 손(visible hand)으로 정부에 의하여 해결된다고 했다.

2. 경제학 이해의 기본원칙

경제에 관한 서적들을 보다보면 우선 알아둬야 할 내용들이 있다.

1) 그래프 그리는 방식 및 보는 방법

경제공부를 하다보면 항상 접할 수 있는 것이 그래프이다. 그래프가 나오면 우선 다음의 방식으로 접근해 보자.

다음 그래프는 가장 흔하게 볼 수 있는 그래프이다. X축은 수량을 나타내는 Q(Quantity)를, Y축에는 가격을 나타내는 P(Price)를 놓는 것이 가장 일반적인 그래프이다. 그리고 평면에서 그래프가 교차하는 점은 균형이라는 의미의 E(Equilibrium)라고 표시를 한다. 1사분면의 그래프를 표현하는 것이니 만큼 위와 옆으로 나갈수록 값들은 커지게 된다. 주의해야 할 점은 점 E에서 점 A로 변했을 때, 그 변화분을 볼 때 만나는 점들의 X축, Y축 즉, Q축과 P축의 위치를 봐야 한다는 것이다. 읽고자하는 부분을 각각 축에 내려서 그 변화분을 파악하는 것이 기본이다.

기본 그래프

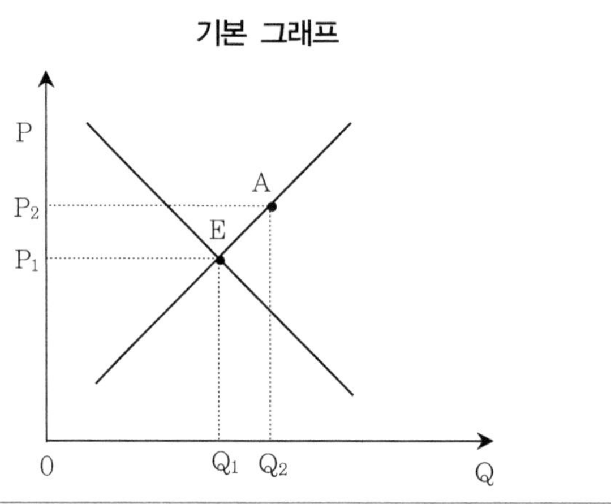

2) 가정 이해

경제학 책에 나오는 수많은 법칙들 중에 가장 훌륭한 법칙은 주장하는 그대로 현실경제에 적용하여 모두 옳다면 가장 훌륭한 법칙으로 기억될 것이다. 그러나 경제의 메커니즘은 그렇게 간단하지가 않다. 수많은 변수들에 의해 영향을 받고, 또 영향을 주고, 예기치 못했던 상황들이 발생하면서 원칙과 원리에 위배되는 사항들이 나오기 마련이다. 이 모든 상황에 들어맞는 경제법칙이란 사실상 불가능하기 때문에 경제법칙, 이론 등을 제시할 때는 기본적인 가정제시가 있기 마련이다. 이는 제시하는 이론에 따라 달라질 수 있지만 일반적으로 사용되는 기본적인 가정들은 다음과 같다.

① 2국, 2재화(두 나라, 두 물건만 존재한다는 가정)

② 생산요소의 질은 동일

③ 완전고용, 완전경쟁

④ 수송비 및 관세는 없다고 가정

⑤ 생산기술이 일정
⑥ 물가변동이 없다면
⑦ 어떤 요소가 일정불변이라면

3) 용어에 대한 이해

경제용어들은 평소에 관심을 가지고 있지 않았다면 매우 생소하고, 축약되어 있고, 이니셜로만 표시가 되어 있어 이해하는데 많은 어려움이 있다. 또한 우리가 평소에 쓰는 단어와 뜻은 다르지만 쓰거나 읽을 때 똑같은 경제용어들도 많다. 이러한 용어들은 평소에 인터넷이나 경제용어사전을 통해 충분한 학습이 이루어져야 한다. 아래에 제시하는 단어들에 대해 한번 생각해 보자.

감자	CD	선물
potato	음악, 레코드, 게임	생일선물, Present
자본금의 감소	양도성 예금증서	미래의 일정한 시기에 현품을 주고받기로 하고 매매 계약을 하는 일

감자라고 하면 먹는 감자를 제일 먼저 떠올릴 것이다. CD라고 하면 음악을 좋아하는 학생은 음악CD, 게임을 좋아하는 사람은 게임CD를 먼저 생각할 것이다. 선물이라고 하면 생일선물이 우선적으로 떠오를 것이다. 그러나 제시한 세 가지의 단어가 경제학이나 신문의 경제란에 언급이 되었다면 그 뜻은 달라지게 된다. 감자는 주식시장을 공부할 때, CD는 금융시장을 공부할 때, 선물은 파생금융부분에 관련된 내용으로 전혀 다른 뜻의 단어가 된다. 이러한 점을 파악하여 경제단어에 대한 정리는 선행되어야할 필수 과정이다.

Chapter 2

경제학의 기본이론

제 1 절 기본적인 이론

1. 수요와 공급

1) 수요 이론

수요(demand)란 소비자가 재화나 용역을 구매하고자 하는 욕구를 의미한다. 이러한 소비자의 구매욕구는 소비의 시간이나 장소, 소비자의 소득 및 당해 재화의 가격에 따라 달라질 것이다. 일반적으로 다른 조건이 불변이라는 가정 하에 수요는 단지 그 재화의 가격에 의해서만 결정된다.

수요량(quantity demanded)은 특정가격에서 수요 되는 최대수량을 가리킨다. 따라서 수요란 여러 가능한 가격하에서 각각 수요량이 얼마나 되는 가를 전체적으로 나타내는 것이다. 수요곡선이란 일정기간에 성립할 수 있는 여러 가지 가격수준과 수요량의 조합들을 연결한 곡선이며 우하향하는 그래프이다.

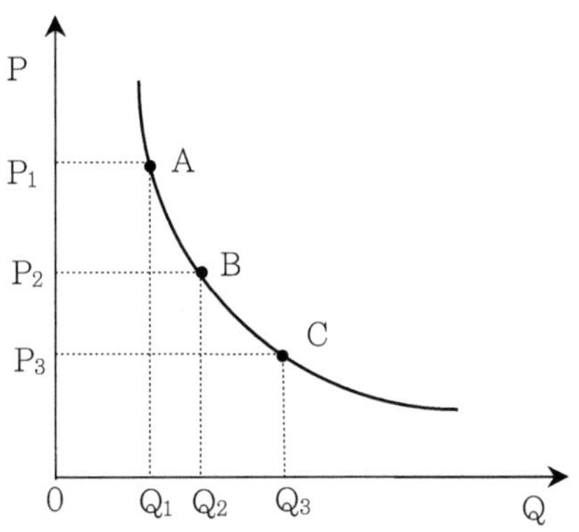

수요곡선을 읽을 때는 가격을 먼저 읽고 수요량을 나중에 읽는 것이 보통이다. A점은 가격이 P_1일 때, 소비자가 구매하고자 하는 최대수량은 Q_1임을 보여준다. 이것을 다르게 생각해 보면 소비자는 Q_1만큼 구입하기 위해서 지불할 수 있는 최고가격은 P_1이라는 것과 같은 것이다. A, B, C점으로 갈수록 가격은 P_1, P_2, P_3로 떨어지지만 수량은 Q_1, Q_2, Q_3로 증가하는 것을 볼 수 있다. 수요의 법칙은 시장전체의 상품가격과 수요량은 역(−)의 관계에 있다는 것이다. 즉, 가격이 상승하면 수요량은 감소하고 가격이 하락하면 수요량은 증가한다. 이 점은 상식적으로 생각했을 때, 물건을 구입하는 소비자의 입장에서 가격이 오르면 그만큼 물건을 덜 사게 되고, 가격이 떨어지면 물건을 더 살 수 있다는 것을 나타낸다.

수요의 법칙이 성립하는 이유는

① 상품의 가격하락은 다른 상품에 비해 싸졌기 때문에 수요량이 증가함
② 상품의 가격하락은 종전과 같이 지출을 해도 더 많은 수량구입이 가능함
③ 상품의 가격하락은 지금까지 비싸다고 생각하고 있던 사람들 까지도 그 상품을 사게 되어 수요가 증가함

수요의 변화는 수요의 결정요인 중 가격 이외의 요인이 변하여 수요곡선 자체가 이동하는 것을 말한다. 이에 대해 수요량의 변화는 가격이 변하여 구체적으로 수요 되는 수량이 변하는 것을 말한다.

가격의 변화는 동일한 수요곡선상에서 위치만을 변화시키지만, 가격 이외의 요인의 변화는 수요곡선 자체를 이동시킨다.

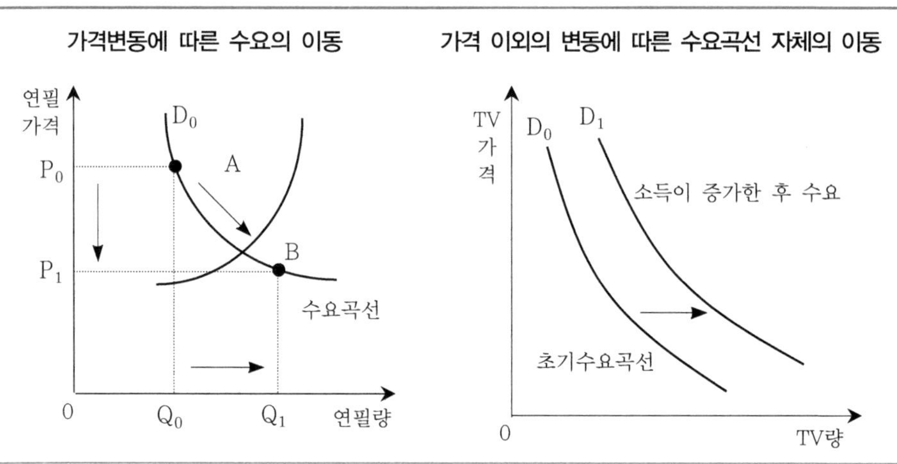

(1) 보통재, 중립재, 열등재

일반적으로 소득이 증가하면 특정재화에 대한 수요도 증가한다. 이러한 재화를 보통재라 한다. 반면에 소득이 변하여도 수요가 일정한 재화가 있는데 이를 중립재라 한다. 또 소득이 증가할수록 수요가 감소하는 재화를 열등재라 한다. 예를 들어 흑백 TV의 경우 국민소득이 증가할수록 TV수요가 칼라 TV로 전환되어 흑백 TV의 수요가 감소하는 추세에 있다. 따라서 흑백 TV는 열등재라고 할 수 있다.

현재 흑백 TV가 열등재이기는 하지만, 1970년대를 생각해보면 당시 국민소득 증가율을 넘어서는 흑백 TV수요증가율이 있었다. 그 당시 흑백 TV는 보통재였던 것이다. 이처럼 재화의 구분도 소득수준 및 대체상품 유무에 따라 영향을 받는 상대적인 것이다.

(2) 대체재, 보완재, 독립재

서로 다른 두 재화 간에 관련을 맺고 있는 경우, 그 관계는 대체관계이거나 보완관계이다. 또 만일 두 재화 간에 전혀 관련되지 않는 경우가 있는데 이를 독립관계라고 하고 이들 재화들을 독립재라 한다.

먼저 커피와 프림과의 관계에 대해서 알아보자, 블랙커피를 즐기는 몇몇 예외적인 경우를 제외하면 커피를 수요하는 경우 당연히 프림도 필요하게 된다. 이러한 관계를 보완관계라 하고 이들을 보완재라 한다. 이러한 보완재인 경우, 어떤 재화의 가격이 상승하면 그 재화의 수요가 감소할 것이므로 그 영향으로 보완재의 수요도 감소할 것이다. 즉, 커피 가격이 상승하면 커피 수요뿐만 아니라 프림 수요도 감소하게 된다.

다음으로 커피와 녹차의 관계에 대해서 알아보자. 커피를 즐기던 사람이 커피대신 녹차를 마시게 되면 커피 수요는 감소하는 반면 녹차 수요는 증가한다. 이렇게 서로 대체관계에 있는 재화들을 대체재라고 한다. 이러한 대체재의 경우, 한 재화의 가격이 상승하면 그 재화의 수요는 감소하는 대신 그 수요가 대체재로 전환되어 대체재의 수요는 증가한다. 즉, 커피가격이 인상되면 수요자들은 커피 대신 녹차를 수요할 것이므로 녹차의 수요가 증가하게 된다.

2) 공급이론

공급(supply)이란 생산자가 상품을 판매하고자하는 욕구를 말한다. 이러한 공급자의 공급욕구는 여타조건이 불변이라는 가정 하에 공급은 단지 그 재화의 가격에 의해서만 결정된다. 공급량(quantity supply)은 특정가격에서 공급되는 최대수량을 의미한다. 따라서 공급이란 여러 가능한 가격하에서 각각 공급량이 얼마나 되는가를 전체적으로 나타내는 것이다. 공급곡선이란 일정기간에 성립할 수 있는 여러 가지 가격수준과 공급량의 조합들을 연결한 곡선이며 우상향하는 그래프이다.

공급곡선을 읽을 때도 가격을 먼저 읽고 공급량을 나중에 읽는 것이 보통이다. A점은 가격이 P_1일 때, 공급자가 공급하고자 하는 최대수량은 Q_3임을 보여준다. 이것을 다르게 생각해 보면 공급자는 Q_3만큼 판매하고자할 때, 받고자하는 최소가격은 P_1이라는 것과 같은 것이다. C, B, A점으로 갈수록 가격은 P_3, P_2, P_1으로 증가하고 수량은 Q_3, Q_2, Q_1으로 감소하는 것을 볼 수 있다. 공급의 법칙은 시장전체의 상품가격과 공급량이 정(+)의 관계에 있다는 것이다. 즉, 가격이 상승하면 공급량은 증가하고 가격이 하락하면 공급량은 감소한다. 이 점은 상식적으로 생각했을 때, 물건을 공급하는 공급자의 입장에서 가격이 오르면 그만큼 물건을 더 공급하게 되고, 가격이 떨어지면 물건을 덜 판다는 것을 나타낸다.

공급곡선

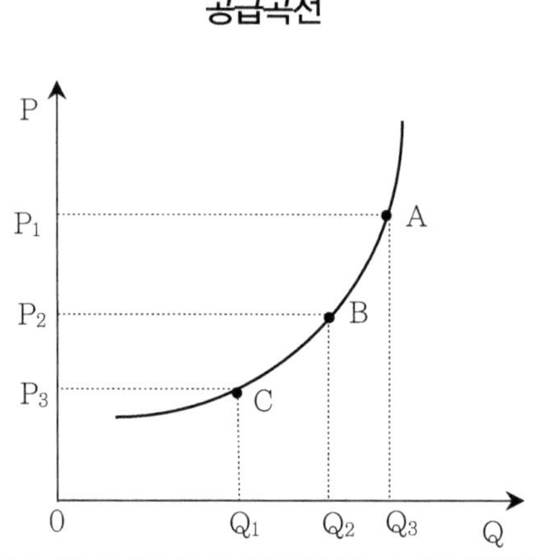

공급곡선의 이동으로 인하여 전과 동일한 가격수준에서 공급량이 변화하는 것을 '공급의 변화'라 하고, 공급곡선 자체의 이동이나 변동없이 단순한 가격의 변화에 따라 공급량이 변화하는 것을 '공급량의 변화'라 한다.

공급의 변화를 일으키는 주요 요인들은 다음과 같다.

① 기술수준이 향상되면 공급은 증가한다.

② 생산투입 요소가격이 하락하면 공급은 증가한다.

③ 생산요소를 경쟁적으로 사용하는 재화의 가격이 하락하면 공급은 증가한다.

④ 생산자의 수가 증가하면 공급은 증가한다.

⑤ 기업의 경기전망이 호전될 경우 공급은 증가한다.

⑥ 기업의 목표가 생산량 극대 또는 시장점유율 극대가 되는 경우 공급은 증가한다.

가격변동에 따른 공급의 이동 가격 이외의 변동에 따른 공급곡선 자체의 이동

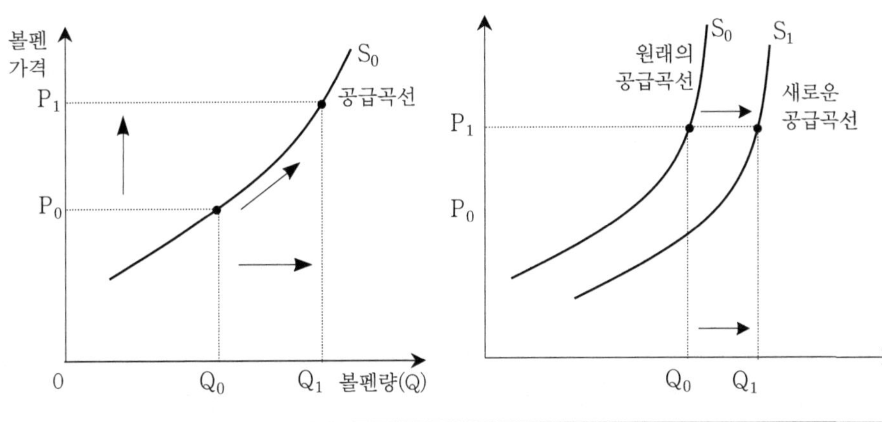

3) 균형가격의 결정

시장가격은 수요측 요인과 공급측 요인의 상호작용에 의해서 수요와 공급이 균등해지는 점에서 결정된다. 이러한 가격을 균형가격(Equilibrium Price)이라 한다. 이 균형가격에 대응하는 수요량을 균형수요량, 공급량을 균형공급량이라고 한다. 이와 같이 수요와 공급이 일치하는 점에서 가격이 결정되는 관계를 수요·공급의 법칙이라 한다.

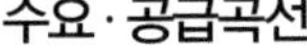

수요·공급곡선

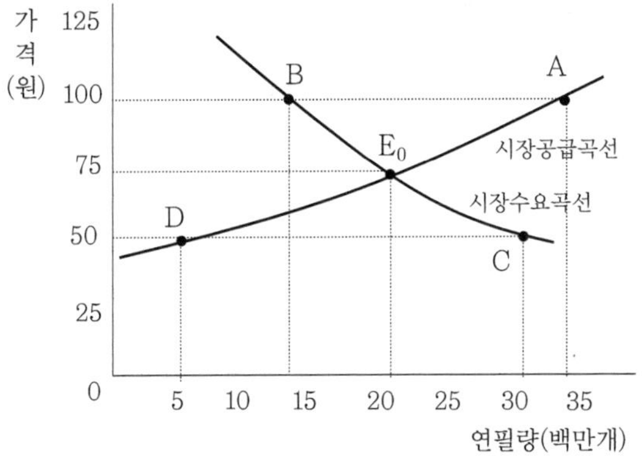

균형은 수요곡선과 공급곡선이 교차하는 점 E_0점에서 성립한다.

E_0보다 높은 가격수준에서는 공급량은 수요량을 초과하며 시장은 균형에서 벗어난다.(초과 공급량 발생)

E_0보다 낮은 가격수준에서는 수요량이 공급량을 초과하며 시장은 균형에서 벗어난다.(초과수요 발생)

4) 탄력성

(1) 수요의 가격탄력성(price elasticity of demand)

재화의 가격이 변화하면 재화의 수요량이 변화한다. 이때 재화의 가격이 변화하는 비율에 대하여 재화의 수요량이 변화하는 비율의 정도를 수요의 가격탄력성이라고 하고 수식은 다음과 같이 표시된다.

$$\text{수요의 가격탄력성} = \frac{\text{수요량의 변화율}}{\text{가격의 변화율}} = -\frac{\triangle Q/Q_m}{\triangle P/P_m} = -\frac{\triangle Q}{\triangle P}\cdot\frac{P_m}{Q_m}$$

수요곡선의 기울기와 탄력성

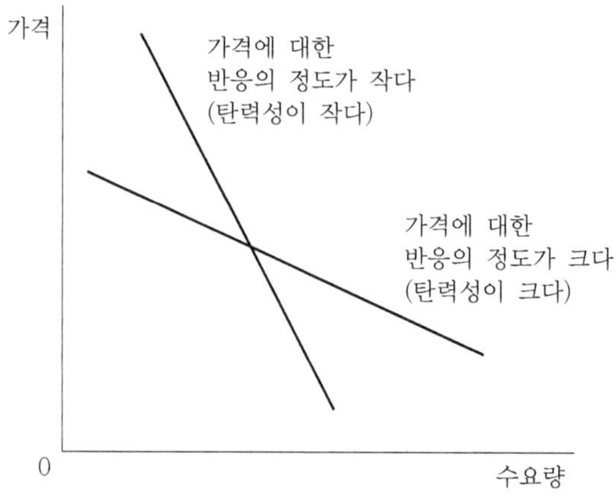

■ 수요의 탄력성을 결정하는 제 변수

① 대체재가 존재하는 경우 탄력성은 크다.

② 개인의 총지출에서 그 재화의 지출이 차지하는 비중이 큰 경우에 수요의 탄력성은 크다. 반대로 개인의 총지출에서 그 재화의 지출이 차지하는 비중이 작은 경우에 수요의 탄력성은 작다. 예를 들어 총지출에서 차지하는 비중이 작은 볼펜의 가격이 올랐다고 하더라도 볼펜 수요가 급격하게 감소하는 것은 아니다.

③ 생활필수품인 경우 탄력성은 작고, 사치품인 경우 탄력성은 크다.

(2) 공급의 가격탄력성(price elasticity of supply)

재화의 가격이 변화하면 재화의 공급량이 변화한다. 이때 재화의 가격이 변화하는 비율에 대하여 재화의 공급량이 변화하는 비율의 정도를 공급의 가격탄력성이라고 하며, 수식으로는 다음과 같다.

$$\text{공급의 가격탄력성} = \frac{\text{공급량의 변화율}}{\text{가격의 변화율}} = \frac{\triangle S/S_m}{\triangle P/P_m} = \frac{\triangle S}{\triangle P} \cdot \frac{P_m}{S_m}$$

공급곡선의 기울기와 탄력성

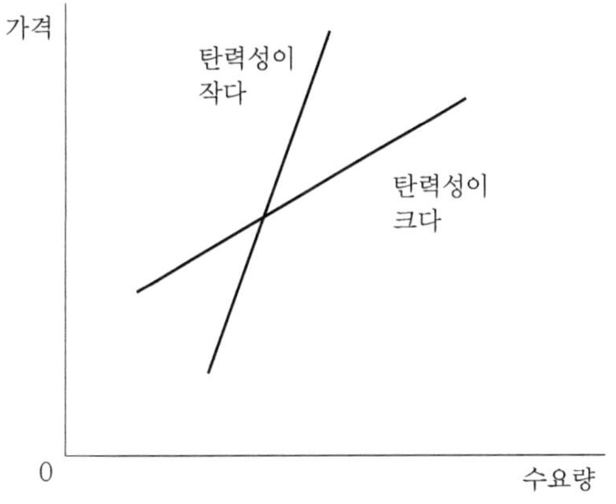

■ 공급의 탄력성을 결정하는 제 변수

공급의 탄력성은 재화의 생산조건에 의해 좌우된다.

① 유휴자본 및 노동이 존재하여 대금 및 지대, 자본가격의 큰 상승이 없이 추가적 생산이 가능한 경우에 공급의 탄력성은 크다.

② 산업에의 진입과 퇴출이 자유로운 경우 즉, 고정자본의 규모가 작거나 진입의 장벽이 없는 경우에 공급의 탄력성이 크다.

2. 한계효용 이론

재화가 갖고 있는 유용한 성질에 대하여 사람들이 주관적으로 부여하는 심리적 평가 또는 만족도를 효용이라고 한다. 효용의 가측성을 전제하여 효용을 극대화하려는 합리적인 소비자는 각 재화의 한계효용이 균등하게 되도록 소비하기 때문에, 결국 한계효용균등의 법칙이 성립하는 소비점이 소비자행동의 균형점임을 밝히려는 이론이다.

일정한 시간에 사용한 어떤 재화의 소비량 전체에서 얻은 효용을 총효용이라 하고, 마지막으로 소비된 한 단위의 재화에 의해 얻은 효용을 한계효용이라고 하는데 다음과 같은 성질이 있다.

① 총효용함수를 $TU = f(X)$라 할 때,
한계효용함수는 $MU = df(X)/dX = f(X)$ 이다.

② 한계효용의 누적합계는 총효용과 같다.

③ 총효용이 극대일 때 한계효용은 0이다.

④ 총효용이 증가할 때도 한계효용은 감소할 수 있다.

한계효용곡선을 보면 상품의 소비량이 늘어갈 때 한계효용이 점차 떨어지는 것을 알 수 있다. 즉, 한계효용체감의 법칙이 성립하고 있는데, 한계효용은 이렇게 점차 떨어져 급기야 0이 되고 그 후에는 음(-)의 값을 갖게 될 수도 있을 것이다.

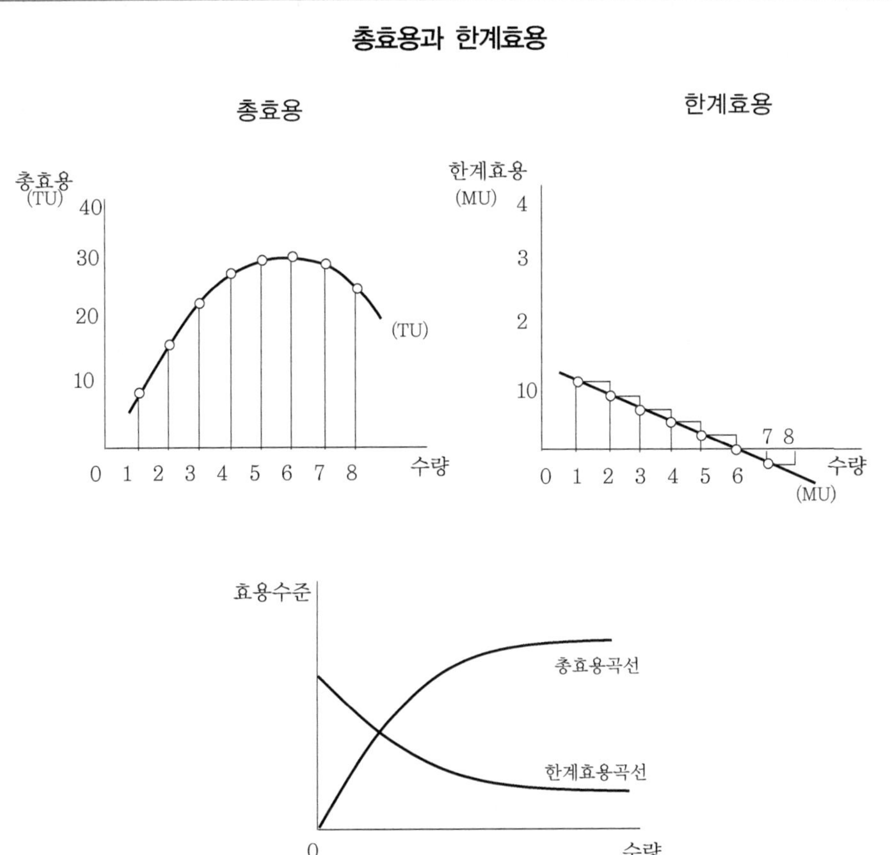

3. 생산가능곡선

앞에서 모든 경제사회에서는 주어진 자원을 사용해서 그 사회의 경제적 후생을 극대화하기 위해 세 가지 기본문제에 직면한다고 설명하였다.

첫째, 무엇을 얼마만큼 생산할 것인가(what and how much)?

둘째, 그 생산물을 어떻게 생산할 것인가(how to)?

셋째, 그 생산물은 과연 누구를 위하여 생산될 것인가(for whom)? 분배문제

이와 같은 경제문제를 관찰하기 위해 생산가능곡선(Product Possibility Frontier,

PPF)을 사용하여 설명을 하면 주어진 자원(희소성)과 기술수준 하에서 최대로 생산 가능한 두 재화(또는 서비스)의 조합을 나타내는 곡선이다.

그림에서 생산가능곡선 상의 A, C점은 주어진 자원이 효율적으로 활용되는 상태를 의미하며, 생산가능곡선 내부의 B점은 주어진 자원을 이용하여 최대 생산량을 달성하지 못하고 있는 비효율적인 상태를 의미한다. 반대로 생산가능곡선 외부의 D점은 현재 보유한 자원과 기술수준으로는 달성할 수 없는 생산 조합이다.

기술이 진보하거나 자본의 투자 및 생산성 향상 등을 통하여 E점으로 생산가능곡선을 바깥쪽으로 이동시킬 수 있다.

생산가능 곡선

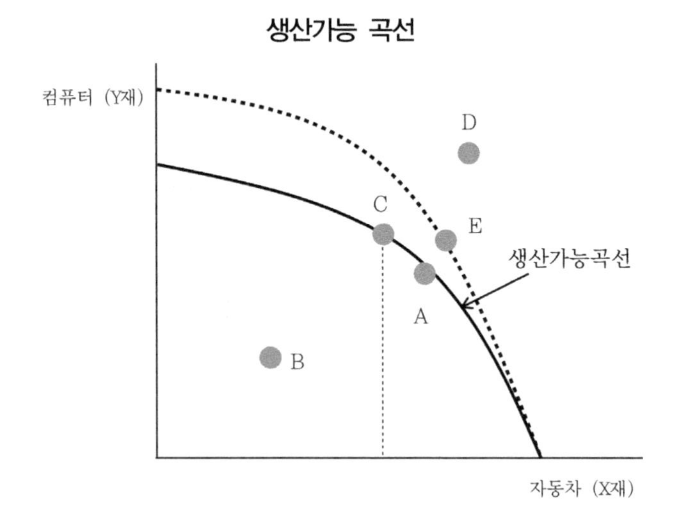

4. 예산선

소비자의 행동은 주어진 소득으로 효용을 극대화하는 것이 목표이나, 가격은 시장에서 결정되기 때문에 소비자가 결정할 수 있는 범위는 구매하려는 품목과 양뿐이다.

그렇다면 어떻게 구매해야 효용극대화가 되는가에 대해 검토할 필요가 있다. 이를 분석하기 위해 전제가 되는 것이 예산이다. 갖고 있는 모든 돈을 사용하여 만족이 최대가 되도록 두 종류의 상품을 구매한다고 가정해 보면 예산제약선 범위 내에서 효용이 최대가 되도록 소비량을 결정해야한다는 것을 의미한다. 즉, 예산제약 하에서 두 종류의 재화를 구입하여 효용극대화의 소비행동을 해야 한다는 것이다.

I(예산/소득) = X재 가격·X재 양 + Y재 가격×Y재 양

예산을 모두 x재 구입에 사용한다면 A점이 소비점이 되고, 반대로 모든 돈을 Y재 구입에 사용한다면 B점이 소비점이 된다. A점과 B점을 연결한 직선이 x재와 Y재의 소비조합이 된다. 이를 예산선 또는 예산제약선이라 한다.

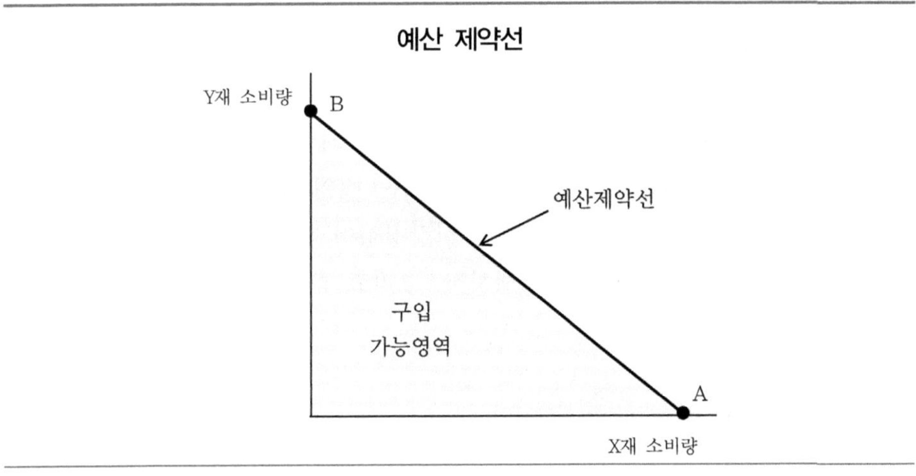

제2절 시 장

1. 시장구조

시장경제 속에는 다수의 개별적인 시장이 존재한다. 그러한 경제에서는 자원배분이 기업, 가계 및 정부의 생산, 판매 및 구매결정에 따라 이루어진다. 자유시장경제란 개별가계 및 기업들(정부와는 별개)의 결정이 자원배분에 중요한 영향을 미치는 경제를 말한다. 자유시장경제와는 정반대인 계획경제에서는 자원배분에 관한 주요결정이 중앙계획당국에 의해 이루어지며 기업과 가계들은 지시 받은 만큼만을 생산하고 소비한다. 실제에 있어서는 어떠한 경제도 전적으로 자유시장 또는 지시의 어느 한 가지만 의존하지 않지만, 자유시장 또는 지시경제라는 말은 이론적으로는 중요한 개념이다. 어떤 결정은 기업과 가계에 의해서, 다른 결정은 정부에 의해 이루어진다는 의미에서는 실제상의 모든 경제는 혼합경제인 셈이다.

혼합경제에서는 결정이 주로 가계와 기업에 의해 이루어지는 민간부문과 정부에 의해 이루어지는 공공부문이 구별되는 것이 보통이다.

재화나 서비스의 수요공급에 따라 시장경쟁이 형성되며 시장구조는 크게 완전경쟁시장, 독점시장, 독점적경쟁시장, 그리고 과점시장 이라는 네 가지 시장모델로 분류된다.

1) 완전경쟁시장(Perfect competitive market)

모든 기업이 똑 같은 상품을 생산하는 이론적으로 가장 완벽한 경쟁 상태를 유지하는 시장이다. 그러나 현실적으로 완전경쟁시장이 존재하기 어렵고, 농업부문의 상품이 경쟁시장에 가깝다고 생각되지만, 최근에는 농산물도 차별화가 진행되면서 완전경쟁시장이라고 말하기가 어려운 실정이다.

완전경쟁시장이 이루어지기 위해서는 네 가지 조건을 충족시켜야 한다.

① 다수의 공급자와 다수의 수요자가 있어야 한다. 따라서 공급자든 수요자든 전체 시장에서 결정된 가격에 따라갈 수밖에 없다
② 기업은 동종동질의 상품(homogeneity of product)을 공급해야 한다.
③ 산업에 대한 기업의 진입과 퇴출이 자유로워야 한다.
④ 공급자와 수요자 모두 완전한 시장정보를 갖고 있어야 한다. 즉, 모든 상품의 가격, 품질 등에 대하여 확실히 알고 있다는 것을 의미하며, 하나의 상품은 오직 하나의 가격으로 거래된다.

기업이 가격순응자라는 것은 한 기업의 생산량변화는 시장가격에 전혀 영향을 못 미친다는 의미로 기업이 직면한 수요곡선은 완전탄력적(수평적)이다는 것이다. 완전탄력적인 이유는 다음과 같다.

첫째, 완전경쟁기업 상품은 동종동질이기 때문에 한 기업이 가격을 올린다면 완전한 정보를 알고 있는 소비자는 그 보다 낮은 가격으로 다른 상품을 사게 되기 때문이다.

둘째, 한 기업의 공급능력은 산업 전체의 공급능력에 비교할 때 아주 작은 비중을 차지하고 있기 때문에 시장균형가격에 전혀 영향을 미치지 못하기 때문이다.

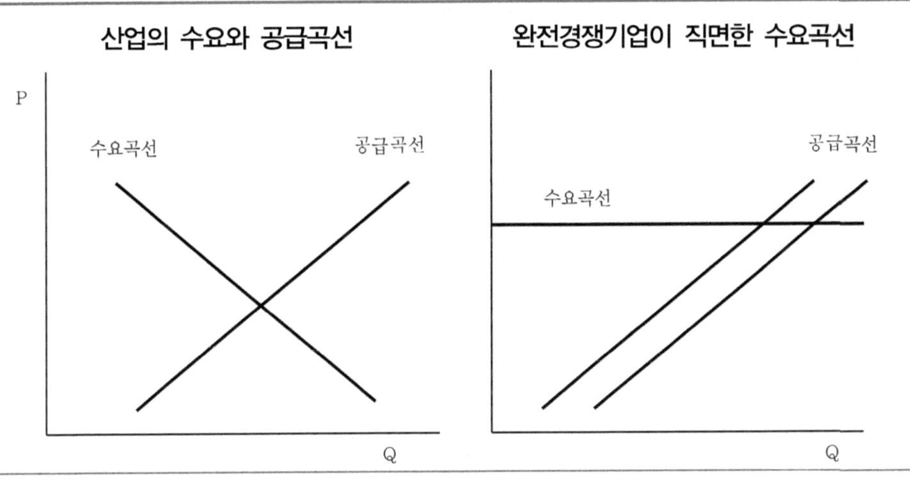

2) 독점시장(Monopoly market)

하나의 공급자로서의 독점기업이 가격설정자로 행동하며, 진입장벽을 활용해 장기적으로 초과이윤 확보가 가능한 시장이다.

독점시장의 성립조건은 다음과 같다.

① 하나의 생산자가 100%의 시장점유율을 가지는 경우이다.

② 경쟁이 없으므로 가장 유리한 거래조건을 이끌어 간다. 즉, 같은 판매량이라도 가능한 높은 가격으로 판매할 수 있다. 이러한 힘을 독점력(monopoly power)이라고 한다.

③ 잠재기업이 쉽게 진입할 수 있다면 큰 독점력을 갖지 못한다. 만약 독점자가 높은 독점적 초과이윤을 내면, 잠재기업들의 시장 진입을 자극할 것이다.

순수독점(pure monopoly)이란 새로운 기업의 진입이 불가능한 상태로 현실적으로 잠재기업이나 대체상품에 의한 경쟁까지 완벽하게 배제하고 있는 독점시장을 찾기란 매우 어렵다. 그러므로 구매자수는 많지만 판매자수는 하나뿐인 시장을 일반적으로 독점시장이라고 구분하고 있다.

독점의 발생원인

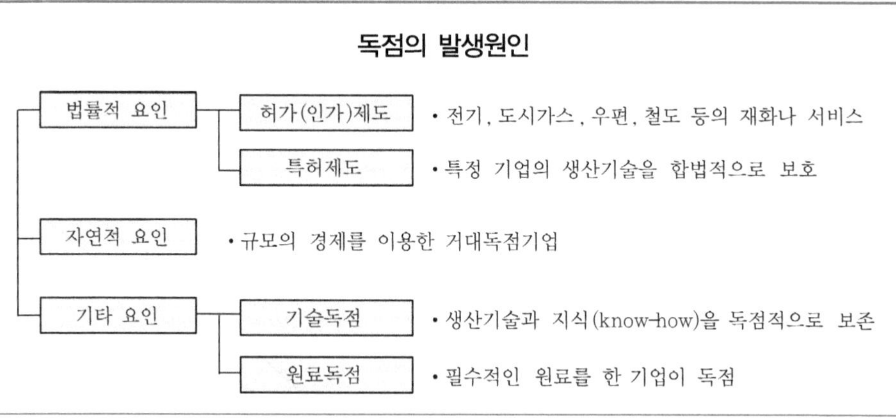

독점기업은 시장을 분리시키고 각 시장에서 동일한 상품을 다른 가격으로 판매함으로써 이윤 증가를 꾀하려 한다. 이것을 가격차별(price discrimination)이라고 부른다.

가격차별은 독점기업이 이윤극대화를 위해 독점력을 이용하는 가격설정인데 이것이 성립하기 위해서는 시장이 두 개 이상으로 분리될 수 있고, 또 이들 시장에서의 수요의 탄력성이 서로 달라야 한다.(예, 학생집단과 성인집단)

이러한 시장의 분리가 유지되고 가격차별이 이루어지기 위해서는 구매자간에 상품의 이전매매가 불가능해야 한다. 즉, 낮은 가격으로 구매한 사람이 높은 가격이 매겨진 시장에 다시 판매할 수 있다면 독점기업의 가격차별은 성립될 수 없다는 것이다.

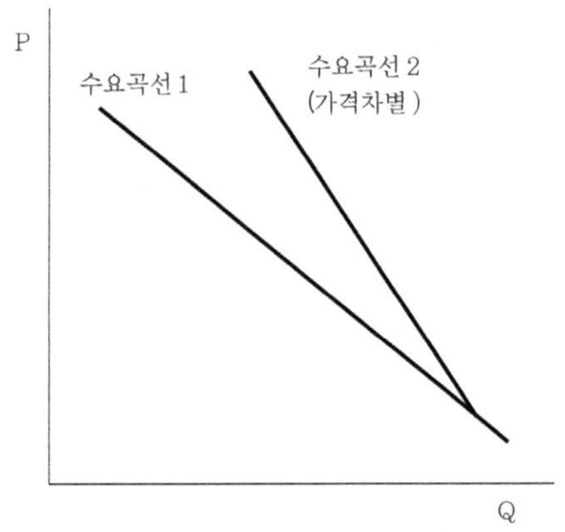

3) 독점적경쟁시장(Monopolistic competition market)

독점적경쟁시장은 완전경쟁시장과 독점시장의 양면적인 성격을 가지고 있으며, 예로서 음식점, 미용실, 카페 등으로 특징은 다음과 같다.

① 다수의 판매자와 구매자가 존재한다. 완전경쟁과 비슷하나 기업의 수는 완전경쟁기업의 수보다 상당히 적은 것이 일반적이다.

② 동종이질적인 상품을 취급한다. 이것이 약간의 독점력을 갖게 해주는 요인이므로 가격을 다소 올려 받는다고 해도 완전경쟁의 경우처럼 수요가 완전히 사라지지는 않는다. 수요곡선은 독점기업의 수요곡선에 비해 완만한 기울기를 가지게 된다.

③ 기업의 자유로운 진입과 퇴출이 보장된다.

④ 가격경쟁보다는 비가격경쟁을 하는 경우가 많다. 비슷한 제품을 공급하고 있기 때문에 자기제품이 타제품에 비해 우수하다는 것을 강조하여 더 많은 매출을 올리려 한다. 이러한 경쟁은 서비스나 품질의 개선 또는 광고 등의 형태로 일어나는데 이를 비가격경쟁(non-price competition)이라 한다.

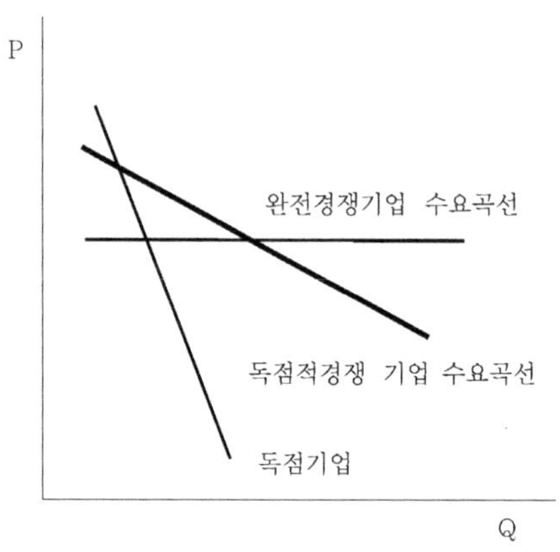

4) 과점시장(Oligopoly market)

동종상품의 생산자가 소수이기 때문에 한 생산자의 영리행위가 타 생산자의 영리상태에 현저하게 영향을 미치게 될 때 그 산업을 과점(oligopoly)상태에 있다고 한다. 즉, 시장가격에 영향을 미칠 만한 몇 개의 대기업들이 시장을 지배하는 형태를 의미하는데 전체시장 거래량의 측면에서 가장 많은 양을 점유하고 있는 것이 보통이다.

완전히 동종동질적인 상품의 과점을 순수과점(pure oligopoly)이라고 하고, 동종이질에 속하는 상품의 과점을 이질적 과점(differentiated oligopoly)이라고 한다.

우리나라의 경우 승용차, 맥주, 라면, 이동통신 등이 과점시장에서 유통되는 상품들의 예라고 할 수 있다.

이러한 과점시장의 특징을 정리하면 다음과 같다.

① 과점은 소수의 기업에 의해 지배되는 시장형태를 말한다.

② 과점기업은 몇 안 되는 경쟁기업들을 의식하며 가격을 설정하기 때문에 가격에 대한 영향력이 독점기업에서보다는 약하나 독점적 경쟁기업에서보다는 강하다.

③ 동종의 높은 이질성 재화를 생산하는 시장형태이다.

④ 기업의 진입과 퇴출에 대한 장벽이 독점 보다는 낮고, 독점적 경쟁 보다는 높다. 이는 대규모 고정비용투자를 기초로 한 대기업운영이 이루어지기 때문이다.

⑤ 기업들이 협약 또는 담합과 같은 비경쟁행위를 하려는 경향이 크다. 즉, 가격경쟁으로 인한 피해를 꺼려하기 때문이다.

이상과 같은 특징으로 인하여 과점시장의 형태를 분석한다는 것은 매우 어렵다. 특히 경쟁기업의 전략을 잘 알 수 없을 뿐만 아니라 광고에 대한 소비자의 반응이나 소비자의 수요량을 정확하게 파악한다는 것은 대단히 어려운 일이다. 이러한 점에서 과점기업이 직면한 수요곡선은 우하향하기는 하지만 경쟁기업의 전략에 따라 수시로 변화하기 때문에 일정하지 않은 경우가 많다.

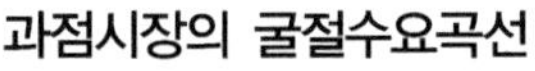
과점시장의 굴절수요곡선

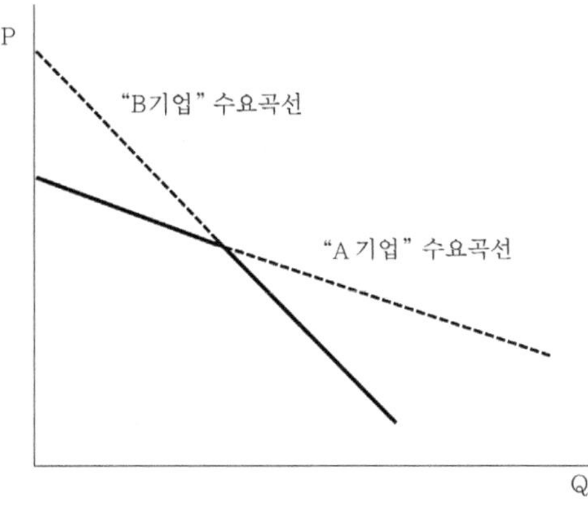

과점시장에서의 가격은 자주 변하지 않고 경직성을 보인다. 즉, 한 기업의 가격인상은 타 기업의 가격인상을 야기할지 또는 자신의 소비자 수만 줄어들게 할 것인지 모르기 때문에 가격을 가능한 변화시키려고 하지 않는다. 이러한 과점가격의 경직성은 굴절수요곡선(kinked demand curve)모형을 통하여 설명하고 있다.

굴절수요곡선 이론은 과점산업 내 한 기업이 가격을 올리면 다른 기업은 시장을 빼앗기 위해 가격을 인상하지 않아 가격을 인상한 기업의 수요량이 크게 감소한다는 것과, 한 기업이 가격을 인하하면 다른 기업은 시장을 빼앗기지 않기 위해 가격을 인하하여 가격을 인하한 기업의 수요량이 크게 증가하지 않는다는 것이다.

2. 교역

1) 아담 스미스(A. Smith)의 절대생산비설

어떤 국가가 타국가보다 유리한 생산여건을 가진 상품을 생산하고, 또 타국가에서도 그 나름대로 유리한 생산여건을 가진 상품을 생산하게 된다면 즉, 서로 다른 상품생산부문이나 산업을 특화하고 분업화한다면 생산물의 증대가 이루어질 수 있다는 것이다.

이러한 원리에 입각하여 각국이 절대적으로 저렴한 생산비를 투입하여 생산한 각각의 상품을 국제적으로 교환한다면 이러한 국제교역에 의해 당사국은 어떤 국제분업에 의한 이익을 얻게 된다는 것이다.

절대생산비설의 예

구 분		A사	B사	A+B사 합계
분업 전	TV	1단위(100명)	1단위(110명)	2단위
	옷 감	1단위(120명)	1단위(80명)	2단위
분업 후	TV	2.2단위(220명)	–	2.2단위
	옷 감	–	2.375단위(190명)	2.375단위

표에서 보는 바와 같이 A와 B가 TV와 옷감을 1단위씩 생산함에 있어서 투하되는 노동량은 A의 경우는 TV 1단위 생산에 100명이며, 옷감 1단위 생산에 120명이 필요로 하게 된다. 그리고 B의 경우는 각각 110명과 80명의 노동력이 필요하다고 가정해 본다.

이와 같은 노동량의 투입에 의하여 A, B에서 생산된 생산량은 TV와 옷감이 각각 1단위씩으로 A, B의 합계 생산량은 TV 2단위와 옷감 2단위가 된다.

한편 A, B의 절대생산비차에 의한 분업의 원리에 입각해서 살펴보면 A는 TV 생산에 특화하고, B는 옷감에 특화하게 된다. 분업에 의한 특화를 통한 교역을 실시하게 된다면 A, B의 생산량은 A의 경우는 220명의 노동량을 TV 생산에 투입함으로서 2.2단위를 생산하게 되고, B의 경우는 190명의 노동량을 옷감생산에 투입함으로써 2.375단위를 생산하게 된다.

따라서 A, B의 절대생산비차에 따라 생산물을 특화하게 된 결과 분업후의 생산량은 무역전보다 TV는 0.2단위, 옷감은 0.375단위가 각각 더 많이 생산하게 됨으로써 A, B는 분업에 의하여 각각 이익을 얻게 된다.

2) 리카아도(D. Ricardo)의 비교생산비설

생산비의 절대적 차이가 기준이 될 때는 분업성립이 불가능한 경우이지만, 상대적 차가 기준이 될 때는 분업이 이루어질 수 있다는 비교생산비설을 제시한 것이다.

비교생산비설의 예

		A사	B사	A+B사 합계
분업 전	TV	1단위(100명)	1단위(90명)	2단위
	옷 감	1단위(120명)	1단위(80명)	2단위
분업 후	TV	2.2단위(220명)	–	2.2단위
	옷 감	–	2.125단위(170명)	2.125단위

비교우위론은 A가 생산물을 생산함에 있어 B에 비하여 모든 생산물의 생산비가 절대열위에 있다 하더라도 그 절대열위의 정도가 낮은 즉, 비교우위에 있는 생산물을 다른 곳에서 공급 받는다면 A뿐만 아니라 전체적으로 이익이 발생한다는 것이 주요 내용이다.

표에 의하면 A와 B의 TV와 옷감을 1단위씩 생산함에 있어서 투하노동량을 기준으로 한 절대생산비는 A가 B에 비하여 두 재화 모두가 비교열위에 있으며, B는 A에 비하여 비교우위에 있다. 그러나 A에 있어서 비교열위의 정도는 TV의 경우가 옷감의 경우보다 낮고, B는 비교우위의 정도는 옷감의 경우가 TV의 경우보다 크게 나타난다.

이때 A의 경우는 TV생산의 투하노동비율은 100/90이 되므로 111%가 되며, 옷감의 투하노동비율은 120/80이 되므로 150%가 된다. 따라서 A는 B에 비하여 두 재화 모두 비교열위에 있지만 두 재화 중 TV 생산에 비교열위정도가 낮게 되어 이에 특화가 이루어질 수 있다.

그리고 B의 경우는 TV 생산의 투하노동비율은 90/100으로 90%이며, 옷감생산의 투하노동비율은 80/120이 되므로 66.6%가 된다. 따라서 B는 A에 비하여 두 재화 모두 비교우위에 있게 되며, 이 중에서도 옷감의 생산에 비교우위 정도가 훨씬 크게 나타나므로 이에 생산특화가 이루어지게 된다.

이와 같이 A와 B가 특화상품을 중심으로 완전특화를 하게 될 경우, 분업 후의 생산은 무역전보다 TV가 0.2단위, 옷감이 0.125단위씩 각각 생산이 증대된다.

3. 인플레이션과 디플레이션

1) 인플레이션

인플레이션(inflation)이란 상품 거래량에 비하여 통화량이 과잉 증가함으로써 물가는 오르고 화폐 가치가 떨어지는 현상을 말한다. 즉, 인플레이션이 문제가 되는 것은 소득의 실질구매력이 감소하는 것이다. 원인은 과잉투자, 적자재정, 화폐남발, 극도의 수출초과, 생산비의 증가, 유효수요의 확대 등이며 해결방법은 소비억제, 저축장려, 통화량 축소, 투자억제 등이다.

■ 인플레이션의 경제적효과

① 소득재분배효과

인플레이션이 일어나면 돈의 가치가 떨어진다. 따라서 빌려준 돈을 받게 되는 채권자는 손해를 보고 채무자와 물건을 보유한 부동산 소유자는 이익을 보게 된다. 명목소득이 불변인 노동소득자의 경우 물가수준의 상승으로 인한 실질소득의 감소를 초래하고 재산소득자의 실질소득을 증대시키는 경향이 있다. 따라서 인플레이션은 가난한 근로자를 더욱 가난하게 하고 부유한 기업가 층은 더욱 부유케 하는 소위 '빈익빈 부익부'라는 바람직하지 못한 현상을 가져온다.

② 자산재분배효과

인플레이션은 부동산, 동산, 기계설비 등의 실물자산의 가격을 올리고, 화폐, 공채, 사채 등의 화폐자산의 가격을 낮춤으로써 화폐자산의 채무자 또는 실물자산의 보유자인 기업, 정부의 소득을 증가시키고, 화폐자산의 채권자인 일반국민의 자산소득을 감소시킨다.

③ 경제성장효과

완만한 인플레이션은 이윤을 증가시키고, 기업의 부채를 경감시키기 때문에 자산증대, 고용증대를 통해서 경제성장을 촉진시킬 수 있다.
급속한 인플레이션은 일반국민들의 저축의욕을 감퇴시키고, 환물심리를 조장하여 투자재원이 없어지고, 기업은 생산활동보다 투기활동(부동산투기, 주식투기)에 더욱 관심을 가지게 되어 경제성장에 막대한 지장을 가져오게 한다.

④ 자원분배효과

가격이 자원배분의 효율적 파라미터로서 기능을 수행하는 데 방해가 될 정도로 심하게 일어날 경우 자원배분의 왜곡을 가져온다.

⑤ 수출입효과

인플레이션이 발생하면 국내물가가 비싸지는 것이므로 수입품에 대한 수요가 늘어 수입이 늘고 반대로 상대적으로 비싼 국내물건의 수출은 줄어

든다. 따라서 인플레이션은 국제수지(경상수지)를 악화시킨다.

2) 디플레이션

디플레이션(deflation)이란 경제 전반에 있어 상품과 서비스의 가격이 지속적으로 하락하는 현상을 말한다.

1930년대 미국은 공급과잉, 증권시장 붕괴, 대규모 은행파산 등으로 유효수요가 급격히 감소하여 심각한 디플레이션 현상이 발생했다.

과잉투자로 인한 공급과잉 대공황은 1차 세계대전이후 지속적인 경기호황으로 인한 과잉투자가 주요 요인으로 작용했다. 1차 세계대전의 종료로 전시체제에 따른 특수가 사라졌으나, 자동차산업과 가전제품산업에 대한 소비수요의 증가로 경기의 호황기가 지속됐다. 호황기의 지속으로 기업은 1920년대 중반까지 계속 투자를 확대하였다. 그러나 1926년 주식시장에서 주가폭락을 계기로 투자수요가 감소하기 시작하여 그동안 호경기를 지탱해온 자동차산업, 건설업 등의 경기가 위축되면서 산업전반에 걸쳐 경기침체가 가시화 되었다.

실질국민총생산은 1929년 1,044억 달러에서 1933년에는 744억 달러로 28.7% 감소했다. 특히 이 기간 중 총투자는 162억 달러에서 3억 달러로 98.1%나 감소한 것으로 나타났으며, 순투자가 -56억 달러로 나타나는 등 총자본스톡이 감소할 정도로 투자가 위축되었다.

3) 스태그플레이션

Stagnation(침체)과 inflation(인플레이션)의 합성어로 불황기에 생산물이나 노동력이 공급초과를 맞고 있음에도 불구하고 물가가 상승하는 현상으로 선진국병이라고도 한다.

스태그플레이션의 주요원인으로는 소수의 대기업에 의하여 주요산업이 지배되어 제품가격이 수급상태 등과는 거의 관계없이 고정되는 경향(독과점가격), 경기정체기에 군사비나 실업수당 등 주로 소비적인 재정지출 확대, 명목임금의 지속적인 급상승, 기업의 임금상승이 가격상승으로 전가되는 일 등을 들 수가 있다.

Chapter 3 경제와 생활

제 1 절 금융시장의 이해

1. 화폐

화폐의 시작은 상품화폐이다. 물물교환 시절 상품이 곧 화폐라는 개념으로 상품자체가 화폐의 개념으로 사용되어 왔으나 이는 시간이 지나면서 휴대의 불편함, 다양한 교환의 어려움 등을 겪으면서 금속화폐로 전환되었다. 금, 은과 같은 금속은 쉽게 구할 수 없어 남발을 막을 수 있고 이전 상품화폐 보다는 휴대가 용이하고 쉽게 그 모양이 변하지 않는다는 점에서 애용되었다. 그러다가 경제의 규모가 커지고, 많은 양의 금속화폐는 상품화폐와 마찬가지로 운반이 용이하지 않는 등 여러 단점으로 인해 종이화폐로 전환이 되었다.

이후, 경제활동이 점점 다양해지고 경제규모가 커지면서 새로운 개념의 화폐가 도입되는데 이것이 예금화폐이다. 예금화폐는 실질적인 교환이 은행계좌를 통한 가상의 공간에서도 가능하게 됨으로 시간, 공간적인 한계를 넘어 간편한 거래를 가능하게 되었고, 최근에는 전자화폐가 도입되어 다양한 분야에서 사용되고 있다.

화폐의 기능은 세 가지로 요약할 수 있다.

① **지불수단**(means of payment)

화폐는 교환의 매개수단(medium of exchange)이다. 물물교환을 할 때에는 거래가 이루어지기까지 막대한 거래비용이 필요하기 때문에 사람들은 교환을 용이하게 하기 위해 화폐를 만들어내기에 이르렀다. 일반적으로 어떤 재화가 지불수단이 되기 위해서는 유동성(liquidity)이 높아야 한다.

② **가치의 저장수단**(store of value)

실물을 팔아 화폐로 보유함으로써 가치를 저장한다는 면에서 화폐는 가치의 저장수단 기능을 한다. 저장수단이 되기 위해서는 화폐가치가 안정적이어야 한다.

③ **회계의 단위**(unit of account) / **가치의 척도**

가치가 화폐단위로 통일되어 표시되며 계산도 화폐단위로 이루어진다.

2. 통화의 공급

현금통화는 화폐발행권한을 가지고 있는 중앙은행인 한국은행에서 공급한다. 한국은행이 금융기관에 대출을 하거나 이들로부터 외국돈을 사들이는 경우에는 현금통화가 늘어나며, 정부의 예금을 내어 주어도 현금통화가 늘어난다.

한편 예금통화는 한국은행이 공급한 통화를 바탕으로 은행에 의해서 공급된다. 한국은행이 공급한 현금통화는 시중에 그 일부가 현금으로 남고 나머지는 다시 은행에 예금된다. 은행은 들어온 예금 중 일정비율을 예금자가 찾아갈 것에 대비하여 지급준비금으로 한국은행에 예금하거나 현금으로 가지고 있고 나머지를 대출 등으로 다시 일반에게 공급한다. 이와 같이 일반에게 공급된 통화 중의 일부는 은행에 다시 예금으로 들어오고 이중 지급준비금을 뺀 은행은 당초에 한국은행이 공급한 현금통화의 여러 배에 해당하는 예금통화를 늘리게 된다.

우리의 경제생활을 보면 상품이나 서비스와 같은 실물과 통화의 흐름이 서로 반대방향으로 움직이고 있음을 알 수 있다. 이러한 과정에서 통화량의 변화가 국가경제에 미치는 영향은 광범위하고 다양할 뿐만 아니라 당시 경제상황에 따라 다르게 나타나므로 한마디로 단정하기는 어렵지만, 통화량이 늘어나면 이는 개인이나 기업 또는 금융시장으로 흘러 들어갈 것이다. 개인의 경우 집을 늘리거나 좀 더 좋은 생활필수품을 사는 등 소비를 늘리게 될 것이고, 이러한 지출 증가에 맞게 물품의 국내생산이나 수입이 늘어나면 물가에는 영향이 없지만 그렇지 못하면 물가가 오르게 된다.

예금통화가 늘어나는 과정

구 분	한국은행	A은행	B은행	C은행	…	합 계
화폐발행	100					100
예 금		100	90	81	…	1,000
지급준비금		10	9	8.1	…	100
대 출		90	81	72.9	…	900

기업의 경우에는 늘어난 통화로 생산을 위한 원료를 더 많이 사거나 임금을 올려주는데 사용하고 공장을 확장하는 등 투자를 늘리기도 할 것이다. 또한 통화가 금융시장으로 흘러 들어가면 자금사정이 좋아지므로 돈을 보다 쉽게 빌릴 수 있게 되고 이자율도 떨어지게 되므로 기업은 더 많은 투자를 하려고 할 것이다.

이러한 투자증가는 생산을 증대시키고 수출능력을 키우며 일자리도 증가하는 효과가 있는 반면, 이에 필요한 기계 등의 가격을 올려 생산제품의 원가가 올라감으로써 결과적으로는 물가를 올리는 결과를 초래할 수도 있다.

■ 통화량의 조절

통화량이란 일정한 시점에 금융기관 이외에 민간부문이 보유하고 있는 현금통화와 통화성 예금(예금통화)의 합계로 나타낸다.

통화는 우리 경제생활을 편리하게 해주는 유용한 수단이나 그 기능을 제대로 발휘하기 위해서는 통화가치 즉, 물가가 안정되어야 하므로 그 양을 알맞은 수준으로 조절하여야 한다.

그러므로 한국은행은 통화량을 적정수준으로 유지하기 위하여 공개시장 조작 정책, 재할인 정책, 지급준비금 제도 등 여러 가지 수단을 강구하고 있다.

① 공개시장 조작 정책
중앙은행이 은행이나 금융시장을 대상으로 국채 등의 유가증권을 매매함으로써 통화량을 조절하는 수단이다.

② 재할인 정책
중앙은행이 자금이 부족한 은행에 대하여 그 은행이 기업으로부터 할인하여 사들인 상업어음을 다시 할인하거나 동 어음을 담보로 대출을 해주는 제도인데 재할인 대상어음의 종류나 재할인규모를 변경시킴으로써 은행에 공급하는 자금량을 조절할 수 있으므로 중요한 통화조절수단으로 사용되고 있다.

③ 지급준비금제도
당초 예금자를 보호하기 위해 예금액의 일부를 중앙은행에 예치하도록 한 제도이지만 오늘날에는 통화량을 조절하는 정책수단으로도 유용하게 활용되고 있다. 왜냐하면 은행이 중앙은행에 예치하여야 할 지급준비금의 비율을 변경하면 은행이 대출할 수 있는 자금의 양이 달라지므로 결국 통화량을 조절할 수 있기 때문이다.

이밖에도 중앙은행은 금융기관별 또는 자금종류별로 공급한도를 정하여 그 범위 내에서만 시중에 돈이 풀려나가도록 은행의 대출을 통제하는 등 통화공급량을 직접 조절할 수 있다. 이 방법은 통화조절의 효과가 강력하고 신속하다는 이점이 있으나 통화의 자연스러운 흐름을 방해하여 꼭 필요한 부문에 자금을 제때에 공급하지 못하게 되는 등 부작용을 초래할 우려가 있다.

3. 금융

중개기관을 통하여 이루어지는 금융을 간접금융이라고 하고, 자금의 공급자가 직접 기업의 주식이나 회사채를 매입함으로써 이루어지는 금융거래를 직접

금융이라고 한다. 직접금융이 이루어지는 시장을 증권시장 또는 자본시장이라 한다.

예금이나 증권투자 등 금융거래를 할 때는 금융거래의 정상화와 합리적 과세 기반을 마련하기 위해 금융실명제도가 운영되고 있으며, 거래는 실제 명의로 해야 하며 가명이나 무기명거래를 인정하지 않는다. 이 제도는 사금융 등 음성적인 금융거래를 막는데 그 목적이 있다

1) 은행

은행은 자금을 중개하는 대표적인 금융기관으로, 은행이 자금을 중개하는 것은 자금이 필요한 사람과 여유가 있는 사람이 직접 거래하는 경우에 비하여 여러 가지 좋은 점이 있다.

첫째, 자금의 여유가 있는 사람과 필요한 사람이 직접 거래하기 위해서는 우선 상대가 누군지 또 어디에 있는지 알 수 없기 때문에 가까운 사람부터 일일이 알아봐야 하는 등 많은 번거로움이 있다. 그러나 은행은 많은 점포를 갖추고 있기 때문에 상대를 찾아다니는 데 필요한 시간과 노력을 줄일 수 있다.

둘째, 은행을 통하지 않고 직접 거래하고자 할 때에는 서로의 기간과 금액 등 거래조건이 달라 어려울 때가 많으나 은행이 자금을 중개할 때에는 양쪽 모두 은행을 상대로 거래하므로 각자의 조건을 쉽게 맞출 수 있다.

셋째, 은행에는 돈을 빌리는 사람의 신용을 보다 정확하게 평가할 수 있는 전문가가 있기 때문에 개인이 직접 돈을 빌려 주는 경우보다 빌려 준 돈을 되돌려 받지 못할 위험을 크게 줄일 수 있다.

2) 주식시장

기업이 경제활동을 하기위해서는 자금이 필요한데 가장 좋은 방법은 남에게 빌리지 않고 보유하고 있는 돈으로도 기업 활동이 가능한 것이다. 그러나 이러한 경우는 현실경제에서 거의 불가능한 경우이며 대부분의 기업들은 돈을 차입하여 회사경영을 하고 있다. 돈을 융통하는 방법은 은행, 채권발행, 사채시장 등 다양하겠지만 그 중에서 주식을 발행하면 회사는 자금을 은행이나 다른 곳

에서 빌리는 것 보다 쉽게 마련할 수 있으며, 또한 이자나 원금을 상환하지 않고 장기간 안정적으로 자금 운용을 할 수 있다. 물론 이익이 발생하면 배당이나 기타 다른 방법으로 투자자에게 나눠줘야 하지만 기간이 정해진 자금을 빌리거나 채권을 판매하는 것 보다는 더 경제적일 수 있다.

또 다른 장점으로는 회사의 가치를 높일 수 있고 공정한 평가를 받을 수 있으며 대내외적으로 알릴 수 있는 홍보효과도 기대할 수 있다. 다만 회사의 지분을 투자자에게 나눠줘야 한다는 부분과 주식의 보유수량에 따라 지분율에 의한 기업의 인수나 합병 같은 적대적 M&A등을 당해 기업을 뺏길 수 있으며 주주에 의해 회사운영에 제제가 있을 수 있겠지만 이보다 장점이 더 크기에 주식을 발행하는 것이다.

기업이 주식이나 채권 등을 통하여 조달한 자금은 기업의 설비투자 등에 투입되므로 회수하는데 기간이 걸리는 반면, 일반투자자가 기업에 제공한 자금은 그 투자자가 필요로 할 때에는 언제든지 회수되어 이용될 수 있어야 한다는 서로 상반된 조건을 가지고 있다. 이러한 조건에 따라 증권시장은 일반적으로 기업이 유가증권을 발행하여 자금을 조달하고 일반투자자는 자금을 제공하여 당해 유가증권을 취득하는 발행시장(primary market)과 투자자가 취득한 유가증권을 현금화할 수 있는 유통시장(secondary market)으로 구성되어 있다. 발행시장은 새로 발행되는 주식이 기업으로부터 최초의 투자자에게 매도되는 추상적인 시장으로서, 자금수요자인 기업이 주식을 새로 발행하여 자금공급자인 투자자에게 제공함으로써 자금을 조달하는 일련의 과정을 말한다. 발행시장에서 발행된 유가증권이 유통시장에서 증권거래소상장이나 코스닥 등록을 통하여 거래를 할 수 있어야 유가증권을 취득한 최초의 투자자는 투자한 자금의 회수가 가능하고 발행주체도 계속하여 유가증권을 원활히 발행할 수 있다. 유통시장은 일정한 장소에서 필요한 시설을 갖춘 구체적이고 조직적이며 계속적인 시장으로서, 이미 발행된 유가증권이 투자자 상호간에 매매 거래되는 시장을 말한다.

주식이란 회사의 소유권을 나타내는 유가증권이다. A라는 회사가 주식을 20주를 발행했는데 그 중 10주를 소유하고 있다면 그 회사의 50%의 소유권을 가지고 있는 것이다. A회사가 경영을 잘해 이윤을 냈다면 일정부분의 추가적인 배당도 받을 수 있다. 다시 말해 주식이란 주권에 대하여 주주가 가지는 권리 및 자본금 중의 출자지분을 나타내며, 주권이란 주주가 가지는 권리와 출자지분에 대하여 발행되는 유가증권을 의미한다.

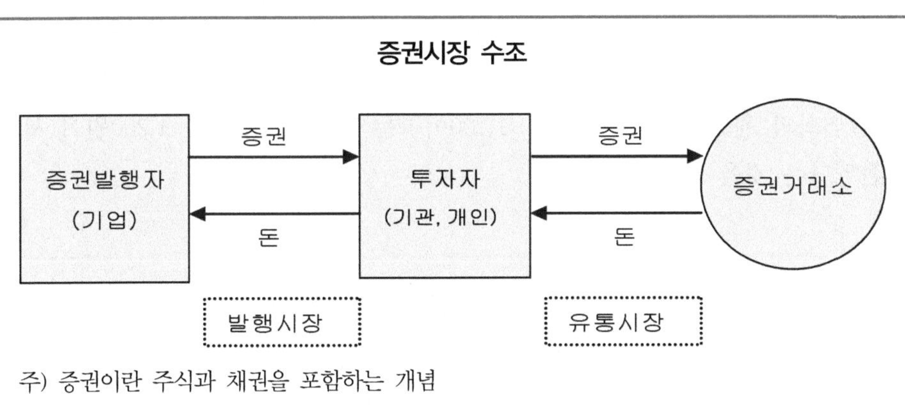

주) 증권이란 주식과 채권을 포함하는 개념

우리가 알고 있는 주식은 대부분 보통주이다. 보통주는 배당을 받고 의결권을 가지는 주식을 말한다. 의결권은 없지만 대신에 배당에 우선권을 받은 주식 즉, 모든 주주들에게 배당을 할 만큼 이익이 생기지 않을 경우에 우선적으로 배당해 주는 주식을 우선주라고 한다. 신형우선주(1우B)는 최소한의 배당률이 정해져 있고, 몇 년이 지나면 보통주로 전화되는 데 보통 1년이 지나면 투표권이 있는 보통주로 전환할 수 있다.

4. 환율

오늘날 지구상의 모든 나라들은 서로 수많은 거래를 하고 있으며 그 규모도 해마다 증가하고 있다. 우리나라 또한 경제가 발전하면서 외국과의 거래규모가 크게 확대되고 있다. 이러한 국가간 거래과정에서 사람들은 거래대금을 결제하기 위해 자기나라 돈과 외국돈을 바꾸거나 외국돈과 외국돈을 바꾸는 등 서로 다른 두 나라 돈을 교환하게 된다.

전 세계적으로 통용되는 국제통화를 기축통화(Key Currency)라고 하며, 국제결제나 금융거래의 기축이 되는 통화는 보통 미국의 달러를 가리킨다.

우리나라의 화폐는 국제적으로 통용이 어려워 미국산 자동차를 수입하거나 미국으로 여행을 할 경우 미국 달러화가 필요하므로 원화를 주고 달러화로 교환하게 된다. 이와 같이 외국과의 거래나 해외여행 등을 위하여 서로 다른 두 나라 돈을 교환할 때에는 항상 교환비율이 있게 마련인데 이 교환비율을 환율이라고 한다. 예를 들어 원화와 미국 달러화와의 환율이 1,200원/달러이라면 이는 달러화와 원화의 교환비율이 1:1,200이라는 것으로 1달러와 1,200원이 서로 교환된다는 것을 의미한다.

국가간 화폐단위

국가	돈 이름	약호	환율 예
미국	달러(Dollar)	US$	1달러 = 1210원
유럽	유로(Euro)	€	1유로 = 1,348원
일본	엔(Yen)	¥	100엔 = 1,034원
중국	위안	元	1위안 = 187원

환율은 이와 같이 두 나라 돈의 교환비율을 나타내는 동시에 한 나라 돈의 대외가치를 나타낸다. 표시방법으로는 1달러=1,000원처럼 외국의 화폐단위를 자국통화처럼 표시하는 지불계산법적방법을 많은 나라에서 채용하고 이를 환율이라고 부르고 있다.

1) 환율의 결정

외환의 수요와 공급에 의해 환율이 자유롭게 결정되는 제도를 변동환율제도(floating exchange rate system)라고 부른다. 반면에 정부가 환율을 일정 수준에 정해 놓고 외환시장 개입을 통해 이를 유지하는 제도를 고정환율제도(fixed exchange rate system)라고 부른다.

우리나라의 현행 환율제도는 1997년 「시장평균환율제도」에서 「변동환율제도」

로 변경하여 외환시장에서 외환의 수요와 공급에 의해 환율이 자율적으로 결정된다. 이에 따라 금융기관들은 외환시장에서 형성된 환율을 기준으로 대고객 거래 등 외환거래시에 적용할 환율을 매일 자율적으로 결정하게 된다.

따라서 오늘날 주요 선진국에서는 상품의 가격이 시장에서 수요와 공급에 의해 결정되듯이 환율도 기본적으로 은행, 기업, 개인 등이 참가하는 외환시장에서 외환의 수요와 공급에 의해 결정된다. 즉, 외환시장에서 한 나라 돈에 대한 수요가 공급보다 많으면 그 나라 돈의 가격이 상승하고 공급이 수요보다 많으면 그 가격이 하락한다.

2) 환율변동의 경제적 효과

환율변동에 대한 경우는 두 가지이다. 오르는 경우와 내려가는 경우이지만 이 두 가지 상황을 일컫는 용어는 그보다 많기 때문에 다음의 경우를 정확히 이해해야 한다.

환율변동의 상태

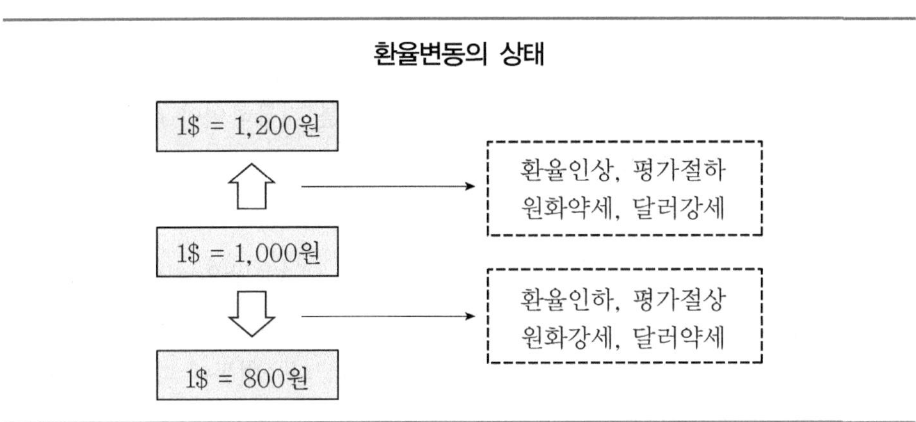

위의 그림은 달러와 원화 두 통화간의 관계이기 때문에 상대적이다. 즉, 원화약세는 달러강세를 의미하는 것이며, 원화강세는 달러약세와 같은 의미로 이해를 해야 한다.

환율의 경제적 영향

항 목	환율인하	환율인상
국제수지	악화	개선
물 가	하락	상승
경제성장률	하락	상승
외채상환부담	감소	증가

① 국제수지 개선

일반적으로 환율이 상승하면 그 효과가 곧바로 나타나지는 않지만 기간이 지나면서 수출이 증가하고 수입이 감소하는 등 국제수지를 개선시키게 된다. 왜냐하면 환율이 상승하면 수출업자는 수출의 대가를 같은 금액의 외국돈으로 받더라도 원화로는 더 많은 금액을 받게 되므로 수출을 더 늘리려고 하게 되며, 원화로 더 많이 받는 만큼 수출품을 보다 저렴한 가격에 판매할 수도 있어 수출량을 늘릴 수 있기 때문이다. 또한 수입업자는 환율이 상승하면 수입품을 사는 데 더 많은 원화를 지급하여야 하므로 수입을 줄일 것이기 때문이다.

② 물가상승

환율이 상승하면 원자재, 부품 등을 수입하는 데 더 많은 원화를 지급하여야 하므로 국내 물가수준을 높이게 되며 반대로 환율이 내리면 수입품의 가격이 싸져 국내 물가를 낮추게 된다. 그러나 환율변동에 따라 국내 물가가 상승 또는 하락하는 정도는 해외로부터 얼마만큼의 물품을 수입하느냐에 따라 다르다. 우리나라와 같이 수입의존도가 높은 나라의 경우에는 환율변동이 국내 물가에 미치는 영향이 그만큼 크다고 할 수 있다.

③ 경제성장률이 높아지고 고용증대

환율변동이 경제성장 및 고용에 미치는 효과는 국제수지에 미치는 효과와 그 방향이 같다. 즉, 환율이 상승하여 수출이 증가하면 생산이 증대되어 경제성장을 촉진하고 고용을 증대시킨다. 반면에 환율이 하락하면 수출이 감소하고 이에 따라 생산이 줄어들어 경제성장이 둔화되고 고용사정이 어렵게 된다.

④ 외채상환 부담 증가
우리나라 사람이 해외로부터 외국돈을 빌린 경우 환율이 상승하면 더 많은 원화를 주고 외국돈을 사서 갚아야 하므로 그만큼 외국에 진 빚을 갚는 부담이 늘어난다. 반면에 환율이 하락하면 그만큼 적은 돈의 원화로 외국돈을 사서 갚을 수 있게 되므로 외국에 진 빚을 갚는 부담이 줄어든다.

환율변동과 외채상환부담 예시

[1백만 달러를 1달러=1,000원의 환율로 빌린 경우]

상환시의 환율(원/달러)	상환부담액	비 고
950	9억 5천만원	5천만원 부담 감소
1,000	10억원	부담액 증감 없음
1,050	10억 5천만원	5천만원 부담 증가

제 2 절 경제테크

1. 국민소득

국민소득은 생산의 범위 및 평가방법에 따라 국민총생산(GNP), 국내총생산(GDP), 국민순생산(NNP) 등으로 나누어진다. 이와 같은 국민소득지표로 한 나라의 경제력이나 그 국민의 생활수준을 가늠할 수 있을 뿐만 아니라 국민소득의 생산, 분배, 지출 내역으로부터 얻어지는 경제성장률, 경제구조, 투자율, 저축률, 노동소득분배율 등 각종 분석지표를 통해 경제현실을 파악하고 경제정책도 수립, 평가하게 된다.

- 국민총생산(GNP; Gross National Product)
  : 일정기간 동안 국민에 의하여 생산된 모든 최종생산물의 시장가치
- 국내총생산(GDP; Gross Domestic Product)
  : 한 나라의 국경내에서 생산된 모든 최종생산물의 시장가치
- 국민순생산(NNP; Net National Product)
  : GNP - 감가상각(공장이나 기계 등 설비의 감모분)

국민소득이란 다음과 같이 정의할 수 있다.

'일정기간 동안 시장에서 생산해낸 최종생산물의 합 혹은 부가가치의 합'

국민소득이란 한 나라의 가계, 기업, 정부 등 모든 경제주체가 일정기간에 새로이 생산한 재화와 서비스의 가치를 시장가격으로 평가하여 합산한 것이며, 국민소득은 세 가지 다른 얼굴로 파악되는데 이를 생산·분배·지출 국민소득이라 부르고 있다. 그리고 이러한 세 가지 국민소득은 그 크기가 똑같은데 그것은 국민소득이 생산·분배·지출과정을 통하여 순환하기 때문이다.

먼저 기업이 노동, 자본, 토지, 경영 등의 생산요소를 투입하여 생산활동을 수행한 결과로 부가가치 즉, 생산국민소득이 발생하면 여기에서 생산에 참여한 근로자는 급여, 돈을 빌려준 사람은 이자, 또한 토지를 빌려준 사람은 임대료를 받게 된다. 그리고 이들 소득을 공제한 나머지가 이윤으로서 기업가에게 돌아가게 되는데 이 같은 소득을 모두 합하여 분배국민소득이라 한다. 따라서 생산국민소득과 분배국민소득은 같아지게 된다. 또 분배된 소득은 개인이 물건을 구입하는데 사용(소비)하거나 기업이 차기 생산을 위하여 공장을 짓거나 기계를 사들이는데 지출(투자)함으로써 최종생산물에 대한 수요로 나타나며 이를 지출국민소득이라 한다. 이와 같이 국민소득은 만들어서(생산) 나누어 가지고(분배) 쓰는(지출) 양이 모두 같게 되는데 이를 가리켜 국민소득 3면 등가의 원칙이라 한다.

2. 저축과 투자

금융자산에 대하여 관심이 있다면, 우선 저축과 투자에 대한 차이에 대하여 정확하게 이해를 하는 것이다.

저축의 경우 돈을 버는 메커니즘이 절약에 있다. 소비가 늘어나면 저축이 줄어들고, 소비가 줄어들면 저축을 늘릴 수 있다.

저축은 또한 가입 시점에 수익이 결정되며, 원금 보전에 대한 책임을 금융기관이 진다. 정부도 예금자보호법이라는 것을 통해 원금과 이자에 대해 일정액을 보호해준다.

단, 저축은 가입 시점에 수익이 확정되고 원금이 보전되기 때문에 수익이 낮고, 인플레이션 위험에 취약하다는 것이다.

저축과 투자 개념

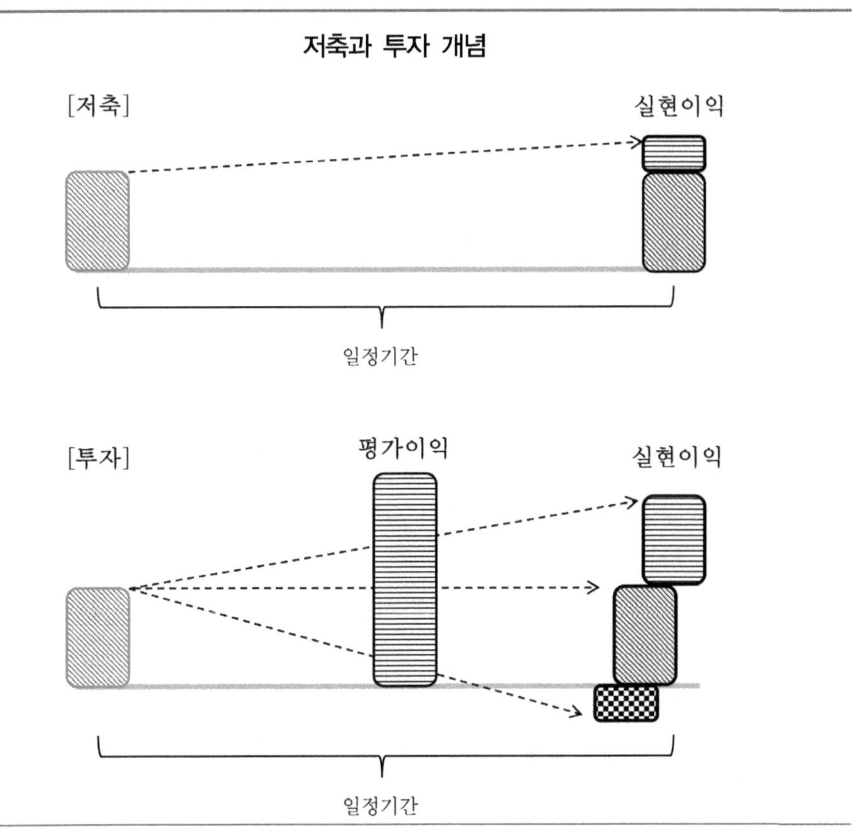

반면에 투자는 자신이 소유한 부동산이나 주식의 가격이 올라 돈을 버는 것이다. 아무리 절약을 하더라도 보유하고 있는 자산의 가격이 오르지 않으면 돈을 벌 수 없다. 투자는 '가능성을 믿고 자금을 투하하다'라는 뜻을 갖고 있다.

손실을 보았더라도 투자를 중개해준 금융기관에서는 책임을 져주지 않는다. 투자는 인플레이션 위험에 대한 대비가 가능하지만 가격 변동 위험에 노출되어 있고, 팔지 않은 자산은 일정 시점의 평가이익일 뿐이지 실현이익이 아니다.

3. 조세제도

국민이라면 모두 세금을 내야할 의무가 있다. 헌법에서는 국방, 교육, 근로, 납세의 네 가지를 국민의 의무로 들고 있으며 실제 이렇게 납부한 세금은 국가의 유지와 국민 생활의 발전을 위해 쓰이고 있다.

세금은 '국가가 국민에게 직접적인 반대급부 없이 강제적으로 걷는 돈'으로 자본주의 사회에서 부를 축적하기 위해서는 수입을 늘리는 것도 중요하지만 지출을 줄이는 것도 매우 중요하다. 그 중에서도 세금으로 인한 지출을 줄이기 위해서는 세금을 알아야 한다.

1) 세금의 종류

국가의 재정수입을 위해 국가가 징수하는 것을 국세, 지방자치단체의 재정수입을 위하여 징수할 때는 지방세라고 부르고 있으며, 일상생활과 관련이 있는 세금을 정리해 보면 다음과 같다.

① 국세 : 중앙정부에서 국가사업의 경비를 마련하기 위해 국민에게 부과·징수하는 세금
② 지방세 : 시, 도, 군과 같은 지방자치단체가 필요한 경비를 지역주민들에게 부과 징수하는 세금
③ 근로소득세 : 근로자가 근로의 대가로 받는 소득에 부과하는 조세
④ 종합소득세 : 개인에게 귀속되는 각종 소득을 종합하여 과세하는 조세
⑤ 취득세 : 부동산이나 차량, 골프회원권 등을 취득시 부과하는 조세

⑥ 법인세 : 법인이 매사업년도에 벌어들인 소득에 대해서 내는 세금
⑦ 재산세 : 재산의 소유사실에 담세능력을 인정하여 과세하는 조세
⑧ 부가가치세 : 제품이나 부품이 팔릴 때마다 과세되는 소비세의 한 체계로 생산자, 도매업자, 소매업자, 소비자의 각 유동단계마다 증가된 가치(부가가치)의 부분이 과세대상
⑨ 특별소비세 : 특별한 물품 또는 용역의 소비에 대하여 부과하는 소비세
⑩ 관세 : 관세선을 통과하는 상품에 부과하는 세금

2) 절세와 탈세

납세자들은 세금을 납부할 때 자신이 부담한 세금만큼 혜택을 돌려받지 못하며, 혜택에 관계없이 순수한 개인의 능력(재산, 소득, 소비 등)에 따라 세금을 부담하고 있으므로 가능하면 조금이라도 세금을 적게 납부하고 싶어 한다.

세금을 적게 납부하는 경우를 보면 크게 절세, 탈세, 조세회피의 세 가지로 나누어 볼 수 있는데 간략하게 비교해보면 다음과 같다.

절세와 탈세는 세금의 부담을 줄이고자 하는 목적은 같지만 법에 위반된 것인가, 법을 잘 따랐는가에 따라 구분된다.

절세(Tax Saving)란 세법이 인정하는 범위 내에서 합법적이고 합리적으로 세금을 줄이는 것을 말한다. 절세는 특별한 비결이 있다고 하기는 어렵지만 세법을 충분히 공부하고 이해한 후 그 테두리 안에서 세금을 줄일 수 있는 가장 좋은 방법을 찾는 과정으로 이해하는 것이 좋다.

탈세(Tax Evasion)란 고의로 사실을 왜곡하는 등의 불법적인 방법을 동원해서 세금부담을 줄이는 것을 말한다. 탈세는 국가의 재정에 악영향을 미치고 있고 탈세로 부족하게 된 세금은 결국 다른 납세자가 부담하는 결과가 되어 성실하게 신고한 사람에게 추가적인 피해를 볼 수 도 있다. 현재 국세청에서는 세무조사나 서면분석 등의 방식을 이용하여 탈세행위를 저지르는 자를 잡아내고 있다. 만약 탈세금액이 크거나 악질적인 행위에 의한 탈세는 탈세금액의 추징 뿐 아니라 조세범처벌법에 따라 벌금 또는 징역형 등도 가능하도록 규정되어 있다.

한편, 세금의 감소라는 측면은 절세, 탈세와 같지만 절세라고 보기도 어렵고 탈세라고 보기도 어려운 조세회피라는 것이 있다.

조세회피(Tax Avoidance)란 세법이 예상하고 있는 형태의 거래가 아닌 우회행위 등의 이상한 거래형태를 취하여 세금부담을 줄이는 방법을 말한다. 조세회피는 민법상의 계약자유원칙을 이용하여 거래가격을 부당하게 높이거나 낮추는 방법을 사용하여 세금의 부담을 줄이는 방법이다.

경영의 기본이론

Basic Concepts of Manegement

PART 2 경영의 기본이론

Chapter 4 경영학의 기초개념

제 1 절 조직, 경영

1. 조 직

우리 사회에는 다양한 형태의 조직들이 구성되어 있다. 대학도 하나의 조직이며, 정부·교회·병원·야구단·편의점·기업 등도 조직이라고 할 수 있다. 하지만 지하철을 타기 위해 또는 영화를 관람하기 위해서 모인 사람들을 보고 조직이라고는 하지 않는다. 조직이라고 불릴 수 있으려면 다음과 같은 세 가지의 특성을 갖고 있어야 한다.

① 모든 조직은 고유한 목표를 가지고 있다.

기업은 이윤을 추구하는 영리조직이며, 종교단체나 학교 등은 영리추구의 목적을 갖고 있지 않은 비영리조직이다. 조직의 구성원은 자신이 속한 조직의 목표를 달성하기 위해 모든 노력을 기울이게 되며, 이러한 목표가 바로 조직의 존재이유가 될 수 있다.

② 모든 조직은 사람(people)으로 구성되어 있다.

조직의 목표를 설정하기 위해 의사결정을 하고, 목표를 달성하기 위해 여러 가지 활동을 수행하는 것은 바로 사람이다. 이처럼 조직의 목표를 달성하기 위해 모인 사람들이 상호작용하는 경우에만 조직이라고 할 수 있다.

③ 모든 조직은 조직구성원의 행동을 규정하거나 제한하는 체계적인 구조(structure)를 가지고 있다.

조직은 규칙과 규정을 만들고, 일부 감독자가 다른 구성원을 통제하며, 작업팀을 구성하고, 직무기술서 등을 작성하여 구성원이 해야 할 일을 알도록 한다.

따라서 조직이라는 용어는 명확한 목표를 가지고 있고, 구성원이 있으며, 체계적인 구조를 가지고 있는 실체를 말한다. 즉, 조직은 어떤 특정한 목표를 달성하기 위하여 체계적으로 일을 하는 사람들의 모임이라고 할 수 있다.

그렇다면 기업은 어떠한가?

기업의 목표는 재화 및 서비스의 생산과 판매를 통한 이윤의 창출이다. 이 목표를 위해 기업은 일할 사람들을 모집하며, 각 구성원들은 자기가 해야 할 일에 따라서 하부조직을 구성하고 또한 각 조직은 이들 구성원의 노력을 통합할 수 있는 계층구조를 가지고 있다. 다시 말해 '기업은 이윤창출을 위해 재화나 서비스를 생산, 판매하는 사람들의 조직'이라고 할 수 있다.

한편, 기업에 대한 또 다른 정의로 **가치사슬** 개념을 생각할 수 있다. 기업은 부가가치를 창출하는 여러 가지의 행위, 가치행위를 수행하는데 이러한 가치행위의 집합체를 기업이라고 본다. M. Porter는 다음 그림에서 볼 수 있는 것처럼 가치사슬은 크게 주활동과 지원활동으로 구분되어 있다고 한다. 주활동(primary activities)은 재화나 서비스의 물리적 변화에 직접 관련된 행동으로 크게 부품구매, 생산, 물류, 마케팅과 판매, 사후서비스 등의 다섯 가지로 구분한다. 지원활동(support activities)은 주활동을 지원하는 것으로 구매활동, 기술개발, 인적자원관리 및 기획·법률·재무와 같은 기업하부구조(firm infrastructure)의 네 가지로 구분한다.

이러한 가치사슬은 기업의 경쟁우위 분석과 이익창출 및 유지를 위한 도구로 많이 이용된다.

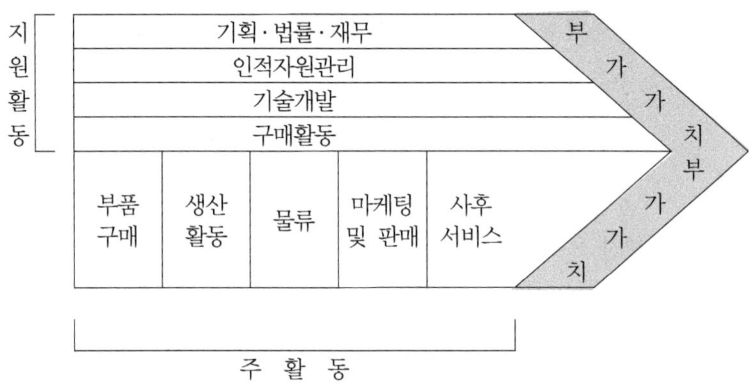

■ 기업의 특징

① 재화와 서비스를 생산하고 배급하는 생산경제단위이다.

기업은 가계, 정부와 더불어 국민경제를 구성하는 개별경제단위이다. 가계는 소비를 목적으로 하는 소비경제단위인데 비해서 기업은 인간의 욕구충족에 필요한 재화와 서비스의 생산과 배급을 목적으로 하는 생산경제단위다.

② 이윤추구를 목적으로 운용되는 자본체이다.

기업은 자본주의 경제활동의 기본단위이다. 기업은 재화와 서비스를 사회에 제공하기 위해서 운용되는 경제단위이지만 그것은 이윤추구와 불가분의 관계에 있다.

③ 구성원은 소득의 원천이요, 생활의 터전이다.

종업원은 삶의 대부분을 기업 안에서 일을 하며, 제공한 노동력의 대가로 받는 임금은 본인과 가족의 생활을 위한 기본적인 수입이 되고 있다.

④ 기업은 인간이 필요로 하는 재화나 서비스를 생산, 공급하는 경제시스템인 동시에 사회적 시스템이다.

기업의 구성원은 생활을 위한 소득의 원천을 기업에서 찾고 있다. 따라서 기업은 경영성과를 각 이해 관계자에게 배분함으로써 인간의 경제적 욕구를 충족시키는 경제시스템인 동시에 경영과정에서 사회적 만족을 창출하여 이를 이해관계자에게 배분함으로써 인간의 심리적, 사회적 욕구를 만족시키는 사회시스템이기도 하다.

2. 경 영

조직에서는 정해진 목표를 적은 비용으로 빠른 시간 내에 양질의 재화와 서비스를 생산하는데 우선 관심을 갖게 되면서 경영의 중요성이 강조되기 시작하였다.

정보와 기술이 급속하게 발전하고 직무가 전문화되면서 인간관계가 점점 복잡해짐에 따라 경영에 대한 관심이 커지고 그 중요성이 보다 강조되고 있다.

그런데 이러한 경영은 흔히 이윤을 추구하는 영리기업에만 필요한 것으로 인식하기 쉬우나 넓은 의미에서 보면 정부, 교육기관, 종교단체와 같은 비영리조직에도 해당되는 개념이다. 뿐만 아니라 경영은 조직내 상위계층의 특정인에게만 적용되는 것이 아니라 하위계층의 구성원에게도 해당되는 개념이다.

경영에 대한 정의는 여러 사람들에 의해 다양하게 정의되고 있으며, 다른 사람을 통하여 그리고 다른 사람과 함께 효과적(effectively)·능률적(efficiently)으로 일을 수행해 가는 과정이다(Stephen P. Robbins & David A. De Cenzo, 1998), 또는 조직의 제자원을 계획, 조직, 지휘, 통제를 통하여 조직의 목적을 효과적·능률적 방법으로 달성하는 과정이다(Richard L. Daft, 1997) 등으로 다양하게 정의되고 있다.

이상의 정의들로부터 경영은 「인적·물적 자원을 합리적으로 결합하여 조직의 목적을 효과적·능률적 방법으로 달성하는 과정」으로 정의해 볼 수 있다.

그런데 경영학의 정의에서는 '효과성'이나 '능률성'이라는 용어가 중요하다. 여기서 어떤 활동이 효과적(effective)이라고 한다면 그 활동이 목표 달성에 의미 있는 활동이라는 것을 의미하며, 능률적(efficient)이라고 한다면 그 활동방법이 다른 방법에 비해 자원의 소비가 적다는 것을 의미한다. 이러한 경영의 의미를 기업에 적용시킨다면, 소속된 사람들이 기업의 목표를 위해 재화나 서비스를 생산하되 가장 저렴한 방법으로 이러한 활동을 수행할 수 있도록 하는 과정이라고 할 수 있다.

그러나 이와 같이 기업이 순조롭게 그 활동을 수행하는 데에는 일반적이고 추상적인 의미의 경영만으로는 부족하다. 기업이 원래 의도한 목표를 달성하기 위해서 필요한 구체적인 자원과 기능들이 있는데 이에 대해서 생각해보자.

1) 경영의 요소

과거 산업사회에는 경영활동이 이루어지기 위한 자원으로 토지, 노동, 자본만을 들었다. 그러나 현대사회에서는 창의성과 정보화가 중요시되고 경쟁이 치열해지면서 사람에 대한 중요성이 상대적으로 커지고 지식·기술 등 정보와 전략이 과거보다 중요한 자원으로 부각되었다.

(1) 인적자원(man)

과거에는 종업원이 경영자의 지시·감독에 따라 작업을 행하는 단순한 생산요소로 간주되었다. 그러나 자동화가 고도로 진전되어 있더라도 모든 일의 주체는 사람이며, 사람에 의해 기업의 성패가 좌우된다. 이런 의미에서 기업 경영을 사람경영이라고도 한다. 적절한 인적자원을 채용하여 적재적소에 배치하고 이들이 지속적으로 생산성을 높일 수 있도록 하는 것이 경영 목표를 효과적·능률적으로 달성하게 하는 것이다.

(2) 물적자원(material)

기업이 제품과 서비스를 생산하는데 직접적으로 사용되는 유형의 자원이다. 예를 들면 공장이나 사무실, 생산설비, 원재료 등이 있다. 이런 물적자원은 물류가 원활하지 못하고 입지가 원가절감에 크게 기여했던 과거에는 상당히 중요한 역할을 했으나 최근 그 중요성은 점차 약화되고 있다. 그렇지만 물적자원은 기업의 존속을 위해서는 필수요소라고 하겠다.

(3) 재무자원(money)

자본(capital)을 의미하며, 기업을 창업하고 운영하는데 필수적인 자원으로서 자체적으로 마련할 수 있으며 주식, 채권을 발행하여 투자자로부터 제공받을 수도 있다.

경영자는 이런 자본을 기초로 이윤이 창출되도록 경영활동을 하여야만 지속적으로 기업이 존재할 수 있다. 따라서 기업의 경영활동에 있어서 자본은 인체의 혈액과도 같은 생명소라고 할 수 있다.

(4) 정보 및 전략(information & strategy)

기업을 운영하기 위해서는 먼저 무엇을(제품 및 서비스), 어떻게(기술), 그리고 누구(고객)를 대상으로 해야 할 지 결정하여야 한다. 즉, 기업을 어떤 방향으로, 어떤 방법으로 운영할지를 결정하는 것을 전략이라 한다.

따라서 전략이 없는 기업은 나침반 없이 항해하는 배와 같다.

이러한 전략을 수립하고 추진하는 데는 정보가 필요하다. 즉, 기업은 제품이나 서비스를 생산하기 전에 고객이 무엇을 필요로 하는지, 경쟁회사들은 어떻게 생산하고 있으며 생산비용은 얼마나 드는지를 파악하여야만 기업에서 전략을 세울 수가 있다.

오늘날 기업의 경쟁력은 정보력에 의해서 좌우된다고 할 만큼 정보의 중요성이 강조되고 있다. 치열한 경쟁환경에서 살아남기 위해서는 외부환경에 대한 정보를 신속·정확하게 파악하고 이를 전략적으로 활용하여야 한다.

2) 경영의 기능

경영의 기능은 크게 관리기능과 업무기능으로 구분할 수 있다. 먼저 관리기능(managerial function)은 경영을 능률적으로 달성하기 위하여 요구되는 기본적인 기능으로 조직의 규모가 확대되고 업무가 복잡해짐에 따라 더욱 더 요구되는 것으로서 이에는 계획수립(전략), 조직화, 지휘 그리고 통제가 있다.

한편, 업무성격별로 구분하는 업무기능(business function)이 있는데 이에는 생산, 마케팅, 재무, 인사, 회계 등 이른바 경영학에서 가르치고 있는 전공분야가 바로 이 업무기능에 의하여 구분된 것이다. 기업이 부서를 만드는 경우 이러한 업무기능별로 분리하는 것이 보통이다. 관리기능과 업무기능 사이에 직접적으로 어떠한 관계가 있는지를 발견하기는 어려우나, 관리기능이 있음으로써 업무기능이 보다 능률적으로 수행될 수 있다고 말할 수 있다.

경영의 관리기능과 업무기능

관리기능 \ 업무기능	마케팅관리	생산·운영관리	인적자원관리	재무관리
계획(전략)				
조직화				
지휘				
통제				

(1) 관리기능의 종류

① **계획수립**(planning)

조직의 목표를 세우고 이를 달성하기 위한 방안을 사전에 선택하는 것이다. 이 때 목표는 달성 가능한 것이어야 하고 수단은 그 목표달성을 가능하게 할 수 있는 것이어야 한다. 그리고 이러한 선택은 사전에 하는 것이기 때문에 계획이 실행에 옮겨질 때의 상황을 정확히 예측하지 못하면 목표달성에 차질이 빚어질 수 있다. 따라서 계획단계에서 미래의 상황을 정확하게 예측할 수 있는 능력은 매우 중요하다.

② **조직화**(organizing)

수립된 계획을 성공적으로 달성하기 위하여 어떠한 형태로 조직을 구성할 것인가를 결정하고 인적·물적 자원을 배분하고 조정하는 활동을 말한다. 즉, 목표를 달성하기 위하여 요구되는 여러 가지 업무를 형태별로 분류하여 어떠한 부서에서 어떤 업무를 관장할 것인가를 결정하는 것이며, 이와 함께 각 부서별로 필요한 인원을 선발하거나 각각의 업무를 어떤 사람이 가장 잘 수행할 것인가를 판단하여 그 사람을 해당 부서에 배치하는 충원을 포함한다.

③ **지휘**(directing or leading)

조직의 목표를 달성하기 위하여 요구되는 업무를 잘 수행하도록 구성원들을 독려하는 행위를 말한다. 이 지휘 기능은 다른 구성원과 서로 의견교환을 하고 어떠한 형태로 작업이 진행되어야 하는가에 대한 방향제시도 하고, 최대한의 능력을 발휘하게끔 동기부여를 제공하는 모든 행위를 포함한다.

④ **통제**(controlling)

각 구성원이 행하는 업무가 제대로 추진되고 있는가를 확인하고 수정·보완하는 활동을 말한다. 따라서 이 기능에는 계속적으로 구성원이 최선을 다하여 업무를 수행하는가를 감시·감독해야 하고 또한 수행된 업무에 대하여 정해진 기준에 부합되는가를 판단하여 잘못이 있을 경우에는 이를 수정·보완 조치를 해야 한다.

(2) 업무기능의 종류

① **마케팅관리**(marketing)

생산활동을 통해 만들어진 상품은 고객에게 마케팅을 하여야 한다. 상품을 판매하려면 상품자체의 디자인과 품질도 중요하지만 소비자가 기꺼이 지불할 수 있는 가격책정이 중요하다. 그리고 상품의 성능이나 상대적 장점을 고객에 알리고, 점포를 유지하거나 배달을 통해 고객에게 상품을 유통하는 일도 마케팅의 중요한 부분이다.

② **생산·운영관리**(production & operations)

생산설비를 갖추고 이를 이용해서 원자재 및 부품을 결합하거나 가공하여 제품을 만들거나, 방송·보험 등의 서비스를 생산하는 것을 말한다. 생산을 위해서는 생산계획을 수립하고 생산공정을 통제하며, 품질을 관리하고, 생산에 참여하고 있는 인력의 생산성을 관리하게 된다.

③ **인적자원관리**(personnel)

소요 인력을 확보하고 이를 유지·개발할 뿐 아니라 이들이 주어진 과업을 수행하는데 보다 적극적일 수 있도록 유도하기 위해 기울이는 노력을 포함한다. 즉, 보다 유능한 인력이 우리 기업에 와서 일하기를 원하도록 하는 모집, 선발방법의 선택 등은 인력확보와 관련된 기능이고 이들을 유지·개발하기 위해서는 교육·훈련·배치·전보·승진을 관리해야 한다. 구성원이 적극적으로 일하도록 유도하는 동기부여와 노사관계를 관리하는 것도 중요한 과업으로 대두되어 왔다.

④ 재무관리(finance)

기업의 목적을 달성하기 위해 수행해야 하는 모든 과업에는 돈이 있어야 한다. 재무관리는 기업이 필요로 하는 자금을 조달하고 이것을 운용하는 일을 담당한다. 자금조달면에서 투자의 형식으로 하느냐, 아니면 부채의 형식으로 하느냐와 부채의 형식으로 조달하는 경우에도 단기냐 장기냐에 따라 회사수익에 영향을 미친다. 자금 운용면에서는 수익성, 안정성 그리고 유동성을 관리하게 된다.

3. 경영학

경영활동은 모든 조직이 사회적 존재로서의 생존과 발전을 위하여 수행하는 체계적인 활동이라고 할 수 있다. 이는 수많은 경쟁 속에서 상대적인 우위를 확보할 수 있는 방안을 찾아서 이윤을 창출하고 기업가치를 극대화하는 데에 목적을 두고 있다.

이러한 경영현상은 인류가 공동체생활을 시작하면서부터 나타난 것으로 사회가 발전함에 따라서 경영활동의 내용도 변화되어가고 있다. 이에 따라 경영활동을 연구대상으로 하는 경영학도 변화하면서 발전되어가고 있다.

경영학이란 조직의 목표를 달성하기 위해 경영자원(자본과 물적자원, 인적자원, 정보, 지식) 등을 활용하여 계획·조직·지휘·통제하는 활동을 연구하는 학문이다. 즉, 기업의 목표를 효과적, 능률적으로 달성하기 위해 체계적으로 연구하는 학문이다. 따라서 경영학은 특정활동에 국한되어 연구하는 학문이 아니라 수많은 관련활동의 학문을 수용하여 이루어진 통합된 학문이라 할 수 있다.

세상은 수많은 개인과 집단 또는 조직들로 구성되어 있는데 경영학은 개인보다는 집단 또는 조직을 그 연구대상으로 하고 있다. 그런데 이와 같은 조직을 학교, 교회, 병원, 정부 등과 같은 비영리조직과 기업, 은행 등과 같은 영리조직으로 나눈다면 경영학은 오히려 영리조직인 기업조직을 그 주된 연구대상으로 한다고 할 수 있다. 그러나 최근의 경영학은 영리조직을 뛰어넘어 세상의 모든 조직을 연구대상으로 확장하고 있다. 그 이유는 비영리조직 등에도 경쟁의 개념이 도입되면서 기업경영원리가 적용될 수 있기 때문이다.

■ 경영학의 성격

1) 과학(science)의 특성

특정 학문분야가 과학이냐 아니냐를 가늠하는 방법에는 그 학문분야가 필요한 지식을 축적해 나감에 있어서 주로 과학적인 연구방법에 의존하면 과학으로, 그렇지 못하면 과학이 아닌 것으로 판단한다. 과학적 연구방법은 자료의 수집, 분석, 결론의 도출에 있어서 사실을 왜곡하거나 훼손하지 않기 위해 모든 수단을 강구한다. 그리고 과학은 이러한 방법으로 정보 하나하나를 쌓고 이 정보를 엮어서 원리나 법칙을 만들어 내며 이들(원리나 법칙)을 조직화하여 이론을 정립해 나간다.

2) 경영학의 이론성·실천성·규범성

이론과학 또는 순수과학이란, 있는 현상을 있는 그대로 이해하는 것이 학문적 목표이다. 즉, 현상을 정확하게 이해하는 것에 그 의도가 있을 뿐이다. 경영학은 현재 존재하는 것으로서의 경영 현상을 정확하게 이해하려고 하기 때문에 경영학은 우선 이론과학으로서의 특성을 기본적으로 갖고 있다고 보아야 한다. 이 점에 있어서는 경영학이 다른 학문과 다를 바 없다.

그러나 경영학은 존재하는 현상을 이해하는 것에 만족하지 않는다. 실천과학이 현상에 관해 알게 된 지식을 현실에 반영하고 개선하는데 활용하는 과학이라 할 때 경영학은 경영현상에 관해 얻은 지식을 현실 경영(기업·조직)에 활용한다는 점에서 실천과학의 또 다른 특성을 갖고 있다. 예컨대 소비자가 가격수준이 높을수록 해당상품의 품질도 높은 것으로 판단하는 현상을 알아내는 것은 경영학의 순수과학적 측면이고, 이 지식을 가격정책에 반영하여 높은 값을 받아 보다 많은 이익을 냈다면 이것은 실천과학의 특성을 보인 것이다.

또한 경영학은 경영현상을 이해하고(이론과학) 이를 좀 더 나은 경영을 하기 위해 활용하는 데(실천과학) 그치지 않고 이렇게 하여 이루어진 경영행위가 법, 윤리, 그리고 미풍양속 등의 규범차원에서 합당한 것이었는지, 다시 말하면 경영은 이렇게 되어야 한다는 경영의 실천원리를 추구한다는 점에서 규범과학(normative science)이라 할 수 있다. 즉, 가격수준과 품질수준을 연계시키는 소비자 행태를 경영에 이용하여 큰 이익을 얻는 것이 윤리적으로 합당했느냐를 점검하는 것도 경영학의 중요한 역할이다.

4. 건전한 기업의 조건

인간은 가정, 직장, 국가 등 공동체 속에서 삶을 영위한다. 따라서 공동체를 위하는 일은 곧 우리 자신의 삶을 위하는 일이다. 우리 인간이 공동체를 위해 할 수 있는 일의 시작은 남을 위해 그가 필요로 하는 것을 주는 일이다. 기업은 소비자에게 그들이 원하는 것, 그들이 필요로 하는 것을 줄 수 있어야 한다. 그렇게 하여 물건을 사주려는 소비자 즉, 시장이 형성되어야 기업이 존속할 수 있다는 또 다른 명제가 나오게 되는 것이다.

그러나 기업이 계속 살아남을 수 있기 위해서는 주는 일(제품공급)에 소비된 원가(cost : C) 이상의 판매가격(price : P)을 받을 수 있어야 한다. 생산자(기업)의 입장에서 볼 때, 그들이 시장에 내놓는 제품에 대하여

제품 가격(P) 〉 제품 원가(C) ……………………………………………………………(1)

라는 부등식이 만족되어야 한다. 이것은 생산자를 위한 삶의 필요조건인 것이다.

제품 가격(P) − 제품 원가(C) = 생산자 잉여 ………………………………………(2)

가 된다. 이 생산자 잉여(producers' surplus)는 기업이 확대재생산을 통해서 소비자에게 더 나은 제품과 서비스를 공급할 수 있게 하고, 종업원에게 더 많은 임금을 주며, 또 국가에 세금을 낼 수 있게 해주는 힘의 원천이 된다.

한편, 소비자의 입장에서는 제품의 사용가치(value : V)가 그 제품의 구입가격(price : P)보다 커야 할 것이다.

제품 가치(V) 〉 제품 가격(P) ……………………………………………………………(3)

기업이 소비자를 위해 위의 조건을 만족시키면 그것은 또한 윤리적 차원에서도 바람직한 일이 된다.

제품 가치(V) − 제품 가격(P) = 소비자잉여 ··(4)

가 된다. 이 소비자 잉여(consumers' surplus)는 기업이 제품을 사준 소비자에게 기여한 공헌이 되는 것이다.

(1)식과 (3)식을 모두 만족시킬 수 있는 제품이나 서비스를 생산하여 소비자에게 공급하는 일이 기업의 사명이다.

(1)식과 (3)식을 결합하면,

제품의 가치 〉 제품의 가격 〉 제품의 원가 ··(5)

라는 일련의 부등식이 탄생한다.

제품가격(P)은 시장이 완전경쟁이거나 정부규제하에 있으면 기업(생산자)이 시장에 대하여 통제가능한, 이른바 전략변수가 될 수 없다.

그러므로 기업의 목표는 제품가치(V)를 최대한 높이고, 제품원가(C)를 최소로 낮추는 것이다.

소비자가 느끼는 제품의 가치를 높이는 일은 기업의 목표라 할 수 있으며, 이 일은 산업사회를 발전시키는 원동력이 된다. 기업이 아무리 열심히 일해도 그 산출물(제품이나 서비스)에 대해 소비자가 긍정적 반응을 보이지 않으면, 기업이 일한 성과는 아무런 의미가 없다. 그렇다면 이와 같은 조건은 어떻게 만들고 유지할 수 있는가? 이는 창의적인 제품의 개발에 의해서 가능하다. 창의적인 제품 개발은 환경의 변화를 감지할 수 있는 안목 즉, 감수성과 상상력의 결합으로 탄생된다. 이를 위해서는 먼저 우수한 인적 자원의 선발과 훈련 그리고 이들이 각자의 능력과 창의력을 발휘할 수 있는 유연한 제도가 뒷받침되어야 한다. 또한 제품의 원가를 낮추는 일은 기업이 살아남기 위한 필요조건이며, 인간이 자원의 유한성 속에 살고 있는 이상 윤리적으로도 선행이라 할 수 있다. 그렇다면 이러한 조건은 어떻게 갖추고 지속할 수 있는가? 이는 가격 경쟁력을 키울 때 가능하다. 여기서 가격 경쟁력이란 판매가격이 제품의 원가보다 큰 정도를 말한다. 따라서 가격 경쟁력을 키우려면 판매가격을 높이거나 제품의 원가를 낮춰야 한다. 그러나 창의적인 제품을 개발하지 못한 대부분의 기업에 있어서는 치열한 경쟁 속에서 판매가격을 임의로 높이는 것이 사실상 불가능하다. 따라서 가격 경쟁력을 키우기 위해서는 제품의 원가를 낮추는 방법밖에 없다.

제품의 원가를 낮추기 위해 기업들이 추구해야 할 과제는 능률성에 바탕을 두고 생산성을 높이는 것이다.

소비자를 위해 제품의 가치를 높이는 능력을 창의성(creativity), 제품의 생산에 요하는 원가를 절감하는 능력을 생산성(productivity)이라 정의한다면 창의성과 생산성은 건전한 기업의 조건이라 할 수 있다.

제 2 절 경영사상의 진화

경영학의 기원은 인간이 공동체 생활을 하면서 협동적인 노력을 시작한 수천 년 전으로 거슬러 올라간다. 즉, 고대와 산업혁명 이전에도 체계화된 지식으로까지 발전하진 않았지만 경영적 사고는 있었으며, 산업혁명을 계기로 경영원칙과 경영이론의 개발 필요성이 증가하게 되었다. 이 시대의 이론가들로는 오웬(R. Owen), 바베지(C. Babbage), 티운(H. R. Towne), 우르(A. Ure), 듀핀(C. Dupin), 아담 스미스(A. Smith) 등을 들 수 있으며, 이들은 경영학적 사고의 체계화에 크게 기여한바 있다. 그러나 경영이론에 대한 본격적인 연구는 그리 오래되지 않았으며, 경영학이 학문으로서 체계화된 것은 20세기에 접어들면서 부터로 볼 수 있다.

그러나 이러한 경영사상은 자본주의 체제에서 고도산업사회의 시대적 배경에 따라 빠른 속도로 발전하여 왔다. 학자에 따라 견해 차이는 있지만 일반적으로 경영사상의 흐름은 크게 다섯 가지로 구분하여 살펴볼 수 있다.

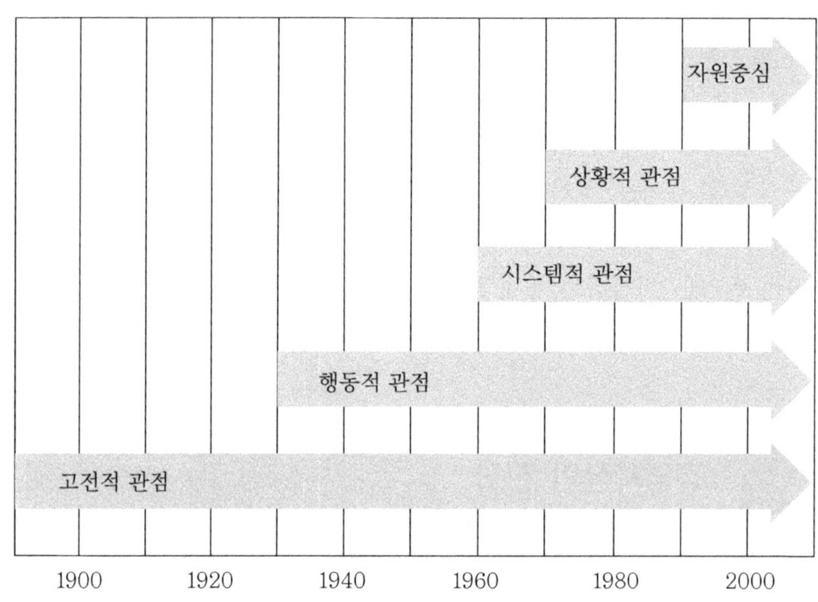

1. 고전적 이론(classical approach)

인간의 행동이 합리적이며 경제적 동기에 의해 이루어진다는 기본가정 위에서 성립된다.

1) 과학적 관리법

미국은 19세기 전반에 면방적공업과 철강업을 중심으로 산업혁명을 경험하였고, 특히 남북전쟁을 계기로 미국경제가 급속한 공업화 과정 속에서 대규모 공장이 출현하게 되었다. 한편 노동자들은 대부분 미숙련 노동자들이었기 때문에 일찍부터 분업과 작업의 단순화·기계화가 도입되었다. 이러한 분업과 기계화, 미숙련 노동자의 과잉으로 인한 실업, 장시간 노동, 저임금 등은 노동문제를 야기시켰고, 노사대립과 노동자의 태업을 가져오게 하였다.

당시 공장관리는 여전히 경험과 직관에 의존했으며, 오늘날 이러한 경영형태를 이름하여 표류관리라고 한다. 이러한 상황하에서는 어떻게 하면 노동자들의 조직적 태업을 방지하고 공장생산의 능률을 향상시킬 수 있을 것인지가 경영자들의 중대한 관심사였고, 이러한 배경에서 테일러시스템이 탄생하였다.

테일러시스템(Taylor system)이란 테일러(F. W. Taylor)를 창시자로 하여 길브레드 부부(F. B & L. M. Gilbreth), 에머슨(H. Emerson), 간트(H. L. Gantt) 등의 협력에 의하여 체계화된 과학적 관리법(Scientific Management)을 지칭하는 것이다. 테일러의 과학적 관리법은 미국 경영학의 출발이라고 간주되며, 처음에는 공장 내부의 노무관리문제에서 출발하였으나 나중에는 기업경영의 전 부문에 대한 관리의 과학으로 발전하여 오늘날 미국 경영학의 기초가 되었고 산업공학의 발전기반이 되었다.

테일러가 말하는 과학적 관리법은 '노동자에게는 높은 임금을, 자본가에게는 높은 이윤을' 기본정신으로 일류인간을 지향하는 것을 목표로 하였다. 테일러시스템, 즉, 과업관리(task management)의 목표는 '높은 임금과 낮은 노무비의 원리'로 집약된다. 이것은 테일러시스템의 기본목표이며 일관된 근본정신이기도 한데, 이를 특히 '테일러리즘'(Taylorism)이라 한다.

테일러시스템을 정착시키기 위한 과업관리의 4대원칙

① 매일의 많은 과업(a large daily task)
② 표준적 제조건(standard conditions)
③ 성공시에 고임금 지급(high pay for success)
④ 실패시에 손실부담(loss in case failure)

그러나 테일러시스템은 여러 가지 문제점을 안고 있다.

① 그 대상과 영역이 전반적인 경영관리가 아니라 공장관리나 생산관리 또는 노무관리에 한정된 것이다.
② 과업설정의 과정이 객관적·과학적이 되지 못하고 주로 시간연구자의 주관에 의해 비과학적으로 설정되었다.
③ 노동자에게 노동을 강요하고, 인간노동을 기계시하였다.
④ 노조의 존재를 부정하였다.
⑤ 능률저하의 원인을 노동자의 태만에만 두고 있다.
⑥ 하루의 표준작업량이 일류노동자에게나 가능한 최대량으로 일방적으로 설정

되었기 때문에 노동자와 사용자간의 원만한 교섭을 저해하는 요인이 되었다.

이러한 문제점에도 불구하고 과거의 경험 또는 직관에만 의존하던 표류관리에서 이처럼 체계적이며 합리적인 과학적 관리법을 제창한 테일러의 업적은 높이 평가할 만하다.

2) 관리과정론

테일러와 비슷한 시기에 프랑스에서는 파욜(Henry Fayol)이 산업 및 일반관리(Administration Industrielle et Generale)라는 저서를 통하여 기업은 규모와 종류에 관계없이 기술, 영업, 재무, 보전, 회계, 관리의 여섯 가지 기능을 가지고 있다고 주장하면서 특히 관리의 5요소와 관리의 일반원칙을 제시했다. '관리란 산업, 상업, 정치, 종교 및 기타 모든 사업의 경영에 있어 중요한 역할을 수행하는 것'이라 하며, 최고경영자의 관점에서 경영관리의 일반이론을 전개하였다. 테일러가 '과학적 관리의 아버지'로 불리는 데 비해 파욜은 '경영관리론의 아버지'로 불리고 있다.

파욜이 주장한 여섯 가지 본질적 또는 전문적 기능은 생산·제조·가공의 기술기능, 구매·판매·교환의 영업기능, 자금 조달 운용의 재무기능, 재산 및 종업원 보호를 위한 보전기능, 재산목록·재무상태표·원가계산의 회계기능 그리고 관리기능으로 구분한다.

관리기능은
① 미래에 대한 탐색과 활동계획을 수립하는 계획
② 기업의 물질적 및 사회적 조직을 구성하는 조직
③ 종업원에 대한 지휘
④ 이미 확정된 규정이나 기준·명령에 따르도록 감시
⑤ 모든 활동과 노력을 결합·통일·조화시키는 조정

그런데 이러한 관리기능이 합리적으로 수행되려면 일정한 원칙에 따라 수행되어야 한다고 하면서 ① 분업 ② 책임과 권한 ③ 규율 ④ 명령일원화 ⑤ 지휘일원화 ⑥ 전체 이익에 대한 개인적 이익종속 ⑦ 공정한 보수 ⑧ 권한집중화

⑨ 계층조직 ⑩ 질서 ⑪ 공평 ⑫ 종업원의 지위안정 ⑬ 창의성 ⑭ 종업원 단결의 원칙이라는 14가지의 관리의 일반원칙을 주장하였다.(파욜의 경영관리론)

2. 행동적 이론 (behavioral approach)

개인의 합리성과 경제적 동기를 전제로 하여 고전적 이론가들은 경영학의 기술적 접근방법을 발전시켰다. 그들은 과학적인 직무설계, 경영관리, 조직구조 하에서 인간은 경제적 유인으로 인하여 능률을 증대시키고, 기업의 생산성이 향상된다고 믿었다. 그러나 1930년대에 이르러 인간적 측면을 강조하는 새로운 접근방법이 등장하였는데 이것을 행동적 이론이라 한다.

행동적 이론은 '인간의 행동이 사회적이고 자기실현적이다'라는 기본가정 위에서 성립된다.

1) 인간관계론

호손실험(Hawthorne experiments)이란 하버드 대학의 엘튼 메이요(E. Mayo) 교수가 중심이 되어 웨스턴 전기회사(Western Electric Co.)의 호손공장에서 1924년부터 1932년까지 4차에 걸쳐 실시된 일련의 실험을 말한다. 이 실험은 인간관계론이 급속한 발전을 하는 계기가 되었다는 점에서 그 의의가 크며, 이 실험의 주요 내용은 다음과 같다.

① 조명실험(1924. 11 ~ 1927. 4) : 조명의 질과 양이 노동자의 능률에 미치는 관계를 알아보려고 하였다. 그 결과는 예상과 반대로 조명도, 임금지급방법, 휴식시간 등이 작업능률에 별다른 영향을 미치지 않는 것으로 나타났다.

② 계전기 조립실험(1927. 4 ~ 1929. 6) : 6명의 여공을 대상으로 종래의 작업능률 향상에 도움이 된다고 생각되는 조건들(예: 작업시간 단축, 휴식시간의 합리적 배경, 간식 제공, 임금제도, 작업환경 개선 등)에 대하여 실험해 보았다. 그러나 그 결과는 조명실험과 마찬가지로 이들 조건과 생산성 향상과는 관계가 없었다. 따라서 종업원의 사기나 감독방법, 인간관계 등의 심리적 조건이 생산성 향상에 영향을 미친다는 결론을 얻게 되었다.

③ 면접실험(1928. 9 ~ 1930. 5) : 종업원들의 불만에 대한 면접조사를 실시한

결과, 물리적 조건이 근로자의 생산성 향상에 영향을 미친다는 종래의 학설과는 달리 작업장의 사회적 조건과 근로자의 심리적 조건이 근로자의 태도와 생산성에 영향을 미친다는 결론을 얻었다.

④ 배전기 권선실험(1931. 11 ~ 1932. 5) : 비공식적인 집단행동에 대한 연구결과, 회사가 정한 공식조직과는 별도로 자연발생적으로 형성된 비공식조직의 존재를 인식하게 되었다.

결국 이러한 실험에서 인간은 경제적 조건뿐 만 아니라 심리적·사회적 조건에 의해서도 영향을 받는 다면적 존재라는 사고방식이 정립되었다. 인간은 그들의 기대수준이 충족되면 만족을 느끼며 생산성 향상에 이바지하게 된다. 이러한 상태를 '높은 사기'라 하며, 이들 욕구를 총족시킨다는 것이 바로 일을 하게 하는 동기부여와 직결되며, 이것이 곧 인간관계론의 핵심이라 할 수 있다.

과학적 관리법의 반성으로 인해 생겨난 인간관계론은 인간의 정서적·심리적 측면에 대한 주의를 기울여서 인간은 물질적 요인에 의해서만 움직이는 것이 아니라 정신적 요인에 의해서도 영향을 받는다는 사실을 발견하였다. 또한 인간관계론은 전통적 관리론에서는 경시되어 온 비공식조직의 존재와 그 기능을 밝힘으로써 경영학의 발전에 큰 공헌을 하였다. 그러나 과학적 관리법이 인간을 경시하는 속에서 지나치게 기계적이며 물질적인 면에 치우친 데 비해, 인간관계론은 인간을 중시하는 바탕 위에서 지나치게 심리적이며 감정적인 면에 치우쳤다는 비판을 받고 있다. 또한 전자가 공식조직을 중시한 데 비해 후자는 지나치게 비공식조직을 중시하였으며, 더 나아가서 양자 모두 산업사회에서의 노동조합의 역할을 전혀 고려하지 않았다는데 문제가 있다.

2) 행동과학 이론

조직의 인간적 측면에 대해 체계적이고 통제된 연구를 할 필요가 있다는 것을 강조하였으며, 고전학파의 합리적·경제적 모형과 인간관계론의 주창자들이 주장하는 모형은 노동자들을 불완전하게 표현하고 있다고 믿었다.

매슬로우(Abraham Maslow), 맥그리거(Douglas McGregor) 및 기타 행동과학자들은 노동자들이 성장, 발전, 그리고 높은 수준의 자존감에 대한 강한 욕구를 가지고 있으며, 적극적으로 참여하려고 하는 경향이 있다는 것을 주장한다.

맥그리거(D. McGregor)에 따르면 전문화된 직무, 집권적 의사결정, 상의하향식 커뮤니케이션 등의 전통적, 기본적 가정을 반영하고 있는 것이다. 이러한 가정을 맥그리거는 임의적으로 X이론으로 명명하였는데, 여기에서 대부분의 사람들은 작업 및 책임을 싫어하고, 지도받기를 좋아하며, 일을 잘 수행하겠다는 욕망보다는 단순한 재무적 유인에 의해 동기가 유발되고, 이러한 결과로 그들은 감시되고, 통제되고, 강압적으로 조직의 목표달성을 종용해야 한다는 것이다.

맥그리거는 이러한 관점에 의문을 제기하며 자연적으로 작업의 분권화라는 경영의 원칙이 오늘날 조직이 직면하는 각종 과업에서도 타당한지를 의문시하였다. 그리고 관리상의 새로운 조직과 관행의 필요성을 절감하고, 인간속성에 기초한 조직 및 관행이 필요하다고 느꼈다. 이에 따라 나타난 것이 인간행동의 새로운 가정으로서의 Y이론이다. 즉, X이론의 가정과는 달리 직무란 고통의 원천이 되기도 하지만 만일 상황만 호의적이라면 즐거움의 근원이 되며, 그들의 성과에 대하여 고차적 욕구충족을 위해 스스로 자기개발 및 통제를 한다는 것이다. 즉, Y이론의 가정에 내재하는 것은 인간은 단순한 재무적 보상만으로는 동기가 유발되지 않고 일을 보다 잘하려는 욕망과 동료와 사귈 수 있는 기회에 의해 동기가 유발된다는 것이다.

3. 시스템 이론 (systems approach)

모든 조직을 하나의 시스템으로 보고 조직의 효율성을 제고 하는 이론을 모색하는 것이 시스템이론이다.

프렌치(W. French)는 '시스템(system)이란 어떤 하나의 목적을 가지고 이를 성취하기 위하여 여러 구성인자가 유기적으로 연결되어 상호작용하는 결합체이다.'라고 하였다. 즉, 시스템이란 통일된 전체를 구성하고 있는 상호 관련되고, 상호 의존적인 부분들의 집합이라고 할 수 있는데, 경영시스템의 주된 관점은 조직을 하나의 전체시스템으로 보고 그것이 어떻게 분석 가능한 여러 개의 하위시스템으로 구성되는가를 강조한다.

이러한 관점에서 시스템의 속성을 살펴보면,

① 시스템은 이를 구성하고 있는 부분들 사이에 상호관련성을 가지고 있다.

상호관련성은 시스템과 환경과의 상호작용뿐만 아니라, 시스템 내 여러 부분간에 상호의존 한다는 것이다. 또 이들 부분은 상위 시스템과 하위 시스템으로 구성되며, 한 하위 시스템의 산출은 다른 하위 시스템의 투입이 되는 시스템간의 경계를 구분하기가 매우 어렵다.

② 시스템은 전체성을 가지고 있다.

'하나의 전체는 부분의 합보다 크다'는 개념으로 시스템의 유기적 결합은 단순한 '합'의 개념이 아닌 '승'의 개념으로서 소위 조직의 시너지 효과를 지니고 있다. 이것은 시스템 내부의 분화에 따른 통합의 중요성을 나타내는 것이다. 부분의 수준에서 결정된 것은 항상 상호의존적이고, 상호작용하는 다른 부분의 영향을 고려하여 전체수준에서 검토되어야 한다. 부분과 부분간의 대립적 요소를 전체수준에서 통합·조정함으로써 조직의 유효성이 증대되는 것이다.

③ 시스템은 목표지향성을 가지고 있다.

조직과 그 하위 시스템은 목표지향적이라 할 수 있다. 각 시스템은 모두 다목적성을 가지고 있는데 그 중에서도 기본적인 중심업무가 있다. 예컨대 기업은 경제적 제품 또는 서비스를 생산하는 데 있으며, 우리 인간에게는 생활이라는 목표지향적 중심업무가 있다. 그런데 시스템의 목표는 각 시스템의 가치기준에 따라 우선순위를 결정하게 되며, 가치기준의 설정에는 양(quantity), 질(quality), 시간(time), 비용(cost) 네 가지 척도가 주로 이용되고 있다. 일반적으로 시스템의 목표는 부분간의 균형을 통하여 시스템 자체를 계속 유지하고 발전시켜 전체 조직을 더욱 성장시키는 것이다.

④ 시스템은 개방성을 가지고 있다.

조직이 존속·성장하기 위해서는 조직의 여건과 상호작용하면서 동태적 균형을 유지해야 한다. 즉, 시스템이 형성 유지되기 위해서는 구성인자가 유기적으로 연결된 구조를 지니고 있어야 하는데 이들 구조는 부문과 부문, 그리고 부문과 전체간에 상호관련성을 가지게 된다. 이러한 구조는 수직적 계층(사장·상무·부장·과장·대리·사원)으로 구분할 수 있는가하면 수평적 차원(생산·판매·인사·자금 등)으로 분류할 수도 있다.

그런데 오늘날 경영은 이러한 내부구성인자도 중요하지만 기업을 둘러싼 외부환경과의 상호관련성이 더욱 중요한 것이다. 즉, 종업원이나 기술, 제품의 품질 등과 같은 통제가능한 내부인자보다 통제 불가능한 고객, 정부, 경쟁업체, 채권자, 지역사회 등 외부환경인자에 대해서는 능동적으로 적응하고 도전하는 것이 현대경영의 핵심요소라 할 수 있다.

통제 불가능한 외부환경인자에 능동적으로 대처하기 위하여 종래의 폐쇄시스템(closed system)으로부터 개방 시스템(open system)으로 전환하여 동태적 균형을 유지하는 것이 조직의 생존 및 성장의 핵심인 것이다.

⑤ **시스템은 통제하는 속성을 가지고 있다.**

시스템은 변화하는 환경과 내부의 요구에 민감하게 반응하여 안정적 균형을 유지해야 한다. 시스템이 유지·성장하기 위해서는 조직의 투입과 산출을 끊임없이 분석하고, 조정하는 피드백을 통한 자기통제적 수단을 지녀야 하는 것이다.

4. 상황이론(contingency approach)

보다 일반적인 차원에서는 상황과 조직특성과의 적합여부가 조직성과를 결정한다는 사고를 기초로 상황과 조직특성간의 적합적 관계를 경험적·조작적으로 특정화하는 이론이라고 할 수 있다. 전통적 이론들은 환경이나 조건에 관계없이 모든 조직에 공통적으로 유효한 조직원칙을 도출하는 데 초점을 두었다. 그러나 현대조직연구의 결론은 이러한 보편주의를 부정하고 모든 환경에 적용할 수 있는 유일·최선의 조직은 있을 수 없으며, 환경이 달라지면 유효한 조직도 달라진다는 관점이 상황이론이다.

상황이라는 용어를 최초로 사용한 로렌스(P. R. Lawrence)와 로쉬(J. W. Lorsch)에 의하면 상황이론은 다양한 환경의 변화 및 요구에 효율적으로 대응하기 위하여 조직이 어떠한 특성을 갖추어야 할 것인가를 규명하기 위한 이론이라고 정의하고 있다.

■ 상황이론의 기본적 특징

① 객관적 결과의 중시

② 조직의 환경적응 중시

③ 조직을 분석단위로 하는 분석

④ 중범위이론 지향

현대적인 의미의 조직이란 조직목표를 달성하기 위하여 그 하위 시스템들이 유기적으로 상호작용을 하면서 조직의 외부환경에 적응함으로써 안정과 성장을 도모하는 개방시스템(open system)이라 할 수 있다. 이와 같이 조직을 시스템적 관점에서 이해하고, 조직의 추상적 내용을 실천적인 방법으로 구체화하여 조직 현상을 연구하는 것이 상황이론이다. 이 상황이론은 모든 이론에 적용할 수 있는 유일·최선의 방법(one best way)이 존재한다는 보편주의적 입장을 부정함으로써 일반이론으로서의 조직론이나 경영관리이론이 특정한 상황에서는 설명할 수 없는 제한성을 극복한 점에서 그 의의가 크다.

그러나 이 이론은 다음과 같은 문제점을 가지고 있다. 우선 환경과 조직의 구별이 불분명하며, 환경을 불확실한 면으로만 생각하여 소비자·지역주민·종업원요구 등에 대한 고려가 부족하다. 대량생산으로 안정된 기업에 대하여 경영참가 등 그 조직의 유연성을 위한 재편의 방향을 제시하지 못한다. 그러므로 보수적 이론이라는 비판을 면치 못하고 있다. 그리고 환경의 유형별 분류와 그 대응기업에 대한 실증적 연구가 충분치 못하며, 환경이 변화함에 따라 조직도 변화한다고 하지만, 조직이 환경의 변화에 적응해 가는 과정에 대한 인식이 부족하다는 문제점도 있다. 아울러 환경이 조직을 규제하기보다 조직이 환경을 선택할 수도 있으며, 정치적·권력적 작용은 오히려 의사소통을 저해할 수 있다고 생각된다.

5. 자원중심이론 (resource-based approach)

21세기에 접어들면서 세계는 정보사회, 지식사회로 급격히 변화하고 있으므로 이에 대응하기 위해 세계는 엄청난 노력을 기울이고 있다.

정보사회, 지식사회에 능동적으로 대처하기 위해서는 지속적인 기술개발 그리고 기업이 보유하거나 도입할 수 있는 모든 자원(resources)을 효과적으로 활용할 수 있어야 할 것이다. 이 때 필요한 핵심적 요인으로 등장하는 것이 정보(informations), 지식(knowledges) 등의 자원이라 할 수 있다. 이러한 정보나 지식을 체계적으로 수집하여 기업가치를 극대화하기 위해서는 자원중심적 사고의 경영이 새롭게 요구되는 것이다.

상황이론에서는 기업이 각기 처해진 상황에서 자기 기업에 가장 적합한 경영방법이 무엇인가를 찾는 데에 초점을 두었다. 따라서 과감한 글로벌경영과 전략경영을 통해서 이를 달성할 수 있는 것으로 기대하고 있다.

이에 비해서 자원중심적 접근방법은 기업이 활용할 수 있는 핵심적 자원을 가지고 해당 산업에서 경쟁적 위치를 찾는 방법에 초점을 두었다. 따라서 정보사회, 지식사회로의 변천에 따른 정보경영과 지식경영을 적극 활용하여 이를 해결할 수 있을 것으로 기대하고 있다.

제 3 절 기업형태

1. 기업형태

1) 기업형태의 분류기준

① 기업규모의 크기에 따라 대기업·중기업·소기업으로 구분한다. 규모의 크기는 매출액·종업원수·자본금에 따라서 기준을 정한다.

② 출자자에 따라 사기업, 공기업 또는 공사공동기업 등으로 구분한다. 공기업은 정부나 공공단체, 사기업은 민간인, 공사공동기업은 민간인과 정부가 공동의 출자자이다.

③ 법률상의 규정에 따라 합명회사·합자회사·유한회사·주식회사 등으로 구분한다.

④ 소유와 지배를 중심으로 개인기업, 인적 공동기업 및 자본적 공동기업으로 구분된다.

여기에서는 ③ 법률적 형태와 ④ 경제적 형태를 중심으로 살펴본다.

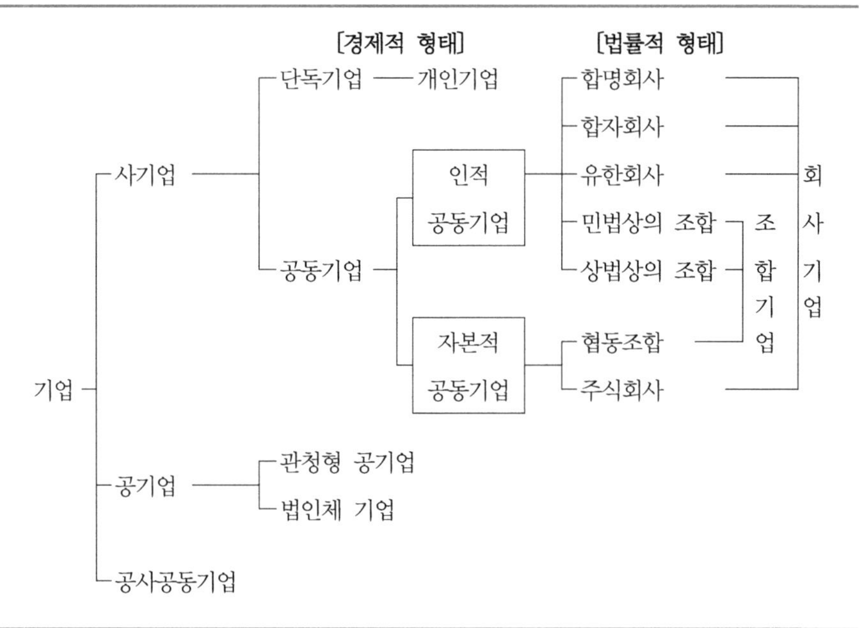

2) 개인기업

개인기업은 단독의 출자자(자본가)가 출자하여 자신이 직접 경영하고 채권자에 대해서는 직접 무한책임을 지는 기업형태로서 '단독기업'이라고도 한다. 개인기업은 업무집행상의 열의, 신속성과 통일성, 비밀보존 등에서 출자자에게 유리하지만 자본규모의 약소, 자본축적원천의 협소, 타인 자본조달의 곤란, 대외신용의 약소, 개인의 경영능력 한계 등 경쟁상 불리하다.

3) 인적공동기업(소수공동기업)

(1) 합명회사

합명회사는 2명이상의 출자자(사원)가 공동으로 출자하여 기업의 채무에 대해 무한책임을 진다. 따라서 소수의 사람들이 인적신용을 기초로 하여 설립하여 출자자 전원이 경영에 종사하는 경우가 많다.

(2) 합자회사

출자와 업무집행을 담당하는 무한책임사원과 출자만을 하는 유한책임사원으로 구성되는데 회사에 대한 책임이나 권한은 전자가 더 크다. 사원의 지분을 양도해야 할 경우에 무한책임사원 전원의 승인을 얻어야 하기 때문에 양도가 어렵다.

(3) 유한회사

인적회사와 주식회사의 장점을 취한 기업형태이다. 출자액을 한도로 하여 기업채무에 대해 유한책임을 부담하는 사원으로 조직되는 회사이다. 전사원이 유한책임을 진다는 점은 주식회사와 같지만 회사채를 일반대중에게 발행할 수 없기에 주식회사처럼 거액의 자본을 조달할 수 없다. 따라서 소수의 사원 혹은 가족중심으로 소액의 자본으로 운영되는 중소기업경영에 알맞은 기업형태이다.

(4) 민법상의 조합

민법상의 조합은 2명 이상이 공동으로 출자하여 공동으로 사업을 경영할 것을 약정함으로써 그 효력이 발생한다고 규정하고 있다. 한번 또는 몇 번의 거래로서 사업이 끝나는 프로젝트사업을 공동으로 경영하기 위해서나 유가증권의 공동인수를 통해서 사업의 설립을 돕기 위한 증권인수단(syndicate)을 결성할 때 자주 사용한다.

(5) 상법상의 조합(익명조합)

상법상의 조합으로써 직접 경영을 담당하는 익명 조합원(무한책임사원)과 직접외부에 대하여 익명으로 출자를 하는 익명조합원(유한책임사원)으로 구성되며 양자간의 익명조합계약으로 기업이 성립된다.

4) 자본적공동기업(다수공동기업)

(1) 협동조합

자본주의 경제의 발달과 대기업의 등장으로 소생산자와 소비자의 경제적 지위가 불리하게 되자 자신들의 이익을 보호하기 위해 공동출자하여 조직된 형태이다.

(2) **주식회사** (뒤에 설명)

5) 공기업 (뒤에 설명)

6) 공사공동기업 (mixed ownership government corporation)

공기업과 사기업이 혼합된 기업형태로 국가·지방자치단체와 개인·사기업이 공동으로 출자하여 공동으로 경영하는 형태이다.

이는 공기업의 대규모 자본조달 용이성과 사기업의 경영능률향상을 결합한 것으로 공익성이 큰 전기·교통·전신·전화 등에서 볼 수 있다.

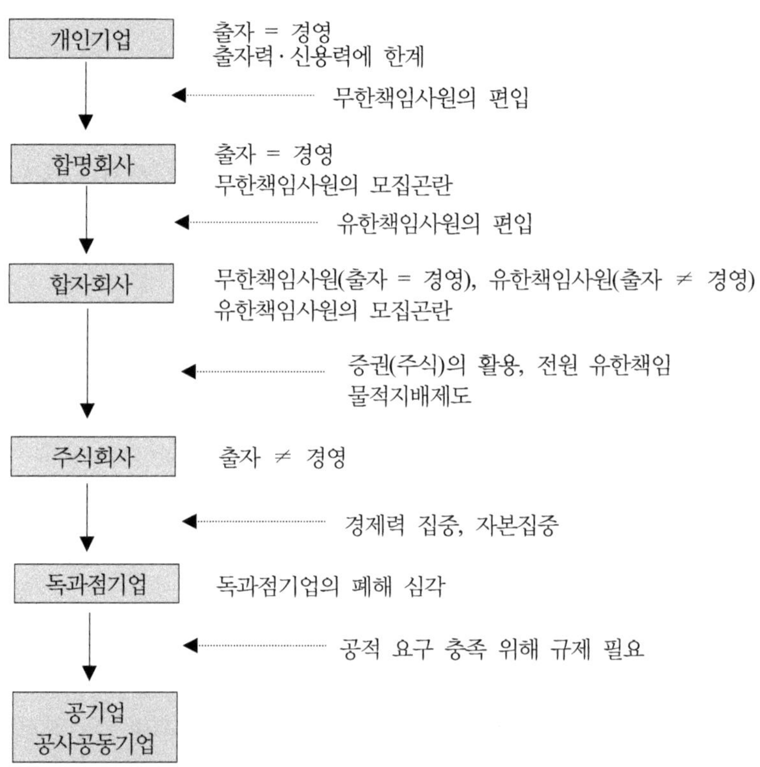

2. 주식회사

기업의 경영규모가 거대화됨에 따라 거액의 필요자금을 원활히 공급하기 위해 창안된 현대적 기업형태이며, 가장 큰 특징은 '소유와 경영의 분리'이다.

주식회사는 1602년에 설립된 네덜란드의 동인도회사(East India Company)를 기원으로 1612년에 영국이 동인도회사를 설립하고, 1694년에는 영란은행이 개설되어 주식회사 제도가 크게 발전하게 되었다.

한국은 1897년의 한성은행을 시작으로 본다.

1) 주식회사 특징

(1) 자본의 증권화제도

출자는 모두 균일한 주식으로 분할되며 출자자는 이 주식을 통해 회사에 대한 출자의 의무를 지며 의결권 및 배당 청구권 등의 권리를 행사할 수 있다.

현대 자본주의경제를 가리켜 증권자본주의라고 하는 것도 증권제도에서 유래한다.

(2) 유한책임제도(limited liabilities of stockholders)

주식회사의 소유주인 주주는 출자액인 주식금액을 한도로 하여 위험에 대한 책임만 지고 기타의 회사채무를 부담할 필요가 없는 제도를 말한다.

따라서 거액의 자본조달이 용이하며, 주주의 재산과 회사의 재산이 명백히 구별되고 '자본의 증권화'로 출자자와 자본의 운용을 분리시키고 있다.

(3) 소유와 경영의 분리(separation of ownership and management)

주주의 소유(출자) 직능과 전문경영자의 경영직능으로 분리되어 경영자는 출자자(소유자)를 대신해서 사실상 기업을 지배하고 있다. 이러한 상황을 경영자 지배라 한다.

2) 주식회사의 설립

(1) 정관 작성

정관은 회사 운영에 기본이 되는 사항을 기재한 서면으로 발기인에 의해 작성되며, 공증인의 공증을 받아서 효력을 얻게 된다.

여기에는 절대적 기재사항과 상대적 기재사항이 있다.

절대적 기재사항은 어느 하나만 빠지면 정관 자체가 무효가 되는 사항으로 회사의 목적, 상호, 회사가 발행할 주식의 총수, 1주의 금액, 회사 설립시 발행하는 주식의 총수, 본점의 소재지, 회사의 공고방법, 발기인의 성명과 주소 등이 있다.

상대적 기재사항은 필요한 경우에 기재하여 정관에 이를 기재하지 않는 한 회사나 주주를 구속하지 않는 사항이다.

(2) 출자의무 확정

정관 작성 후 자본의 확정 즉, 출자 의무를 확정하는데 발기설립과 모집설립의 두 가지가 있다. 발기설립이란 발기인이 회사설립시 발행되는 주식을 모두 인수하는 방법이다. 우리나라는 1인 이상의 발기인이 있어야 하며 인수한 주식 전액을 납입하여야 한다. 모집설립이란 발기인이 1주 이상만 인수하고, 발기인이 인수하지 않은 주식은 주주를 모집, 인수하게 하는 방법이다.

(3) 출자의무 이행

출자의무를 지닌 자가 출자를 이행하는 것으로써 공칭 자본주의와 수권 자본주의로 구분된다.

공칭 자본주의는 총자본금액을 정관에 정하여 회사설립시 주식총수가 인수되어야 하고, 이 주식총수 가운데 4분의 1 이상의 출자이행이 있어야 회사가 설립된다. 설립 후 신주를 발행하려면 주주총회의 특별결의에 의해서 정관에서 정한 자본을 조달할 수 있는 방법이다.

수권 자본주의는 현재 우리 상법에서 채택한 것으로 정관에 자본금 대신에 회사가 장래 발행할 주식총수를 정하고 회사설립시에 주식총수의 4분의 1이상을 발행, 인수하도록 하며, 나머지 주식은 설립 후 이사회의 결의만으로 수시로 발행할 수 있다. 이는 자본조달에 기동성을 부여하는 방법이다.

(4) 임원 선임

발기설립에서는 발기인의 출자의무가 이행되면 발기인은 의결권의 과반수 찬성으로 이사와 감사를 선임한다. 선임된 이사는 감사인을 임명하여 회사의 설립에 대한 제반 사항을 발기인에게 주면 발기인은 이를 법원에 제출한다.

모집설립시에는 주식총수가 인수되는 대로 발기인은 즉시 창립총회를 소집하고 여기에서 이사와 감사를 선임한다.

(5) 설립등기

이상의 모든 절차가 완료되면 이사의 공동신청에 의한 설립등기를 해야 한다. 발기설립의 경우 발기인의 현물출자 등에 대한 검사인의 조사가 끝난 날부터, 모집설립의 경우에는 창립총회가 끝난 날부터 2주 내에 회사가 설립되는 관할지방법원에 설립등기를 해야 한다.

3) 주식회사 기관

(1) 주주총회

회사의 중요사안을 처리하는 최고 의사결정기관이다.

정기총회와 임시총회로 구분되는데, 정기총회는 매 결산기 정기적으로 소집되고, 결산서의 승인이나 이익 또는 이자의 배당에 관한 것이 주로 결의된다. 임시총회는 수시로 소집된다.

(2) 이사회 및 대표이사

주주총회에서 경영에 관한 일체의 권한을 위임받아 경영에 관한 의사를 결정하는 기관이다. 이사는 주주총회에서 선임되며, 최소한 3명 이상이어야 하고 임기는 3년을 초과하지 못하나 재임은 가능하다. 대표이사는 대내적으로 주주총회와 이사회에서 결정한 방침에 따라 회사의 업무를 집행하고, 대외적으로 회사를 대표하는 최고경영자이다.

이사회는 ① 주주총회 소집 ② 대표자 선임 ③ 지배인 임명 ④ 이사와 회사간의 소송에 관한 대표자 선임 ⑤ 신주 발행 ⑥ 회사채 발행 등을 보통결의로 결정한다.

(3) 감사

회사의 업무집행을 감사한다.

감사는 1명 이상이며 임기는 3년이다. 감사도 이사처럼 주주총회에서 선임되며 반드시 주주일 필요는 없다.

4) 주식회사의 장·단점

장점은

① 자본의 증권화 제도

② 주주의 유한책임

③ 소유와 경영의 분리

④ 기업의 영속성

⑤ 소유권 양도의 용이

⑥ 기업확장의 용이

⑦ 법인체

단점은

① 과다한 창업비

② 법률과 정부에 의한 각종 규제와 보고의무

③ 개인적 관심의 결여

④ 기밀유지의 곤란성

⑤ 이중납세부담

3. 공기업

국가나 공공단체가 출자하고 경영·지배하는 기업형태로 사회공공의 이윤을 목적으로 하며, 공익을 우선으로 사업활동을 하는 기업형태이다.

공기업의 특성은 다음과 같다.

① 출자의 공공성 : 국가 또는 지방자치단체가 출자

② 경영의 공공성 : 국가 또는 지방자치단체가 경영

③ 공익성 : 공익을 목적으로 운영

④ 독립채산성 : 독립채산제에 의해 운영

1) 공기업의 종류

(1) 순수행정기업(순수 관청형 기업)

국가의 행정기관과 같은 공기업으로서 구성원은 공무원의 신분을 갖고 공공단체의 법규, 예산, 감사 등의 제약을 받는다.

(2) 자주화 행정기업(자주화 관청기업)

순수행정기업에서 경영의 자주권을 부여한 기업형태로 순수 행정기업보다 많은 경영상의 자주권이 부여된다.

(3) 독립경제체의 공기업(공공기업체형태)

공기업의 독립성과 자주성을 보다 크게 하기 위해서 특별법에 의해 설립되는 공기업이다. 한국은행, 한국산업은행 및 도로공사 등이 예이다.

(4) 사법형태의 공기업(회사 형태)

출자는 국가나 공공단체가 하고 설립·경영·지배 등은 일반 주식회사 행태를 띠고 있는 공기업이다. 독립성과 자주성이 가장 큰, 사기업에 가까운 형태이다.

2) 공기업의 존재근거

(1) 경제정책상 목적

국민경제의 안정과 발전을 위해서 국가가 개입해서 공기업을 운영하는 경우이다. 대표적 예로 한국은행, 한국산업은행 등이 있다.

(2) 재정정책상 목적

국가의 재정수입을 얻기 위한 공기업으로 담배, 인삼 등의 사업이 예이다.

(3) 사회정책상 목적

국민의 생활안정이나 복지증진 등 사회정책적 목적을 위한 공기업으로 한국토지주택공사, 근로복지공단 등이 해당된다.

(4) 공공정책상 목적

공공의 편익을 도모하기 위하여 국가가 우편사업 등 주요 공익사업을 직접 운영하는 경우이다.

(5) 기타 목적

국가 기관이 필요로 하는 재화와 용역을 직접 생산하기 위한 공기업으로 한국조폐공사 등이 해당된다.

3) 공기업의 장·단점

장점은 ① 금융능력은 사기업보다 크며, 신용 능력도 높기 때문에 대자본을 유리하게 조달할 수 있다. ② 자재의 배급 및 생산물의 판매상 우선권이 부여된다. ③ 조세 기타의 공과를 부담하지 않는다.

단점은 ① 국가 또는 공공단체의 법령 및 예산상의 구속으로 자유재량 여지가 한정되어 있고, 경영활동상의 제한 및 구속으로 임기응변의 조치가 곤란하다. ② 경영자의 출자관계가 없으므로 자주적 책임감이 결여되어 비능률적일 수 있다. ③ 회계감사 및 기타 제반 사무가 번잡하다.

4. 중소기업

중소기업이란 그 규모가 상대적으로 작거나 중소규모인 기업군 또는 기업이다. 규모란 자본금, 종업원 수, 생산력, 판매량 등을 말하지만 국가 또는 시대·업종에 따라 정의는 달라질 수 있다.

중소기업기본법에서 종업원수와 자본금을 양적 척도로 중소기업의 규모를 규정하고 있다. 중소기업은행법에서는 구분기준을 종업원 수와 총자산액으로 설정하여 하나의 기준만 충족하면 된다.

중소기업의 정의

법률명	업종	상시종업원수		자산총액
		소기업	중기업	
중소기업기본법	공업기타제조업 광 업 운 송 업	20인 이하	21 ~ 300인 이하	제한없음 ※ 다만 중소기업자중 업종별 자산 총액의 규모기준을 초과한 자는 특별 기준에 의거 제외
	건 설 업	〃	21 ~ 200인 이하	〃
	상업및서비스업	5인 이하	6 ~ 20인 이하	〃
중소기업은행법	공업기타제조업 광 업 운 송 업	300인 이하 (5인 이상)		5억원 이하
	건 설 업	50인 이하 (5인 이상)		〃
	상업및서비스업 (도매업)	20인 이하 (5인 이상)		5천만원 이하 (2억원 이하)

1) 중소기업 특성

(1) 일반적 특성

① 독립성(independence)

② 모험성(enterprise)

③ 개인적 접촉(personal touch)

(2) 경제적 특성

① 존립분야가 광범위하다.
② 일반적으로 자유경쟁이 이루어지고 있다.
③ 대자본에의 종속성이 강하고 거래에 부등가교환이 일어나기 쉽다.
④ 상대적 소규모로 경기변동 영향을 쉽게 받아 개·폐업률이 높다.
⑤ 노동력을 저임금으로 활용한다.
⑥ 지역사회와 깊은 관련을 맺고 지역사회발전에 이바지한다.

2) 중소기업 존재이유

① 새로운 경제환경의 변화에 대한 적응성이 대기업에 비하여 높다.
② 고도의 현대기술보다 특수 수공적 기술을 이용해야 할 상품을 생산하기 위해 필요하다.
③ 거액의 자본을 조달하여 기업을 대규모화하기 곤란한 경우에 존재한다.
④ 소비자들의 경제활동양식이 다양하여 특수상품에 대한 수요가 적을 뿐더러 수요변동이 심하고 대기업의 대량생산이 비경제적일 때 중소기업에 의존하게 된다.
⑤ 개발도상국에서는 저임금으로 쉽게 노동자를 고용할 수 있으므로 중소기업이 열후한 생산시설을 사용하면서도 대기업과 경쟁할 수 있다.
⑥ 대기업이 제조과정의 일부를 중소기업에 하청 주거나 제품판매를 위탁하는 경우에 중소기업이 편리하다.

3) 중소기업 역할

① 국민경제의 안정대 형성

산업의 생산과 고용 및 소득증대에 크게 공헌하며 그 비중 또한 크기 때문에 국민경제의 안정대로서의 역할을 담당한다.

② 산업간 균형발전의 유지 및 수출산업의 저변 구축

대기업 및 중화학공업과 경공업 간의 상호보완관계를 유지함으로써 공산품의 품질과 생산성 향상 및 기술혁신을 도모할 수 있고, 수출산업의 저변을 구축한다.

③ 투자의 효율화와 불황위험의 분담

자본의 회임기간이 짧고, 투자액이 적은 반면에 상품의 수요변동에 따른 시장에의 탄력성을 가질 수 있기 때문에 투자의 효율화를 기할 수 있고, 불황 시에는 타 산업으로의 전환 또는 투자액의 신속한 회수 등 위험의 분담이 용이하다.

④ 지역사회의 균형적인 공업화

각 지방에 광범위하게 분산되어 있기 때문에 지역사회의 균형적인 발전과 공업화를 촉진한다.

4) 중소기업 육성방안

(1) 중소기업의 계열화

대기업이 중소기업에 대한 법률적·경제적인 독립성을 유지시키면서, 자본적·업무적·기술적 결합을 시도할 경우에 생기는 개념이다.

이와 같은 계열화를 통해서 대기업과 중소기업은 생산공정과 판매공정의 합리화를 도모할 수 있고 판매시장의 확보도 용이하게 된다. 대기업이 중소기업에 계열화를 통한 일거리를 줌으로써 중소기업도 그 생존이 가능하게 되고, 또 대기업은 제조공정상의 애로부문을 효율화 할 수 있다.

(2) 중소기업의 협업화

규모의 경제에 따른 이익을 얻기 위해 동일한 업종의 중소기업들이 생산·판매에 대한 협업체제를 갖추는 것을 말한다. 그러나 이때 각 기업은 법률적·경제적으로 독립성을 유지한다.

중소기업의 협업화 방법은 다음과 같다.

① 품종별로 전문화된 생산을 하도록 생산의 분업화를 함으로써 개개 중소기업은 생산원가를 절감할 수 있다.

② 시설의 공동구매·공동이용을 함으로써 시설투자의 낭비를 줄인다.

③ 고가의 고성능 기계를 공동구입 함으로써 생산의 유효화를 가져온다.

④ 원재료의 공동구매는 재료비를 절약할 수 있다.

(3) 생산의 전문화

중소기업이 존립해야하는 중요한 이유 중에 수공업적 숙련을 필요로 하는 분야가 있는데, 이들 분야의 제품수요는 소량이기 때문에 대기업의 협력공장으로서 운영되는 것이 보다 유리할 수 있다.

이처럼 중소기업으로써 유효하게 운영될 수 있는 특수한 사업분야를 찾아 이에 전념하여 생산함으로써, 그 유지와 성장이 가능하게 된다.

(4) 경영관리체제의 정비

일반적으로 경영관리체제가 비과학적·비조직적이다. 따라서 중소기업의 경영합리화를 위해서는 모든 경영관리체제를 보다 과학적으로 정비하여야 한다.

(5) 정부의 제도적 지원

정부는 중소기업이 갖는 국민경제적 중요성을 감안하여 이의 육성을 위한 제반의 정책적 방안을 강구하여야 한다. 중소기업에 대한 금융지원, 기술지원 그리고 세제상의 혜택을 위한 조치를 강구해야 한다.

제 4 절 경영환경

1. 경영환경

종래의 경영학에서는 기업경영을 단순히 기업의 내부문제로만 생각하고 환경문제는 거의 고려되지 않았다. 왜냐하면 경영환경은 불변의 상태로 주어진 것이라고 보고 기업은 경영합리화만 추구하면 되는 것이라고 인식하였기 때문이다.

그러나 ① 대기업이 출현함으로써 대기업의 활동이 인간생활에 미치는 영향이 증대함에 따라 기업의 사회적 책임이 강조되고 ② 기업의 경쟁격화와 환경조건의 급변에 따라 의사결정을 위한 환경변화의 예측과 대응책 마련이 쉽지 않게 되었으며 ③ 급변하는 환경에 대응하여 기업전체로서 시스템적으로 적응해 나갈 수 있어야하기 때문에 기업의 상위시스템 개념으로 환경에 대한 이해와 예측이 중요성을 갖게 되었다.

기업이란 유기적 조직체로서 사회적·문화적·경제적·정치적 및 법률적 제 조건하에서 유지·발전하는 사회적인 제도이므로 외부로부터의 기업내부에 대한 압력이나 영향 또는 강제 등에 대한 이해가 없다면 기업의 합리적인 경영을 기대할 수 없을 것이다.

1) 경영환경의 의의

경영환경이란 기업의 내부 및 외부에 있어서 어떠한 형태로건 기업이나 기업활동과 관련을 가져 서로 영향을 미치거나 영향을 받는 모든 요인을 말한다. 경영환경을 구성하는 요소는 그 범위도 넓고 그 수도 아주 많은데 이와 같은 경영환경은 기업에 대해 성장의 기회를 제공하기도 하지만 경우에 따라서는 기업활동에 위협요인으로 작용하기도 한다.

경영환경은 일반환경과 과업환경으로 구분할 수 있다.

2) 일반환경

기업에 장기적·간접적 영향을 미치는 거시적인 환경요인으로 다음과 같은 것들이 있다.

(1) 정치환경

기업은 정부의 제약이나 규제를 따르고 지켜야 한다. 규모가 작은 정부에서는 정치적 제약이나 법적규제가 최소화되나 자본주의에 수정을 가할수록 정부의 규모는 커지고 정치적 제약이나 법적규제가 늘어난다.

(2) 경제환경

국가의 경제체제, 산업의 경쟁상황, 경기의 좋고 나쁨 등 경제의 형편에 따라서 기업경영의 쉽고 어려움은 물론 경영방식이 달라진다.

(3) 문화환경

문화는 특정 사회 또는 국가가 공유하고 있는 가치관, 규범, 관습, 언어 등으로 구성원들의 사고와 행동을 지배한다. 따라서 기업의 구성원과 소비자들을 대상으로 원하는 것을 이루려면 이들의 문화를 이해하고 맞춰야 한다.

(4) 기술환경

기업 간 경쟁이 심화될수록 높은 수준의 기술이 필요하게 되므로 기술환경은 다른 어떤 환경요인보다 중요하다. 원자재 개발, 생산성 향상, 유통 그리고 사무관리의 효율증진에 기술의 도움이 필요하다. 그러나 한 기업이 필요로 하는 기술 모두를 스스로 개발하는 것은 불가능하고 외부에서 도입해야 하기 때문에 기술을 환경요인으로 간주한다.

(5) 자연환경

지역별 온도에 따라 자동차의 기능과 사양을 다르게 하는 것처럼 기후, 지형, 고도, 습도 등이 기업의 생산과 마케팅활동에 결정적인 영향을 미친다. 또한 환경에 적응하는 것 못지않게 환경보호도 중요하다. 기업이 생산활동을 하는 과정에서 생기는 환경파괴가 증대되고 있어 기업의 자연 및 환경보호 인식이 매우 중요하다.

3) 과업환경

과업환경은 일반환경에 비해 덜 거시적이고 기업에 단기적·직접적인 영향을 준다. 따라서 기업의 기능수행을 제약하는 환경으로 다음과 같은 것들이 있다.

(1) 고객

기업의 주된 기능은 상품을 만들어서 고객에게 파는 것이므로 고객은 가장 중요한 과업환경이다. 오늘날 고객의 취향과 기대가 까다로워 기업을 어렵게 만드는 경우가 많고, 고객의 선택을 받지 못하는 상품과 기업은 실패할 수밖에 없다.

(2) 경쟁기업

자본주의 경제에서 기업 간 경쟁은 거의 무제한적으로 허용될 뿐 아니라 적극적으로 보호된다. 따라서 경쟁기업의 움직임에 민감하게 대응해야 한다.

(3) 공급자

기업은 생산 및 마케팅 과정에서 다양한 공급자에 의존한다. 생산단계에서는 원자재와 부품을 생산하는 업체들로부터 공급받아야 하고, 마케팅 단계에서는 광고대행사, 중간상, 운송업체, 창고보관업체들의 서비스를 받아야 한다.

(4) 노동조합

노동조합 구성원 개개인은 기업이 고용한 내부인으로 기업의 통제범위 안에 있어 회사의 규범으로 다루지만 이들이 노동조합을 결성하면 기업의 통제대상에서 벗어나 법체계에 의해 보호를 받는다. 그리고 산업별 노조, 전국 규모의 노조·국제노조와 연대되어 있는 경우에는 환경요인으로서의 특성을 더욱 강하게 갖는다.

(5) 주주

주주는 기업의 주인이므로 기업의 내부자이며 실질적으로 경영진의 임면, 예산·결산의 승인 등 주요 의사결정에 참여한다. 그러나 현대기업은 주주 수가 매우 많아서 모두가 경영에 직접 참여하는 것이 불가능하고, 주식이 시장에서 거래되기 때문에 특정회사의 주주로서의 신분이 잠정적인 경우가 많다. 따라서 주주를 내부 기구라기보다는 환경요인으로 간주하는 것이 일반적이다.

2. 경영자

경영자는 조직을 이끌어 가고 그 결과에 책임을 지는 사람이다. 따라서 대기업 회장, 사장, 영업부장, 공장장도 경영자이고 대학총장, 노동조합위원장, 마트 주인뿐만 아니라 가정을 꾸려나가는 주부도 경영자라고 할 수 있다. 그러나 일반적으로 경영자라고 하면 기업의 목표를 달성하기 위해 생산, 마케팅, 인사, 재무

등과 관련된 활동을 계획·조직화·지휘·통제를 통해 기업을 경영하는 경영주체를 의미한다.

■ 경영자의 유형

1) 수직적 위계에 따른 분류

이는 계층구조의 조직을 의미하는 것으로 상위 계층으로 갈수록 기업의 전반적 업무를 총괄한다.

① 최고경영자

기업의 전반적인 경영을 책임지는 계층상 최상층에 속하는 경영자를 말한다. 이는 기업 내에서 비교적 소수의 사람으로 구성된다. 일반적으로 최고경영자는 기업의 활동방향을 설정하거나 기업의 외부환경과 상호작용을 하는 업무를 주로 맡는다.

최고경영자는 기업별로 각각 다른 명칭을 갖고 있다. 회장, 사장, CEO(chief executive officer), 부사장, 이사 등의 임원이 해당한다.

② 중간관리자

일선감독자를 지휘하는데 주요 책임이 있으며 때에 따라서는 작업자를 직접 지휘하기도 한다. 중간관리자는 최고경영자가 설정한 기업의 방침과 계획을 실행하며 최고경영자와 같은 상층부의 요구와 하위자인 일선감독자나 작업자의 능력을 조화시키는 역할도 한다. 예를 들면 과장, 부장, 공장장 등이다.

③ 일선감독자

작업자의 활동을 감독하고 조정하는, 계층상 최하층에 속하는 경영자를 말한다. 따라서 일선감독자는 자신이 담당하고 있는 어떤 작업을 직접 실행하는 작업자만을 감독하고 다른 경영자의 활동은 감독하지 않는다.

제조공장의 생산감독 또는 관리부서의 사무감독 등을 들 수 있다.

2) 수평적 차원의 분류

계층구조로서가 아니고 업무의 범위, 역할에 따른 분류이다.

① 기능경영자(functional manager)

생산, 마케팅, 인사, 회계 등과 같이 기업 조직에서 어느 한 부문의 활동에 책임을 지는 중간 및 일선경영자를 말하며, 부장, 과장, 대리, 작업반장 등이 기능경영자에 해당된다.

② 전반경영자(general manager)

하부조직 및 사원들의 전체적인 행위와 결과를 총괄하면서 지휘하는 역할을 담당하는 경영자로서 주로 이사급 이상이 해당된다. 이들은 특정역할이나 기능에만 국한하지 않고 회사 전체의 방향과 전략을 결정하고 다수의 조직과 기능을 총괄한다.

3) 조직의 발전과정에 따른 분류

기업이 창업되어 성장하는 과정상에서 나타나는 경영자의 분류를 의미하는 것으로 소유경영자, 고용경영자, 전문경영자의 순으로 발전되었다.

① 소유경영자

기업의 출자자인 동시에 직접 경영에 참여하는 경영자로서 흔히 기업가로 지칭된다. 초기의 기업들은 대부분 자본가인 동시에 경영자인 기업가들에 의하여 경영권이 장악되었으며, 오늘날에도 중소기업의 경영자나 대기업의 경우라도 주주이면서 이사 또는 경영자로 기업경영에 직접 참여하고 있는 경우가 이에 속한다.

② 고용경영자

기업의 규모가 커지고 기능과 역할이 확대됨에 따라 경영활동이 더욱 복잡해지므로 기업가 자신이 경영기능의 전부를 감당하는 것이 어렵게 된다. 고용경영자는 소유경영자를 대신하여 특정 분야에 대한 경영기능을 수행하는 경영자를 말한다. 고용 경영자 역시 비록 경영기능 일부를 책임지고 있다고는 하나, 경영전반에 대한 책임은 소유주인 출자자에 주어져 있는 단순한 유급경영자에 불과하다. 외견상 독립된 경영자와 같으나 어디까지나 기업가(소유경영자)의 대리인이며 기업가의 이익을 위해 종사한다.

③ 전문경영자

기업이 대규모화됨에 따라 거대한 기계설비와 다수의 노동자를 고용하게 되고, 경영활동도 복잡하게 된다. 이러한 대 조직을 운영하려면 경영활동에 대한 전문가가 필요하다.

전문경영자는 오늘날 소유와 경영이 분리된 대규모의 주식회사, 계열화된 대규모 기업에서 많이 볼 수 있다. 이들은 고도의 과학적인 전문적 지식을 갖는 경영의 전문가로서 경영활동 전반에 포괄적인 역할을 담당하는 사람이다.

소유경영자는 강력한 리더십에 의한 과감한 경영이 이루어지나, 개인의 능력에 지나치게 의존하는 단점이 있다. 이에 비하여 전문경영자는 합리적인 경영과 전문성을 지닌 경영을 수행하지만, 단기적인 성과나 개인의 안위에 집착할 가능성이 많다.

3. 경영자 상

1) 경영자의 역할

경영자가 하는 일은 어떤 것인가, 그들은 과연 어떤 일에 자신들의 시간을 소비하고 있는가?

모든 경영자는 경영목표 달성을 위해 계획, 조직화, 지휘, 통제 등 여러 경영활동을 수행하게 된다. 그러나 이러한 일련의 경영활동은 경영목표 달성을 위해 필요한 경영자의 순환적 직능을 의미할 뿐이며, 그 과정에서 경영자가 실제로 어떻게 행동하고 있느냐를 설명해 주지는 못한다.

민츠버그(H. Mintzbeg)는 어떤 계층의 경영자를 막론하고 공식적 권한과 지위로부터 비롯되는 대인적·정보적·의사결정적 역할을 수행하고 있다고 주장한다.

(1) 대인적 역할

모든 경영자는 기업을 원만히 운영해 나가기 위해 대표자, 지도자, 연락자 등의 대인적 역할을 수행해야 한다.

대표자(figurehead roles)란 대외적으로 한 조직을 대표하는 자로서 서류에 서명을 하고 중요한 방문객을 접대하고, 지도자(leaders roles)란 구성원들을 고용하고 교육시키며 주어진 일을 자발적으로 수행할 수 있도록 동기를 부여하고, 연락자(liaison roles)란 외부 사람과의 관계를 원만히 유지하고 개발하는 것을 말한다.

(2) 정보적 역할

합리적 의사결정을 하기 위해서는 정확·신속한 정보의 수집·분석이 필요하다. 정보적 역할이란 정보의 청취자, 전파자, 대변자의 역할을 말한다. 정보의 청취자(monitor roles)란 경영에 필요한 정보를 꾸준히 탐색·수집하고, 전파자(disseminator roles)란 필요한 정보를 필요한 사람에게 전달해 주고, 대변자(spokesperson roles)란 조직 내에서 수집·분석한 정보를 외부에 전달해 주는 것을 말한다.

(3) 의사결정적 역할

수집된 정보를 기반으로 여러 가지 경영문제를 풀어 가는 것으로 기업가, 분쟁 조정자, 자원 배분자, 교섭자의 역할을 말한다.

기업가(entrepreneurs roles)란 장기전략을 수립하고 새로운 분야를 개척하며, 분쟁조정자(disturbance handler roles)는 구매 고객의 도산, 노조의 파업, 압력단체의 항의 등 전혀 예상치 못한 일이 발생했을 때에 이를 맡아 처리하고, 자원배분자(resource allocator roles)는 제한된 자원을 적절히 배분하며, 교섭자(negotiators roles)는 노동조합과의 단체교섭, 공급업자의 계약조건 협의 등 중요문제에서 조직을 대표하는 것을 말한다.

2) 경영자의 요구능력

경영자가 여러 가지 경영기능과 역할을 효과적으로 수행하는가는 각 경영자가 갖고 있는 경영능력에 의해 좌우된다고 할 수 있다. 카츠(R. L. Katz)는 경영자에게 요구되는 능력으로 다음 세 가지를 들고 있다.

(1) 통합능력

기업의 모든 이해관계와 활동을 조정하고 통합할 수 있는 능력을 말한다. 이 능력은 기업을 전체적인 관점에서 바라볼 수 있고, 기업 내의 각 부분은 서로 어떤 연관성이 있으며, 한 부분에서의 변화가 기업 전체에 어떤 영향을 미칠 것인가를 예측할 수 있는 능력을 말한다. 최고경영자에게 더 중요하게 요구된다.

(2) 대인관계능력

경영자가 개인 또는 집단의 일원으로서 사람이나 집단과 더불어 일하고, 원활한 의사소통을 하며, 동기부여를 할 수 있는 능력을 말한다. 그런데 이러한 능력은 공식조직이건 비공식조직이건 기업의 구성원으로 하여금 공통의 목표를 달성하기 위해 자발적으로 협동하게 하는 기능을 갖는다. 모든 경영자에게 동일하게 요구된다.

(3) 실무능력

전문화된 활동을 수행하는데 필요한 기술 즉, 특정 업무분야와 관련된 지식을 이용할 수 있는 능력을 말한다. 예를 들어 어느 기업의 재무부장은 과거에 재무과장이나 그 이하의 직급에서 자금과 관련된 업무를 수행하였을 것이다. 이 때 실무에서 필요한 활동을 하였기 때문에 현재 중간관리자의 위치에서 그 분야와 관련된 전문 지식을 토대로 하위자를 이끌어 나갈 수 있을 것이다. 이처럼 모든 기업에서 경영자들은 실무와 관련된 능력을 갖고 있어야 한다.

3) 경영자 상(像)

경영자는 천의 얼굴을 가진 사람처럼 많은 사람에게 다양한 역할을 하여야 하는 사람이다.

마치 오케스트라의 지휘자가 시시각각 다양한 소리를 하나의 통일된 화음으로 이끌어내는 것처럼 경영자는 기업을 경영해야 한다. 이를테면 다른 기업과의 경쟁에서 이기는 동시에 각종 사회적 책임의 과업도 완수하여야 한다.

현대의 바람직한 경영자 상은 창의적 경영자세, 과학적·합리적 경영방식, 민주적·인간적 경영방식, 현대적 경영이념·목표로 체계화할 수 있다.

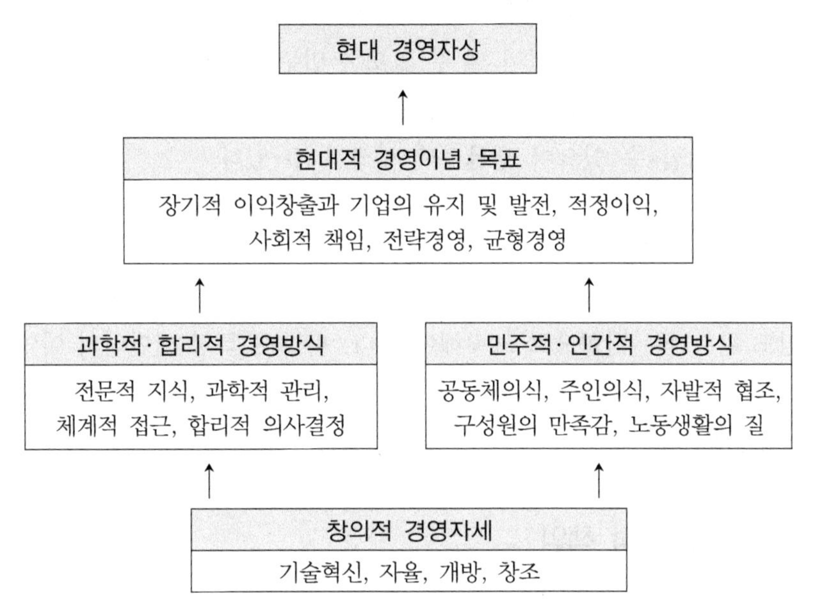

(1) 창의적 경영 자세

경영자는 기업의 성장·발전에 대해 스스로 책임을 지고, 이를 위한 혁신적 경영을 하려는 강한 집념이 있는 창의적 경영자여야 한다. 따라서 타성화된 경영방식을 수동적으로 따르기만 하는 관료적 경영자나 자신의 지위안정과 이익만을 생각하는 이기적 경영자가 되어서는 안 된다.

(2) 과학적·합리적 경영방식

기업경영 전반과 관련되는 과학적·전문적 지식을 함양하여 이를 바탕으로 기업을 경영할 수 있어야 한다. 이는 오늘날 시시각각 개발되고 있는 최신의 경영기법 내지 도구를 활용할 수 있는 능력을 갖추고 있어야 함을 뜻한다. 현대 경영자는 일반적 관행이나 직관(rule of thumb)으로 경영을 하는 경험주의적 경영자와는 달라야 한다.

(3) 민주적·인간적 경영방식

구성원의 자발적 협조를 얻어 낼 수 있도록 민주적 리더십을 바탕으로 한 권위를 형성해야 한다. 구성원에게 운명공동체라는 연대의식을 심어 줄 때, 그들의 협조를 확보할 수 있으며 생산성도 향상될 수 있다.

(4) 현대적 경영이념·목표

경영자는 기업의 1차 목적인 이익 창출을 위해 매진하는 동시에 기업의 사회적 책임도 완수하는 방향으로 노력해야 한다. 따라서 특정 집단만의 이익을 위해 단기적 안목에서 경영할 것이 아니라 장기적·거시적 안목에서 균형적 경영을 할 것이 요청된다.

4. 경영자의 사회적 책임

1) 배 경

경영자의 사회적 책임이 강조된 배경은 다음과 같은 기업의 환경변화에서 찾을 수 있을 것이다.

(1) 사회 구성요인간의 상호의존성 증대

인구증가, 경제성장, 보다 고도화된 전문성은 사회 모든 부문간의 상호의존성을 한층 더 높여 놓았는데, 이는 곧 대기업·정부기관 등 어느 부문도 사회의 타부문과 독립되어있지 않고 상호 협조해야함을 의미한다.

(2) 시장기능의 실패

소규모 개인기업이 지배적이었던 시대에는 완전경쟁시장이 가능하며 시장의 자동조절력이 유지되는 한 경영자가 자신의 이익만을 추구하더라도 아무런 문제가 없으므로 사회적 책임의 문제는 개입될 여지가 없었던 것이다. 그러나 규모의 경제를 추구하면서 독점 대기업이 등장하게 됨에 따라 시장기능에 의한 사회복지의 자동적 최적화는 실현되지 않게 되었다.

(3) 기업의 대형화와 영향력의 증대

규모의 경제로 인한 기업의 대형화가 삶의 질을 향상시키기는 커녕 오히려 저해요인(자의적인 인력관리, 일방적인 고가격 설정, 환경오염 배출 등)으로 작용하는 현실에 직면하는 기업이 집중된 권력의 남용을 방지·견제하며 다른 사회 구성요소와의 권력 균형을 유지하기 위한 조치가 필요하게 되었다.

(4) 소유와 경영의 분리 및 전문경영자의 출현

전문경영자는 소유경영자와는 달리 이익의 극대화라는 전통적 기업목표의 실행자 역할에만 머물 수는 없다. 그들은 주주만이 아니라 각 이해자 집단의 이해도 조정해야 하는 사회적 책임까지 지지 않을 수 없게 되었다. 또한 양자는 그들이 받은 교육내용, 가치관, 사회적의식, 기업의 목표 등에 있어 상이한 관점을 가지고 있다는 것도 한 이유가 될 것이다.

2) 사회적 책임의 내용

경영자의 사회적 책임이란 각종 이해자 집단이 기업에 대하여 갖고 있는 기대수준을 가능한 충족시켜 주어야 할 책임인 동시에 이익 창출을 통하여 기업을 유지·발전시켜야 할 의무를 말한다.

(1) 기업의 유지·발전에 대한 책임

재화 또는 서비스의 생산활동을 바탕으로 한 이익의 창출은 기업이 유지될 수 있는 기본요건이 되는 것이며, 이를 위해 경영자는 효율적 경영을 하여 적정이익을 내지 않으면 안 된다. 또한 혁신기능을 지속적으로 발휘하고 훌륭한 후계자를 육성하는 것도 여기에 속하는 책임이다. 기업의 유지발전 책임을 경영자의 본질적·일차적 책임이라 하는 것도 바로 위의 논리에 근거하는 것이다. 이것은 이차적, 삼차적 책임을 실현하는 바탕을 마련해 준다.

(2) 이해관계자 집단에 대한 이해조정의 책임

현대기업은 개방시스템으로서 기업환경의 각종 이해자 집단과의 상호작용 속에서 유지되고 성장하게 된다. 주주, 소비자, 종업원, 정부, 거래선, 금융기관,

지역사회 등 이해관계자 집단이 기업의 의사결정에 의해 영향을 받고 또 기업에 의해 영향력을 행사하기도 한다. 때문에 이들의 정당한 이익이 기업에 의해 침해되어서는 안 된다. 그러므로 각 이해자 집단의 상충되는 이해관계를 원만히 조정하여 기업경영에 어려움이 발생되지 않도록 해야 할 의무가 경영자에게 있다. 이는 경영자의 대외적·이차적 책임이며 동시에 직접적 책임이라 할 수 있다. 대외적 책임의 내용 중에서 지역사회와 관련된 생활환경 보호의 책임은 최근 새롭게 부각되고 있는 책임이다. 생활환경의 오염방지, 생태계의 보존이 이루어져야만 인간생활의 질이 유지 될 수 있는 터전이 마련되는 것이며, 일차적 책임을 실현하는 데도 긍정적 영향을 끼치기 때문이다.

(3) 사회발전에 대한 책임

기업이익의 사회환원이라는 차원에서 사회발전을 도모하고, 사회구성원에게 유익한 여러 사업에 기업이 개입하는 것은 바람직하다고 할 수 있다. 교육기관에 대한 연구비·장학금 지급, 병원 등의 건설, 자선단체에 대한 기부, 출판 문화 분야에 대한 지원 등은 자금과 조직력이 있는 기업에 의해 추진 될 때 쉽게 달성할 수 있다. 그리고 이러한 사회발전에 대한 기업의 투자는 기업의 장기적 이익의 창출에도 긍정적 효과를 미친다고 볼 수 있다.

3) 사회적 책임에 대한 논쟁

(1) 사회적 책임 부정론

기업은 오직 그 자체만의 고유한 목적을 위해 노력하는 것이 옳다는 견해이다.

기업은 경제적 단위체로서 경제적 동기에 따라 행동하는 것이 당연하며, 그 결과로서 추구하는 이윤의 극대화야말로 사회에 대한 최대의 봉사라고 인식된다.

기업은 재화와 서비스의 효율적인 생산에 전념해야 하고, 그 외 사회문제는 정부와 관계기관이 해결해야 한다는 것이 프리드먼(Friedman)의 주장이다.

(2) 사회적 책임 긍정론

① 독과점 형태가 주종을 이루는 시장체제하에서는 기업이 시장지배력을 장

악하기 쉽기 때문에 기업은 공익의 향상을 위해 사회에 대한 관심과 의도적인 노력을 기울여야 한다.

② 기업의 권한집중현상에 따라 그에 상응하는 책임을 져야 한다는 사회적 책임론이 제기된 것은 당연한 귀결이다.

③ 종업원, 소비자 및 지역사회 등 주주 이외의 이해관계자 집단이 건전하게 육성·발전되지 않고서는 기업의 안정과 성장 또한 기대할 수 없다. 기업은 사회의 산출물로서 사회의 기대에 부응하도록 기업활동이 전개되어야 한다.

④ 환경공해, 자원고갈, 제품의 안전성 및 인플레이션 등과 같은 문제는 본질적으로 기업의 행위에 기인하는 것이기 때문에 기업이 경제적·정신적 배려의 책임을 인식하고, 환경오염방지, 지역주민에 대한 취업기회 보장, 지역개발 및 교육지원 등의 사회적 문제해결에도 적극적으로 개입해야 한다.

4) 사회적 책임의 법제화

경영자의 사회적 책임의 수행은 기업윤리의 실천이라 할 수 있다. 경영자가 기업윤리에 따라 자율적으로 반성하고 규제한다면 법률적 규제는 필요하지 않았을 것이다. 그러나 그동안 경영자들의 여러 가지 바람직하지 못한 사회적 행동 때문에 그들의 행위를 규제하기 위한 여러 가지 법률이 꾸준히 제정되어오고 있다. 우리나라의 공정거래법은 경영자의 사회적 책임을 규정한 일례라고 할 수 있다.

Chapter 5

경영의 관리기능

제1절 계 획

1. 계 획

1) 계획의 본질

기업의 활동이 합리적으로 수행되도록 관리하기 위해서는 먼저 목표를 설정하고 그 목표의 효과적 달성을 위해 필요한 활동방향, 지침, 그리고 규칙을 결정해야 한다.

그러므로 미래의 기업활동 수행에는 여러 가지 대안들이 있으며 이러한 대안들 중에서 최적의 것을 선택하고 이에 준해서 기업활동을 수행하게 되면 가장 합리적인 기업활동을 수행할 수 있다. 이와 같이 미래의 활동과정에 대한 여러 대안들 중에서 가장 적합한 안을 선택하는 것을 계획수립(planning)이라고 하며, 이에 따라 선택된 미래의 활동과정에 대한 대안을 가리켜 계획(plan)이라 한다. 따라서 계획은 경영관리활동의 출발점이 되는 것으로서 경영의 전 과정에서 각 기능과 밀접한 관련을 갖고 있다.

(1) 중요성

① 계획은 미래의 불확실성과 변화에 대처하기 위해 필요하다.

왜냐하면 미래의 상황에 대한 일정한 가정하에 계획이 수립되므로 이런 상황에 변화가 생겼을 때에는 계획의 수정을 통해 이러한 변화에 신속히 적응하는 것이 가능하기 때문이다. 미래의 불확실성 때문에 계획이 쓸모없다고 생각하기 쉬우나 오히려 불확실성 때문에 계획을 세울 필요가 있다고 말할 수 있다.

② 계획은 경영자가 경영목표에 주의와 관심을 집중할 수 있도록 해주기 때문에 필요하다.

계획은 목표의 설정과 이의 효과적 실현을 위해 경영자가 수행해야 하는 기본적 직능이다. 따라서 계획수립에 참여함으로써 경영자는 경영목표에 관심과 주의를 기울이게 되며, 각 부문활동들의 의의와 상호관계를 명확히 이해할 수 있게 된다.

③ 계획은 비생산적이거나 비경제적인 노력들을 배제함으로써 경제성과 유효성을 높일 수 있게 해주기 때문에 필요하다.

계획은 인적자원, 설비 등의 제생산요소를 잘 활용하여 낮은 비용으로 최대의 성과를 얻도록 해준다.

④ 계획은 통제에 있어 필수불가결한 전제가 되기 때문에 필요하다.

계획에 의해서 목표나 표준이 설정되어 있지 않으면 경영자는 통제를 행할 수가 없다. 즉, 경영관리활동의 양호와 불량을 판정하고 수행상황의 감독을 위해서는 표준이 필요하며 이러한 표준이 계획에 의해 설정된다.

(2) 특 성

① 목표에의 공헌성

모든 계획의 목적은 기업의 목표달성을 쉽게 하는 것이다. 그러므로 계획은 조직이 목표를 달성하는 데 있어서 집단전체의 협동적 활동을 이끌어 내는 것으로 볼 수 있다.

② 계획의 우선성

계획 이외의 관리기능들은 기업의 목표를 달성하기 위해 설계된 관리활동으로서 하나로 얽혀 있지만, 계획은 이들이 달성해야 하는 목표를 수립한다는 점에서 다른 관리기능의 수행에 우선하는 특징을 가지게 된다.

③ 계획의 보편성(pervasiveness)

계획은 어느 특정 계층만의 독특한 기능이 아니라 모든 경영관리계층의 기능이다. 그러므로 계획은 계획수립자의 권한이나 지위에 따라서 다양하게 나눠어질 수 있으며, 그 내용이나 분량 또는 중요도에 따라서도 세분되어질 수 있다. 일반적으로 중요한 기본계획은 최고경영층에 의해 이루어지며, 세분계획은 하위경영층에 의해 이루어진다. 그러므로 위로는 최고경영자로부터 아래로는 부서의 장에 이르기까지 모든 경영관리자는 계획을 수립한다는 점에서 공통적이라 할 수 있다.

④ 계획의 능률성(efficiency)

계획의 능률성은 계획을 수립하고 수행하는 데 소요된 비용과 우발적인 사건으로 인해 생긴 손실을 상쇄하고도 남는 기업의 목표 달성에 기여한 양이라 할 수 있으며, 투입과 산출의 비율로 나타내어진다.

2) 계획수립 절차

계획수립을 위해서는 일반적으로 다음과 같은 절차를 거쳐야 한다.

1단계 : 문제 인식

이것은 가능성 있는 미래의 기회에 대한 예비적인 조사, 이들 기회를 명확하고 완전하게 파악할 수 있는 능력, 자사의 강점·약점에 비추어 본 현재위치에 대한 인식, 그리고 회사가 얻고자 기대하는 것에 대한 전망 등을 포함하고 있다. 현실적으로 목표를 설정하는 것은 이와 같은 인식에 따라 결정된다. 계획을 수립하기 위해서는 기회에 대한 현실적인 진단이 요구된다.

2단계 : 목표 설정

기업전체의 목표를 설정하고 그 다음에 하위부문에 대한 목표를 설정한다. 목표는 최종적으로 무엇이 수행되어야 하며 어디에 중점을 두어야 할 것이며, 또 전략, 방침, 절차, 규칙, 실시계획 및 예산의 네트워크에 의하여 무엇이 달성되어야 할 것인가를 표시한 것이다. 조직의 계층을 따라 내려갈수록 목표는 보다 상세하게 규정되어야 한다. 그리고 하위부문의 관리자는 자기부문의 목표뿐만 아니라 기업전체의 목표를 이해하고 있어야 한다.

3단계 : 가정 설정

중요한 계획상의 전제 즉, 가정을 설정한다. 이것은 계획을 실행하는 데 있어서 예상되는 환경이라고 할 수 있다. 바람직한 미래상태(목표)를 기준으로 현재상태를 평가하고 기업의 강점·약점을 판단한 다음, 미래추세를 예측하여 기회·위협요소에 대한 가정을 한다. 관리자들이 계획상의 전제를 이해하고 그것을 일관성 있게 설정하면 할수록, 계획은 합리적으로 수립될 수 있을 것이다.

예측은 계획상의 가정을 설정하는 데 있어서 매우 중요하다. 즉, 시장, 가격, 기술적 발전, 원가, 임율, 세율, 배당정책, 정치적 혹은 사회적 환경, 인구 등의 요소를 적절히 예측하여야 한다.

계획상에서 상세하게 가정하는 것은 현실적으로 어렵고 또 별로 이익도 되지 않는다. 따라서 실무적으로 전제는 계획수행에 대하여 가장 중요한 영향을 미치는 전략적인 요소에 한정되는 것이 보통이다.

4단계 : 대안 개발

어떤 목표를 달성하는 방법에는 여러 가지가 있기 마련이므로, 관리자는 여러 가지 대안을 탐색하고 각 대안의 장단점을 검토하여야 한다.

5단계 : 대안 평가

가정과 목표의 관점에서 여러 가지 요소들을 고찰함으로써 각 대안을 평가한다. 어떤 대안은 수익성이 좋으나 많은 현금지출이 소요되고, 또 회수기간이 장기일 수 있다. 다른 대안은 수익성이 낮지만 위험이 적을 수 있다. 또 어떤 것은 기업의 장기목표에 적합한 것일 수도 있는 것이다.

이와 같이 대안의 수는 많고, 또 거기에는 여러 가지 제약요소와 불확실성이 포함되어 있으므로, 이 단계에서는 OR, 수학적 기법 및 컴퓨터기법을 적용할 필요가 있다.

6단계 : 대안 선택

계획이 채택되는 단계 즉, 실제로 의사결정이 이루어지는 단계이다.

7단계 : 부수계획 수립

대안의 채택에 관한 의사결정이 이루어진 시점에서는 아직 계획이 완전히 수립된 것이 아니다. 즉, 기본계획(basic plans)을 뒷받침하는 부수계획(derivative plans)이 수립되어야 한다. 예를 들면, 어떤 항공사가 신형비행기를 몇 대 구입하기로 결정했다면, 이와 같은 의사결정을 뒷받침하기 위하여 각종 인원의 채용·훈련·배치·보전설비의 준비, 광고, 그리고 자금조달·보험 등에 관한 부수계획을 수립해야 한다.

8단계 : 예산편성

의사결정이 이루어지고 또 계획이 수립된 후에는, 최종적으로 그것을 예산으로 편성하여야 한다. 이렇게 함으로써 비로소 계획이 구체화되는 것이다. 기업의 종합예산에는 수익과 비용의 총액 및 그 결과로서의 이익(혹은 손실)을 나타내는 손익예산, 그리고 현금 및 자본지출예산이 있다. 각 부문 역시 그 자신의 예산을 가지게 되는데, 이것은 기업 전체의 종합예산(overall budget)과 연결되어 있는 것이다.

잘 편성된 예산은 의미 있는 계획일 뿐만 아니라 통제의 기준도 되는 것이다.

2. 계획의 유형

계획의 유형은 적용기간, 적용범위, 이용빈도 등 다양한 관점에 따라 구분할 수 있다. 이러한 계획수립의 분류기준은 독립적인 것이 아니라 상호 의존적이다.

1) 적용기간에 의한 구분

계획을 적용되는 기간에 따라 장기계획과 단기계획으로 구분하나, 중기계획을 수립할 때도 있다. 일반적으로 장기계획이라 함은 5년 이상, 단기는 1년 또는 그 이하를, 그리고 중기계획은 장기와 단기 사이를 나타낸다. 그러나 이의 적용은 조직이 직면한 특성이나 환경에 따라 계획기간의 적용은 달라질 수 있는 것이다.

2) 적용범위에 의한 구분

계획이 조직 내에서 적용되는 범위에 따라 전략계획(strategic plans)과 운영계획(operational plans)이 있다. 전략계획은 조직전반에 걸쳐 적용되며 전반적인 조직목표를 설정하고 조직환경적 관점에서 조직의 위치와 방향을 결정하게 된다.

운영계획은 전략계획에 비하여 범위가 제한되어 있고, 전략계획의 전반적 목표를 어떻게 달성한 것인가에 대하여 구체적으로 규정한 세부계획이다. 전술적 계획(tactic plans)이라고도 하는 운영계획은 전략의 선택보다는 자원의 할당과 실제 작업활동의 일정계획을 보다 많이 다루게 된다.

3) 이용빈도에 의한 구분

계획은 이용 빈도나 사용하는 반복성에 따라 상설 계획(standing-use plans)과 일회성 계획(single-use plans)으로 구분된다.

상설 계획은 반복적으로 사용될 수 있도록 수립된 것으로서 방침(policy), 절차(procedure) 및 규칙(rule) 등의 형태로 수립된다.

일회성 계획은 특별한 상황의 필요에 따라 수립되는 것으로 그와 동일한 형태로는 다시 사용되지 않는 계획이다. 프로그램, 프로젝트와 예산은 일회성 계획의 전형적인 예이다.

다음 그림은 조직 내 계획유형을 목적 또는 사명, 목표, 전략, 방침, 절차, 규칙, 프로그램 그리고 예산 등으로 구분한 것을 계층적으로 표현한 것이다.

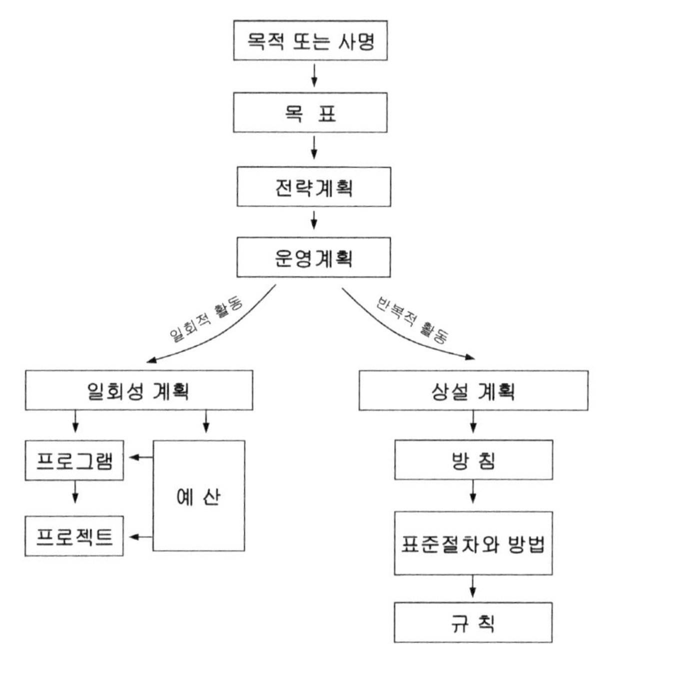

(1) 목적 또는 사명(purposes or missions)

어떠한 조직이든 조직화된 관리활동을 하기 위해서는 최소한의 목적과 사명을 가지고 있어야 한다. 기업도 사회로부터 부여받은 기본적인 기능이나 과업이 있다. 따라서 기업은 이러한 목적이나 사명을 잘 수행함으로서 사회적 기대에 부응하여야 한다.

(2) 목표(objectives or goals)

조직활동이 지향하는 궁극적인 것으로서 계획수립·조직화·지휘·통제 등이 지향하는 최종점이다. 기업의 기본계획은 목표를 중심으로 해서 작성되므로 목표는 계획 중에서 가장 큰 계획이 된다.

(3) 전략(strategies)

기업의 기본적 장기목표의 결정과 이 목표를 달성하기 위하여 필요한 자원을 할당하고 행동과정을 선택하는 것을 의미한다. 따라서 전략의 목적은 주요 목표와 방침의 체계를 통하여 기업의 미래 모습을 결정하고 전달하며, 기업의 행동과 사고의 길잡이가 되는 유용한 개념의 틀을 제공하는 데 있다.

(4) 방침(policies)

의사결정에 있어 사고를 이끌어 주거나 연결시켜 주는 일반적인 기술서(statements)라는 점에서 계획의 한 유형이라고 할 수 있다. 그러나 모든 방침이 반드시 기술되어 있는 것은 아니며 때로는 경영자의 활동을 통해서 암시되기도 한다.

이러한 방침은 의사결정이 이루어지는 분야를 규정해 주고, 의사결정이 기업목표에 일관성 있게 기여할 수 있도록 보장해 준다. 그러나 방침이 일관성 있고 전체적인 조화를 이루게 하는 것은 쉽지 않은 일이다.

(5) 절차(procedures)

의사결정의 지침이라 할 수 있는 방침과는 달리 절차는 활동의 지침으로서 방침을 수행하기 위한 표준적인 방법이나 활동의 순서 등을 세부적으로 지시하는 수단이라 할 수 있다.

(6) 규칙

규칙은 어떤 주어진 상황하에서 반드시 해야 할 또는 해서는 안 될 활동을 구체적이고 명확하게 명시하는 것으로서 사고방법 또는 의사결정을 이끌어 주는 기준으로서가 아니라 그 반대로 의사결정에 대신하는 것이라 할 수 있다. 따라서 하위경영자에게 주어지는 자유재량의 여지는 거의 없으며 단지 주어진 상황이 규칙을 적용해야 하는 상황인가 아닌가의 판단만이 주어질 뿐이다.

(7) 프로그램

비교적 넓은 범위의 활동을 포괄하게 된다. 우선 목표에 도달하기 위해 거쳐야 할 중요한 단계들을 규정하고 각 단계의 완수에 책임을 져야 할 기업의 부서 또는 경영자를 명확히 하며, 각 단계의 완수 순서와 시간을 명시하게 된다. 프로그램은 또한 필수적인 활동을 위한 예산의 뒷받침이 따르는 것이 일반적이다.

(8) 프로젝트

프로그램의 일부분으로서 프로그램의 제한된 범위만을 다루게 되며, 하나의 프로그램에서 여러 프로젝트는 각각의 맡은 바에 대하여 독립적인 계획을 마련하게 된다. 따라서 주어진 자원과 시간을 가지고 각각의 프로젝트에 책임을 지는 경영자가 정해지게 된다.

(9) 예산(budgets)

예상되는 결과를 수치로 표현한 즉, 숫자화 된 프로그램으로서 프로그램을 실행가능하게 해준다. 이러한 예산은 재무적 금액으로 표현될 수도 있으며, 노동시간 또는 제품의 단위와 같이 측정 가능한 다른 수치로 작성될 수도 있다.

3. 목표관리

1) MBO의 의의

이전에는 구성원이 추구해야할 목표나 이를 실현하기 위한 구체적인 계획과 방법을 상사가 설정하여 부하에게 일방적으로 지시하는 성격을 가지고 구성원에 대한 통제에 의한 관리의 성격을 띠고 있었다. 그러나 이러한 관리방식은 구성원으로 하여금 자발적인 동기부여나 창의성을 발휘할 수 없었다. 그래서 이러한 방식에서 벗어나 구성원이 자발적인 의지와 창의성을 발휘하여 높은 성과를 얻도록 스스로 목표를 설정하고 이를 달성하기 위한 업무활동을 관리하도록 해야 한다는 주장이 나왔는데 이것이 드러커(P. F. Drucker)에 의해 제시된 목표관리(management by objectives : MBO)이며, 이의 이론적 기반을 제시해 준 사람이 맥그리거(D. McGregor)이다.

MBO는 구성원의 참여과정을 통하여 조직의 목표를 명확하고 체계 있게 설정하여 실행함으로써 경영관리 효율화를 도모하려는 관리방식을 말한다. 오늘날 MBO는 계획의 수립, 업적평가 뿐만 아니라 통제시스템 및 조직의 목표와 구성원의 목표를 통합하려는 보다 광범위한 접근방법으로 발전하고 있다.

2) MBO의 구성요소

(1) 목표 설정

어떤 목표가 좋은 목표인가

목표를 설정할 때는 실현 가능성 여부에 초점을 맞춰야 한다. 다시 말하면 누구나 공감할 수 있고, 현실적이어서, 실현할 수 있는 목표를 설정하는 것, 이것이 핵심이다. 아무리 좋은 목표라 하더라도 기업의 입장에서 실현이 거의 불가능한 목표를 설정했다면 이는 기업의 자원과 구성원들의 시간 낭비만을 초래할 것이다.

최상의 목표는 다음과 같은 다섯 가지 요소를 충족해야 한다(SMART).

① 구체적이어야 한다(Specific)

목표의 내용이 명확할수록 직원들의 참여도가 높아진다. 경영자의 입장에서는 목표의 진척도를 쉽게 파악하기 위한 방법이기도 하다.

② 측정 가능해야 한다(Measurable)

목표를 정량적으로 측정하기 어렵다면, 조직이 목표를 향해 나아가고 있는지 가늠할 수 없다. 모호한 목표로는 구성원들에게 동기를 부여하기 어렵다.

③ 달성 가능해야 한다(Attainable)

목표의 수준은 구성원들에게 어느 정도의 긴장감과 도전의식을 느낄 만큼 높아야 하지만, 무엇보다 현실적으로 달성할 수 있는 것이어야 한다. 목표가 지나치게 높게 설정되면 구성원들이 처음부터 포기할 수도 있다.

④ 기업의 비전에 관련되어 있어야 한다(Relevant)

그래야 조직 전체의 관심과 지지를 받을 수 있고, 추진력을 얻을 수 있다.

⑤ 달성 일정이 있어야 한다(Time-bound)
달성 일정이 없는 목표는 다른 중요한 일들에 우선순위를 빼앗기고, 결국 잊혀지고 말 것이다.

이 다섯 가지 요소가 관리적인 측면이라면 실무적인 측면에서는 다음 세 가지 사항을 유념해야 한다.

① 구성원들에게 부여된 목표는 그들의 역할에 걸맞아야 한다.
자신이 맡고 있는 업무와 상관이 없는 목표가 부여된다면 구성원들은 불만을 갖게 될 것이며, 효율성을 기대하기도 어렵다.

② 구성원들이 가치 있게 여기는 것을 통해 구성원들의 행동을 유도해야 한다. 경영자가 구성원들을 존중하고, 공정하게 대우함으로써 구성원들이 목표 달성에 전념하게 할 수 있다.

③ 목표는 단순해야 한다.
목표는 간략하게 표현해 강렬한 인상을 줄 수 있도록 한다.

(2) 참 여

MBO는 구성원의 참여를 중요시 하여 참여에 의한 목표설정이 강조된다. 즉, 부하가 수행할 목표를 상사와 부하가 협의하여 설정하게 되면, 그 목표설정에 참여한 구성원은 목표에 대하여 확실하게 알게 되고 쉽게 수용할 수 있게 된다. 따라서 목표의 달성 정도는 보다 현실적이 될 수 있을 것이다.

(3) 피드백

목표추구의 과정과 그 달성도가 사후에 측정, 평가, 피드백 되어야 한다는 것이다. 이 경우 평가의 기준은 이미 참여에 의하여 설정된 목표이며 이를 통하여 목표의 설정과 평가가 상호 연결될 수 있는 것이다. 이와 같은 과정에 의하여 수행되는 피드백의 중요성은 피드백이 명확하게 이루어질 때 비로소 집단의 문제해결 능력은 증진되고 개인의 직무수행이 향상된다고 보기 때문이다.

3) MBO의 기본과정

MBO를 실시하는 기본과정에는 정형화된 절차는 없으나 Paul Mali에 의하면 다음과 같이 5단계로 구분된다.

(1) 목표의 발견

조직의 생존·성장·개선 및 문제해결을 위하여 조직 스스로가 바라는 상태 및 결과를 신중하고 체계적으로 확인하는 과정이다. 즉, 조직의 현황을 분석할 뿐 아니라 성취하고자 하는 미래의 목표를 검토하는 것이다.

(2) 목표의 설정

조직이 실제로 성취하고자 하는 미래의 상태를 확립하는 단계이다. 즉, 특정한 개인 또는 조직단위의 활동영역과 구체적인 성취수준을 밝히는 것이다.

설정된 목표는 부하의 업적을 평가·피드백 시키는 기준이 되고, 조직전체 수준계획에 개인별 및 조직단위별 활동을 통합, 조정시키는 기준이 된다. 목표설정은 참여의 과정을 통하여 설정되어야 한다.

(3) 목표의 확인

설정된 목표는 확인과정을 통하여 장래의 목표수행과 관련된 개인 및 조직단위의 목표가 정해진 시간 내에 달성될 수 있는지에 대한 확신을 주게 된다. 그리고 이 경우 계획실시상의 결점이나 실패요인을 발견하기 위하여 위험성, 가정 및 변동사항 등이 검토분석 된다.

(4) 목표의 실행

목표를 달성하기 위한 구체적인 실행전략이 수립되어야 하며, 이와 함께 실제적으로 행동에 옮겨진다.

(5) 목표의 통제

목표가 계획대로 수행되었는지를 측정, 평가하고 계획과 차이가 있는 경우는 그것을 시정하기 위한 것이 통제과정이다. 이와 같은 통제과정은 최종 평가뿐 아니라 중간평가도 포함되며 중간평가 과정에서 문제가 있다면 목표의 변경도 모색될 수 있다.

4) MBO의 장·단점

(1) 장 점

① 효과적인 계획을 촉진함으로써 보다 나은 관리를 돕는다.
② 조직의 역할과 구조를 명확히 하게 한다.
③ 성과에 대한 약속을 유도한다.
④ 통제기준으로서의 목표를 명확히 제시함으로써 효과적인 통제를 하는 데 도움을 준다.

(2) 단 점

① 조직의 목표를 명확히 제시한다는 것은 쉽지 않은 일이며, 또한 최종목표에 대해서는 동의하는 경우에도 중간목표 사이에는 이해가 상충되고 갈등이 발생하는 것이 보통이다.
② 목표와 성과의 계량적인 측정을 강조함으로써 질보다는 양을 중요시하는 경향이 있다. 그러나 조직에서는 구성원의 발전과 인간관계의 개선과 같은 계량화 할 수 없는 업무도 중요시 되어야 한다.
③ 단기목표를 강조하는 경향이 있다.
④ 비탄력적(inflexibility)일 위험성이 있다. 즉, 목표가 더 이상 의미 없게 된 경우에도, 경영자들은 일정기간 이를 변경하지 않으려고 하는 경향이 있다.
⑤ 인간중심적 내지 산출중심적 관리방식에 경험이 없는 조직에 MBO를 도입하려 하면 강한 저항에 부딪치게 된다.

5) MBO의 성공요건

MBO는 어떤 특수한 기법이라기보다는 총체적 관리시스템이므로, 그것이 성공적으로 수행되기 위해서는 조직전반에 걸쳐 다음 요건이 필요하다.

① MBO의 채택은 조직전반에 미치는 영향이 크기 때문에 최고경영층이 MBO의 실시를 지지하고 솔선수범해야 한다.
② 조직의 구조와 과정이 MBO를 실시할 수 있도록 분권화와 자율적 통제절차가 마련되어야 한다.
③ MBO는 목표를 설정하고 그에 따라 결과만 평가하면 되는 배타적 기법이 아니라 총체적 관리시스템이다. 따라서 MBO와 그밖에 다른 관리활동, 예컨대 예산, 인원배치, 훈련, 보수, 근무성적평가, 조사연구활동은 상호지지적인 통합을 형성해야 한다.
④ 개인과 개인, 부서와 부서, 그리고 조직과 환경사이에 의사소통과 피드백의 과정이 형성되어 있어야 한다.
⑤ 미래의 상황을 적정하게 예측할 수 있도록 조직내외 여건이 안정되어야 한다.

4. 의사결정

일정한 목적을 설정하고, 그 목적을 달성하기 위한 몇 가지 대안들 중에서 가장 유리하면서도 실행 가능한 대안을 선택하는 합리적인 인간행동이라 할 수 있다. 사실, 경영활동은 곧 의사결정의 연속이라고 할 수 있다. 따라서 기업의 모든 계층과 모든 단계에서 어떤 의사결정 없이 처리될 수 있는 일상업무는 존재할 수 없다. 이렇게 볼 때 현대경영학의 중심과제는 경영자의 핵심행동인 의사결정에 놓여 질 수밖에 없다.

1) 의사결정 종류

의사결정은 관점에 따라 다음과 같이 분류될 수 있다.

(1) Ansoff의 분류

① 전략적 의사결정

기업의 내부문제보다는 기업과 외부환경과의 관계에 관한 의사결정으로서, 기업의 성격을 기본적으로 좌우하는 의사결정이다. 다각화, 성장방식에 관한 결정 등을 들 수 있다.

의사결정의 특성은 전반적 관점에서의 중앙집권적 결정, 정보와 자료 등의 불충분한 상태하의 결정, 비반복적, 비자연발생적 등이다.

② 관리적 의사결정

전략적 의사결정을 구체화하기 위하여 기업의 제자원을 조직화하는 것과 관련된 의사결정이다. 인원, 자재 등의 경영자원을 조달하고 개발하는 것과 관련된 결정 등을 들 수 있다.

의사결정의 특성은 전략과 운영간의 조정, 개인목표와 조직목표간의 충돌, 경제적 변수와 사회적 변수간의 강한 결합, 전략적 문제와 운영적 문제에서 발단 등이다.

③ 업무적 의사결정

기업 자원에 대한 변환과정의 능률을 최적화하는 것과 관련된 의사결정이다. 판매가격과 생산량의 결정, 생산의 일정계획 등이다.

의사결정의 특성은 원칙적으로 부서 내지 사업본부의 독자적(분권적)인 결정, 위험(risk)과 불확실성(uncertainty)의 수반, 반복적, 다량적, 복잡성 때문에 하나 이상의 최적결정의 기능, 자연발생적 등이다.

(2) Simon의 분류

① 정형적 의사결정

반복적으로 발생하는 일상의 의사결정으로서, 문제해결을 위한 표준적인 절차가 이미 정해져 있으며, 프로그램화 된다는 데 그 특징이 있다.

이러한 의사결정은 업무상의 관례나 경험 등에 의존하여 이루어지는 경우가 많은데, 최근에는 수학적 프로그램에 의한 새로운 방법이 개발되고 있으며 선형계획법, 게임이론에 의한 재고관리나 생산관리 및 마케팅믹스 등이 있다.

② 비정형적 의사결정

경영환경이 다양하게 변화하므로 프로그램화하기가 곤란하여 경영자의 창의력, 직관, 판단에 의존하게 되는 의사결정으로 신제품개발, 해외진출 등에 관련된 의사결정을 들 수 있다. 이러한 의사결정은 문제가 전혀 새롭고, 그 성격이나 구조 자체가 이해되지 않거나 복잡한 문제이기 때문에 적절한 해결방법이 없게 된다. 따라서 전적으로 혁신적이며 창의적인 의사결정이 최고경영자 수준에서 내려지는 것이 보통이다.

2) 의사결정 과정

경영자가 합리적으로 의사결정을 하려면 다음과 같은 의사결정과정을 최대한 따라야 한다.

(1) 문제 인식

문제가 무엇인가를 인식하는 것이다. 문제의 성격을 명확히 밝히려면 우선 문제를 둘러싸고 있는 상황과 관련된 여러 가지 정보(요소)를 수집·분석하여 과연 그것이 해결되어야 할 문제인가 아닌가를 밝혀야 한다.

흔히 경영자들이 문제와 징후를 혼동하는 경우가 많다. 예컨대 구성원의 퇴직이 급증되면 이를 걱정할 수도 있다. 그러나 만약 사직하는 이들이 업무수행능력이 낮은 사람들이고 좀 더 실력 있는 구성원들로 곧 대체할 수 있다면 사직은 문제라기보다는 기회가 된다. 조직목표와 관련해서 문제를 정의하면, 그와 같은 혼동을 방지할 수 있을 것이다. 해결해야 할 문제 자체에 대한 정확한 파악 없이는 올바른 의사결정을 내릴 수 없다.

(2) 목표 설정

그 문제의 가장 효과적인 해결책 즉, 이를 해결함으로써 달성하고자 하는 목표를 설정해야 한다. 다시 말해 문제를 해결함으로써 달라지는 것은 무엇인가를 확인하는 것이다. 그 문제를 해결함으로써 조직의 목표달성을 용이하게 한다면, 그 결과는 성공적인 의사결정이 될 것이다.

(3) 대안 개발

문제의 해결을 가능하게 하는 여러 가지 대안을 개발하는 것이다. 이 단계에서 경영자가 범할 수 있는 오류는 최초로 발견된 가능성 있는 대안에 대하여 너무 집착하는 경향이다. 가능한 한 최적화된 대안을 찾도록 하여야 한다. 그리고 이 단계에서는 대안에 대한 평가를 하지 말아야 한다는 점이다. 대안개발과정에서 대안에 대한 평가는 새로운 대안 발견을 어렵게 한다.

(4) 대안 평가

탐색된 대안들이 각각 조직목표를 어느 정도 달성하여 줄 것인가, 각 대안들이 미래에 가져다 줄 가능한 결과들을 분석하고 평가해야 한다. 각 대안은

첫째, 조직의 목표 또는 자원 측면에서 평가되어야 한다. 조직의 목표와 부합하여야 하고, 조직의 자원 내에서 실행 가능한 것이어야 한다. 예를 들어 매출액은 증가하는 데, 이익은 계속 감소하는 원인을 찾아 본 결과 제조원가가 너무 높기 때문이라는 것이 밝혀졌다. 이를 해결하기 위한 대안으로서 제조원가를 낮추어야 한다는 대안이 있을 경우, 만약 제조비를 더 낮추게 될 경우 제품의 질이 떨어진다면, 그 대안은 그 기업이 실행할 수 없는 것이고 바람직한 대안이 못 된다.

둘째, 대안의 실행과정에서 나타나게 될 문제점에 대한 분석도 이루어져야 한다.

(5) 대안 선택

대안들 중에서 가장 적절한 최적안 하나를 선택하여야 한다. 물론 이를 선택하는 기준이 마련되어 있어야 한다. 대안은 목표로 하는 상태와 현재상황과의 차이 즉, 문제를 해결해줄 수 있는 수단이 될 것이므로 어떠한 대안을 선택하느냐에 따라 경영성과가 크게 달라질 수 있다.

그러나 때로는 주어진 여건에서 비합리적으로 보이는 의사결정을 내리는 경우도 있다. 주로 직관이라든가 감정에 의존하기 때문이다. 그렇다고 반드시 분석적 방법에 의해서 내린 결정이 올바른 의사결정이라고 할 수는 없다.

미숙한 경영자가 분석결과에만 의존 한다던가 경험이 풍부한 경영자가 논리적인 과정을 무시하는 것은 양쪽 다 바람직하지 않다. 따라서 경영자가 합리적

인 의사결정을 내리기 위해서는 전문가의 견해와 자신의 경험이나 직관을 균형 있게 활용할 줄 아는 지혜가 필요하다.

제2절 전 략

1. 경영전략의 의의

경영전략은 경쟁에서 이기는 방법이다. 다시 말해 기업이 보유하고 있는 경영자원을 최대한 활용하여 경쟁기업과의 경쟁에서 이기는 생존전략이다. 즉, 경쟁에서 승리하기 위한 또는 기업의 목표를 달성하기 위한 수단으로 경쟁기업보다 유리한 상황에서 경쟁할 수 있게 하는 계획이라고 말할 수 있다. 따라서 경쟁에서 승리하는데 유리한 상황을 창출함으로써 기업의 목표를 달성하는 데 그 목적이 있다. 여기서 유리한 상황이란 이윤이 지속적으로 보장되는 고부가가치의 사업영역과 경쟁기업과의 관계에서 지속적인 경쟁우위를 보유할 때 가능하다. 챈들러(A. D. Chandler, Jr : Strategy and Structure)는 '기업의 기본적 장기목표, 목표의 결정, 행동방향의 선택, 이들 목표수행에 필요한 자원의 배분'이라고 정의하고 있다.

결론적으로 경영전략이란 기업이 경쟁에서 승리하기 위해 이윤창출이 보장되는 사업영역을 확보하고 지속적인 경쟁우위를 보유하기 위한 일련의 경영계획이라고 정의할 수 있다.

그러면 경영전략의 원칙은 무엇인가? 그것은 기업을 둘러싸고 있는 외부환경과 기업이 보유하고 있는 내부환경(자원과 능력)간의 적합성을 도모하는 것이라고 할 수 있다.

2. 경영전략의 수준

1) 기업 전략(corporate strategy)

주로 최고경영층에 의해 이루어지는 전략으로서 기업이 나아갈 방향을 다룬다. 기업전략은 기업이 해야 할 사업들은 무엇인가, 이들 사업간에 자원을 어떻게 배분할 것인가에 관한 두 가지 기본적 문제와 관련된 것이다. 즉, 기업이 경쟁하는 시장과 산업의 범위를 결정하고 궁극적 목표를 결정한다.

2) 사업 전략(business strategy)

기업의 각 사업에 대해서 시장에서 경쟁하는 구체적 방법을 다루는 전략이다. 시장에서 그 사업이 어떻게 경쟁을 할 것인가? 어떤 제품/서비스를 생산할 것인가? 어떤 고객을 주 대상으로 할 것인가? 등의 문제와 관련된 것이다. 대부분의 기업들은 2개 이상의 사업(사업의 다각화)을 가지고 있다.

전략을 기업 전략과 사업 전략으로 구분하는 것은 기업이 다각화 기업이라는 것을 전제로 한 것이다. 만일 단일 사업만을 영위하는 기업이면 사업 전략이 바로 기업 전략이 된다.

3) 기능 전략(functional strategy)

기능전략은 사업(부)전략을 어떻게 지원할 것인가? 라는 문제와 관련된 것이다. 사업(부)전략을 실행하기 위해 자원의 사용을 어떻게 할 것인가에 대한 지침을 제공한다. 초점은 자원생산성의 극대화에 있다. 생산, 마케팅, 재무, 인적자원, 연구개발 등 기능부서들은 각 기능전략을 수립하여 기업전략 및 사업(부)전략을 지원하게 된다. 기능전략은 기업의 전반적인 기능을 모두 고려한다는 전략의 본질에서 보면 전략이라기보다는 전술(tactics)에 가깝다.

3. 전략경영과정

전략경영과정은 장기계획 또는 전략계획보다 넓은 의미로 전략계획은 물론 이의실행과 통제를 포함하는 것이다.

전략경영은 지속적이고 반복적인 작업으로 전략수립과정은 중단하거나 일회성으로 끝나는 작업이 아니다. 또한, 이러한 과정은 1단계로부터 시작하여 마지막 단계까지 진행하고 다시 처음부터 시작하게 된다.

1) 전략 계획의 의의

전략 계획이란 조직의 목표설정과 그 목표달성을 위해 요구되는 전반적인 계획체계이다. 구체적으로 조직(기업)의 기본적·장기적 목적과 목표를 세우고 이를 달성하기위해 필요한 일련의 행동과정을 선택하고 자원을 배분하는 것(A. Chandler)으로 일반적인 경영계획과는 다른 특징을 가진다. 전략 계획은 다른 모든 계획의 기본 틀을 제공하고, 비교적 장기계획의 성격을 띠며, 조직의 모든 행동과 의사결정에 대하여 일체감을 유지시켜주고, 최고경영층에 의해 수립된다는 특성이 있다.

전략 계획은 장기계획의 성질을 가지면서 동시에 조직 전체 또는 많은 부문에 상당한 영향을 미치거나 변화를 가져오게 하는 것으로서 포괄적 계획이라 할 수 있다. 반면 장기계획은 특정 목표를 수행하기 위한 구체적인 행동과정을 비교적 장기간에 걸쳐 수립한 계획으로 내부지향적이라는 점에서 전략 계획과 구분이 되어야 할 것이다.

전략 계획이 주로 최고경영층에 의하여 이루어지는 계획활동이라면, 하부계층에서 이루어지는 운영계획은 현재의 업무를 중심으로 효과성(effectiveness)보다는 능률성(efficiency)에 주된 관심을 둔다.

따라서 전략 계획을 수립하고 이의 실행을 위해서는 일정기간별 운영계획이 수립되어야 한다.

2) 전략 경영의 과정

① 조직의 현재 및 미래에 대한 상황을 분석하여(analyse), ② 조직이 나아갈 방향을 결정하고(plan), ③ 이러한 결정을 실행하는데 필요한 노력을 체계적으로 조직화하고(do) 기대하는 결과를 얻을 수 있도록 실행결과를 측정·평가하고 통제하는(see) 계속적인 과정이라고 할 수 있다.

전략 경영의 과정에 관해서는 여러 가지 견해가 있지만 일반적으로 적용할 수 있는 모델을 제시하면 그림과 같다.

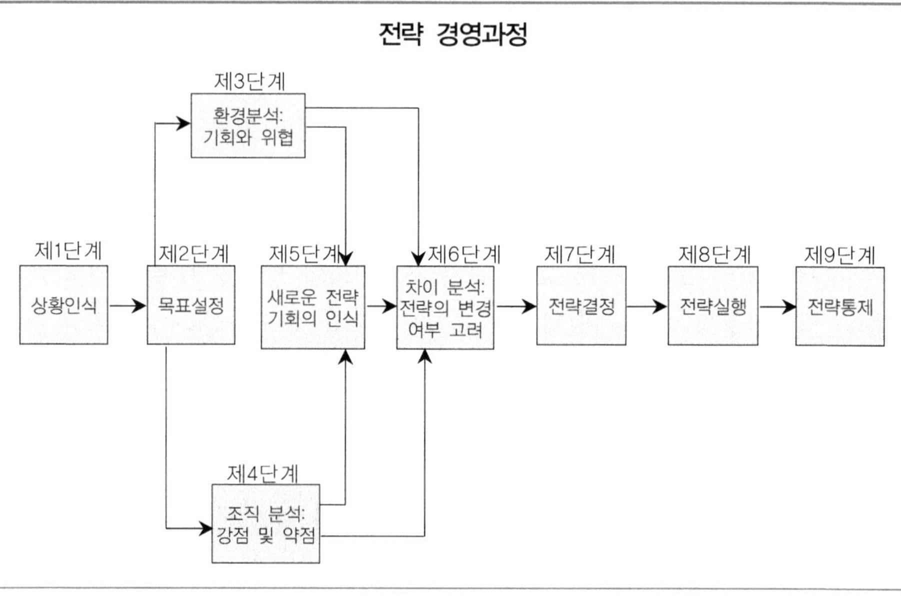

(1) 상황 인식

주로 최고경영층에 의해서 이루어지는 상황의 인식이다. 상황 인식에는 조직의 존재이유, 조직이 사회의 한 구성원으로서 수행해야 할 사명, 그것을 실행하기 위한 세부적인 목표 등이 포함된다. 여기에는 최고경영자의 가치관이 큰 영향을 미친다. 즉, 무엇을 할 것인가를 결정하기 전에 경영자는 그들이 궁극적으로 추구하는 바가 무엇이며 조직의 사명은 무엇인가에 대하여 알고 있어야 한다.

(2) 목표 설정

조직이 미래에 달성해야 할 세부적인 목표를 세우는 것이다. 목표란 이익률, 시장점유율, 이직률 등과 같은 조직이 달성해야 할 구체적인 목표를 말한다.

(3) 환경 분석

외부환경요인은 경제적 환경, 기술적 환경, 정치적·법적 환경, 사회·문화적 환경을 들 수 있다. 이들은 조직뿐만 아니라 조직의 구성원들에 대하여도 똑같이 영향을 미치기 때문에 이에 대한 분석을 필요로 한다. 또한, 조직의 전략에 대한 외부환경(경쟁자·소비자·정부기관 등)이 어떤 반응을 나타낼 것인가를 예측하는 것도 필요하다.

(4) 조직 분석

현재 및 미래의 경쟁자들에 비해서 조직의 상대적인 강점과 약점을 파악하기 위한 것이다. 이때 조직이 어떤 일을 할 능력이 있는가 보다는 다른 조직에 비해서 상대적으로 더 잘할 수 있는가에 대한 분석이어야 한다.

(5) 새로운 전략 기회의 인식

환경 분석, 조직 분석이 이루어지면 이를 기반으로 자사에 유리한 새로운 기회의 존재 여부를 파악해야 한다. 이는 여러 요인들로부터 나타날 수 있고, 변화된 환경이 새로운 사업기회를 제공하게 되는 것이다.

(6) 차이분석

기존전략을 고집할 경우에 조직의 목표 수준과 실제 또는 예상되는 수준 사이에 차이(gap)가 존재하는지의 여부를 확인하는 것이다. 기존전략의 예상수준은 조직과 환경 분석결과를 기반으로 하여 예측할 수 있다.

(7) 전략 결정

차이가 확인되면 이를 보완하기 위한 전략변화도 고려해야한다. 즉, ① 새로운 전략 대안을 개발하여 ② 이를 평가하고 ③ 하나의 최적전략을 선택하는 전략의 결정을 해야 한다.

전략의 선택에서 고려해야 할 요소로서 선택된 대안이 갖는 위험의 크기와 적시성(timing)을 들 수 있다. 어떤 대안의 수익성이 높다 할지라도 그 가능성에 대한 검토가 있어야 할 것이며, 좋은 제품이라 하더라도 그것이 부적절한 시기에 시장에 소개되면 실패할 것이다. 따라서 위험에 대한 예측, 평가와 적절한 시기 그리고 경쟁자의 반응이 중요하다.

(8) 전략 실행

전략이 수립되면 이를 실행하기 위한 세부적인 전술, 프로그램, 예산 절차 등의 운영계획을 수립해야 한다. 예를 들어 2년 후에 새로운 제품을 생산하기 위한 전략을 수립하게 되면 인사부는 신입사원 채용계획을 즉시 수립하여야 할 것이고, 마케팅부는 시장조사와 신제품이 갖추어야 할 요건을 파악하기 위해서 소요되는 단기예산을 확보해야 한다. 연구개발부는 예정된 기간 내에 신제품을 개발할 수 있도록 계획을 수립해야 한다. 생산부는 연구개발부에서 최종적으로 확정한 제품에 대한 추정원가계산과 생산공정 및 공장건설을 하여야 할 것이다.

(9) 전략 통제

각 부문별로 전략을 실행하는 과정에서 경영자는 정기적으로 또는 중요한 단계마다 실행과정을 점검해야 한다. 공식적인 통제시스템을 통해서 이루어지는 이러한 활동은 전략이 계획된 대로 시행되고 있는가, 주요 가정들은 현재도 타당한가, 전략이 의도했던 결과를 성취하고 있는가 등에 초점을 두어야 한다.

4. 경영전략 기법

전략의 수립은 경영자가 조직의 현재와 미래의 목표를 성취하는 데 영향을 미칠 수 있는 조직내외의 환경을 분석하는 것으로부터 시작한다. 일반적으로 전략의 선택은 외부환경의 변화에 의한 사업기회와 위협의 평가를 바탕으로 기업이 보유한 자원 측면에서 본 내부 능력에 의하여 영향을 받는다.

경영자가 전략 수립 과정에서 이러한 요인을 분석하여 그 결과를 결합함으로써 전략의 방향을 도출하는 데 이용할 수 있는 기본적인 기법으로 SWOT 분석을 들 수 있다. 이 외에도 산업구조분석, 사업포트폴리오 기법, 가치사슬모형, 포터(M. Poter)의 경쟁전략모델 등 많은 모형이 있다.

1) SWOT 분석(SWOT matrix)

상황분석을 위한 도구의 하나로서 조직내부의 강점(Strengths)과 약점(Weaknesses)을 외부 환경의 기회(Opportunities)와 위협(Threats)과 조화를 촉진시키는 시스템적 분석을 위한 개념적 틀이다.

다음 표에서 내부환경(강점과 약점)과 외부환경(위협과 기회)에 대한 분석을 기반으로 한 네 개의 대체전략이 제시되어 있다.

① SO전략(내부강점, 외부기회) : 외부의 기회를 이용하기 위해 내부강점을 사용할 수 있을 때 가장 바람직한 전략이다. 실제 매트릭스상의 모든 위치에서 이 위치로 옮기는 것이 모든 기업의 목표다.

② ST전략(내부강점, 외부위협) : 조직내부의 강점으로 외부환경 속에 있는 위협에 대응하는 전략이다. 이 전략의 목적은 내부의 강점을 극대화하는 반면 외부의 위협을 최소화하려는 것이다.

③ WO전략(내부약점, 외부기회) : 약점을 최소화하고 기회를 극대화하려는 전략을 말한다. 그러므로 약점분야는 이를 보완하기 위하여 개발할 수도 있고, 외부로부터 기술이나 인적자원을 도입함으로써 유리한 기회를 활용할 수 있다.

④ WT전략(내부약점, 외부위협) : 위협과 약점을 최소화하는 전략으로 합작투자나 회사를 축소, 또는 청산까지 해야 한다.

SWOT 매트릭스

내부요인 / 외부요인		강 점 (S)	약 점 (W)
		관리, 운영, 재정, 마케팅, R&D 등의 강점	우측에 기재된 부문에서의 약점
기회 (O)	현재 및 미래의 경제적 여건 정치 및 사회적 변화 신제품 및 서비스 기술	SO전략(Maxi-Maxi) 조직내의 강점과 외부의 기회를 이용한 가장 성공할 수 있는 전략	WO전략(Mini-Maxi) 외부기회의 강점을 살리고 내부의 약점을 극복하기 위한 전략
위협 (T)	에너지부족, 경쟁, 외부위기 분야에서의 위협	ST전략(Maxi-Mini) 위협을 피하고 처리하기 위하여 내부적인 강점을 사용	WT전략(Mini-Mini) 축소, 청산 또는 합자투자

2) 산업구조 분석

기업의 전략 수립에 직접적인 영향을 미치는 환경은 과업환경이고, 그 중에서도 특정 기업이 속해 있는 산업 환경으로 볼 수 있다. 따라서 경영자가 전략을 수립하기 위해서는 산업환경에 대한 심층적인 분석을 수행해야 한다. 하버드 경영대학원의 포터(M. Porter)교수는 다음그림에서 볼 수 있는 것처럼 산업조직론에서 발전시킨 산업구조분석의 틀로서 5요인 모형(five forces model)을 제시하였다. 즉, 5요인모형에 의하면 산업은 기업이 경쟁하는 경쟁영역이고 이러한 경쟁영역을 구성하는 요인에는 기존의 경쟁업체, 구매자, 공급자, 잠재적 진입업체, 대체품 등의 5세력(five forces)이 있으며 기업은 여기에서 유리한 위치를 확보하여야만 성과를 극대화할 수 있다는 것이다.

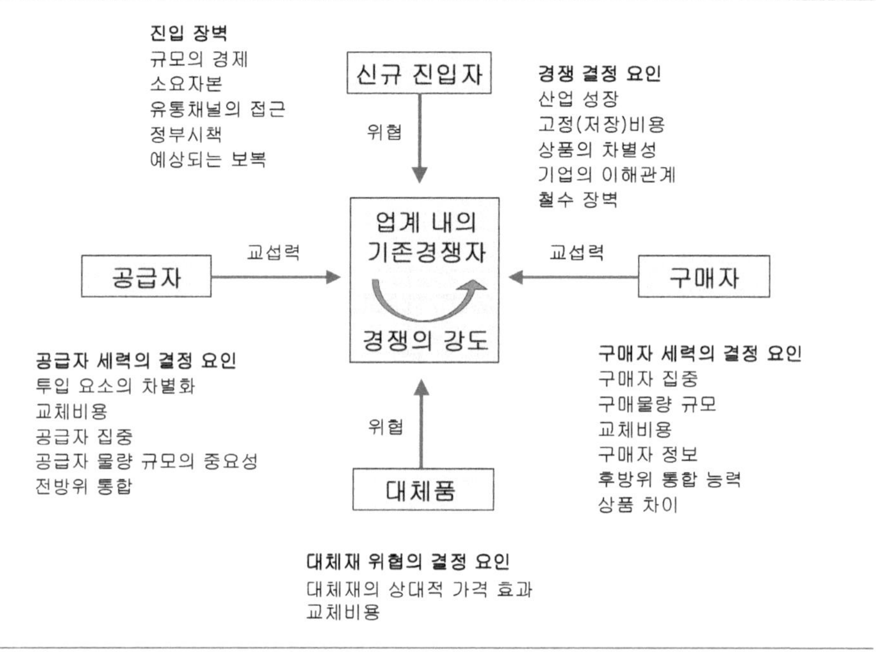

포터는 산업에 따라 경쟁상태를 결정하는 세력들의 구조는 제각기 다르지만, 이들 5세력(five forces) 등에 의해 산업의 경쟁강도가 결정된다고 주장하고 있다. 이러한 5세력은 모두 산업의 경쟁강도와 수익성에 영향을 미치지만 산업에

따라 그중에서 몇 가지 요인이 크게 영향을 끼친다고 한다. 산업구조분석을 이용하면 전반적인 산업의 경쟁강도를 파악할 수 있으며, 특히 산업내 어느 부문에서 경쟁이 일어나는지 파악할 수 있다.

3) 사업포트폴리오 기법

기업의 한정된 자원을 배분하기 위한 모형이다. 대부분의 기업들은 성장이 일정 수준에 이르면 사업의 다각화로 돌파구를 찾는다. 이와 같이 사업부 또는 제품이 여러 개 있을 경우에는 기업 자원을 어떻게 배분하는 가의 문제인 사업포트폴리오의 구성이 매우 중요한 과제이다. 이와 관련하여 여러 방법이 개발되어 왔지만 그 중에서도 대표적으로 보스턴컨설팅그룹(Boston Consulting Group)의 BCG 매트릭스가 있다.

BCG 매트릭스

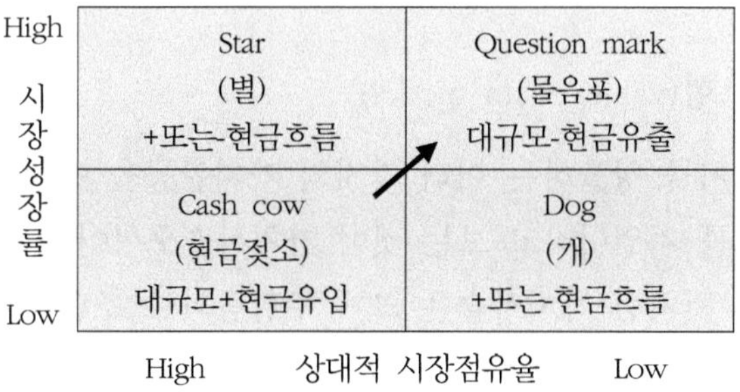

그림의 BCG 매트릭스는 각 전략사업에 대하여 상대적 시장점유율과 시장성장률의 두 가지 차원을 기준으로 수평축은 상대적 시장점유율을 나타내고, 상대적 시장점유율은 해당 사업의 시장점유율을 그 산업에서의 최대경쟁사의 시장점유율과 비교한 개념이다. 수직축은 시장성장률(market growth rate)을 나타내며, 보통 10%를 기준으로 하여 그 이상이면 고성장, 그 이하이면 저성장이라고 하는데 이는 기업이 포함된 시장상황에 따라 달라질 수 있다.

BCG매트릭스는 시장점유율과 시장성장률이 현금의 흐름과 밀접한 관계를 가지고 있다고 보고 있다. 시장성장률이 높을수록 현금의 유출이 많아지며, 시장점유율이 높을수록 현금의 유입이 많아진다.

물음표 사업은 시장점유율은 낮으나 높은 성장률을 보이고 있으므로 현금투자가 요구된다. 이렇게 투자함으로써 별(star)의 위치를 차지하도록 하고자 하는 것이다. 별(star) 사업은 높은 성장률과 강력한 경쟁위치를 가지고 있다. 이러한 사업은 높은 성장과 이익을 얻을 기회를 갖고 있다. 현금젖소(cash cow)사업은 강한 경쟁위치와 낮은 성장률을 갖는 사업인데, 이러한 사업은 시장기반이 잘 형성되어 있고, 낮은 원가로 생산하는 위치에 있다. 따라서 이러한 사업의 제품은 기업운영에 필요한 자금을 공급할 수 있다. 개(dog)위치는 낮은 성장률과 낮은 시장점유율을 가진 사업으로, 이러한 사업은 대개 이익의 가능성이 없으므로 점차 처분되어야 한다.

경영자가 BCG 매트릭스를 잘 이용하면 각 사업부문의 상태뿐만 아니라 기업의 전반적 상황을 파악할 수 있고 자원의 배분과 관련된 앞으로의 전략방향을 판단할 수 있다.

4) **가치사슬 모형**(value chain model)

기업은 부가가치를 창출하는 여러 가지의 가치활동을 수행하는데 이러한 가치활동의 연결체를 기업이라고 보는 것이 가치사슬모형이다. M. Porter는 그림에서 볼 수 있는 것처럼 가치사슬은 크게 주활동과 보조활동으로 구분되어 있다고 한다.

주활동은 재화나 서비스의 물리적 변화에 직접 관련된 활동으로, 크게 부품구매, 생산, 물류, 마케팅과 판매, 사후서비스 등의 다섯 가지 활동이 순차적인 흐름으로 연결되어 있다. 구매된 원재료는 구입되는 과정에서 가치가 부가되고 이어지는 각 활동을 통하여 계속 부가가치가 창출된다. 이런 활동의 결과 축적된 가치는 기업이익을 형성한다. 지원활동은 주활동을 지원하는 것으로 구매활동, 기술개발, 인적자원관리 및 기획·법률·재무와 같은 기업하부구조의 네 가지로 구분한다. 각 지원활동은 모든 주활동을 지원할 뿐만 아니라 지원활동 간에도 서로 지원한다.

가치사슬모형을 통하여 각각의 주활동 및 지원활동이 기업의 전체 이익에 기여하고 있는 정도를 파악할 수 있다. 이것을 통하여 기업의 전체이익에 크게 기여하는 활동은 강화하고, 그렇지 않은 활동은 제거하게 된다. 예를 들어, 제품생산은 다른 기업에 맡기고, 기업은 제품개발과 마케팅에만 전념한다.

이러한 가치사슬모형은 기업의 경쟁 우위분석과 이익창출 및 유지를 위한 도구로 많이 이용한다.

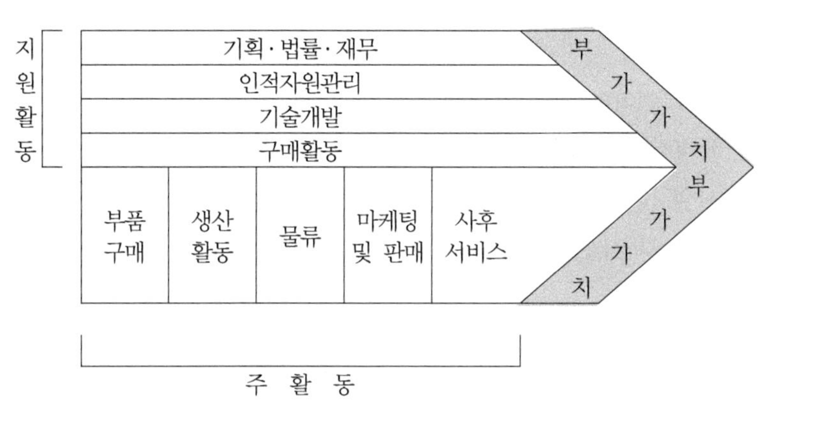

5) 포터(M. Porter)의 경쟁전략모형

사업전략 차원에서 개발할 수 있는 전략대안은 포터가 개발한 본원적 경쟁전략모형(generic competitive strategies model)이 있다.

이 모형을 본원적이라고 부르는 이유는 대상 기업이 제조업, 서비스업 또는 비영리사업에 관계없이 모두 적용될 수 있기 때문이다. 다음 그림은 이 모형을 나타내고 있다.

그림에서 보는 바와 같이, 기업이 본원적으로 제시할 수 있는 전략은 원가우위, 차별화, 집중화 등의 세 가지이다. 이 모형의 수직축은 기업이 목표로 하는 시장의 크기를 나타내고 있다. 여기서 특정부문(틈새시장)이란 많은 경쟁자들이 간과하기 쉬운 지역 또는 고객을 의미한다. 그리고 수평축은 제품이나 서비스의 특성이 소비자에게 독특하거나 저렴하게 인식되는 전략적 우위요소를 나타내고 있다. 이 두 가지 변수를 조합하여 다음과 같이 세 가지 경쟁전략이 있다.

(1) 원가우위 전략(overall cost-leadership strategy)

원가절감을 통하여 경쟁기업보다 낮은 가격으로 제품이나 서비스를 제공하는 것을 의미한다. 일반적으로 이 전략을 달성하기 위해서는 규모의 경제를 가지는 대량생산 설비와 경험축적에 근거한 원가절감을 모색하여야 한다. 대형할인점들은 중간 유통마진의 절감으로 인한 저가격정책으로 많은 고객을 창출하였다.

(2) 차별화 전략(differentiation strategy)

소비자에게 전체 시장에서 다른 제품이나 서비스와 차별화하여 독특하게 인식시키는 전략을 의미한다. 차별화전략을 구사하는 방법은 브랜드 이미지, 기술적 선도, 고객서비스, 최고의 품질 등이 있다.

식품 회사의 경우 유기농 농산물 생산으로 제품을 차별화하였다. 이런 상황에서 고객들은 그 차별적 효익으로 인하여 높은 가격도 기꺼이 부담하려 할 것이다.

(3) 집중화 전략(focus strategy)

특정한 지역이나 구매자 집단과 같은 한정된 특수시장(틈새시장)을 집중적인 목표로 하는데, 이 전략이 성공하면 독특한 이미지나 저원가의 두 가지 특성을 모두 갖춘 제품이 된다. 이 전략은 한정된 틈새시장이나 특정부문을 목표로 한다. 제한된 자원을 가지고 있는 소규모 기업은 독특한 이미지 또는 저원가 중에서 하나를 선택하여 집중적인 노력을 기울이는 것이 유리하다.

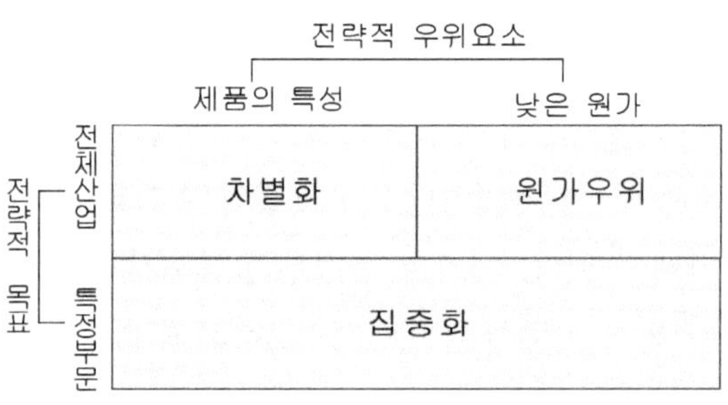

제3절 조 직

1. 조직화

목표와 계획이 수립되면 목표를 달성하기 위하여 조직이 편성되어야 한다. 즉, 사람들이 목표를 달성하기 위하여 효과적으로 일할 수 있도록 조직이 설계되고 유지되어야 하는 것이다. 이와 관련된 관리 활동이 바로 조직화 직능이다.

조직화란 조직구성원들이 기업목표를 달성하기 위하여 가장 효과적으로 협력할 수 있도록 직무의 내용을 명확하게 편성하고, 그 직무수행에 관한 권한과 책임을 명확하게 함과 아울러 이것을 위양하여 상호관계를 설정하는 과정을 말한다.

1) 조직화 요소

(1) 직무(job)

기업목적을 달성하기 위하여 권한과 책임이 부여된 각 직위가 수행해야할 일정한 종류와 범위의 업무를 말한다. 부문화에 의하여 각 부문으로 분류된 업무는 각 개인 또는 각 직위에 대하여 그들이 담당해야할 직무로서 할당되어야 하는 것이다.

(2) 권한(authority)

각 직위에 할당된 업무를 수행하거나 또는 다른 사람으로 하여금 수행시키기 위하여 주어진 공식적 권한인 바, 이를 각 직위에 적절하게 분배해야 한다.

(3) 책임(responsibility)

책임사항, 책임사항을 수행해야할 의무, 직무수행의 결과에 대한 책임을 의미한다.

(4) 직위(position)

할당된 직무를 수행하는데 필요한 권한과 책임이 부여된 조직 내의 지위를 말한다. 직위를 합리적으로 설정하여 이 직위에 조직의 구성원을 배치함으로써 조직을 운영할 수 있다.

(5) 상호관계의 합리적 설정

조직을 합리적·체계적으로 편성하기 위해서는 각 요소들간의 관계를 명확히 규정하고 갈등과 모순이 생기지 않도록 해야 한다.

따라서 각 직위에 따른 직무를 명확히 규정하고 이에 따른 권한과 책임을 부여하여 상호간의 관계를 합리적으로 설정해야 한다.

2) 조직화 과정

1단계 : 전체업무 확정

계획과정에서 수립된 목표를 달성하는데 필요한 전체의 업무를 명확히 한다.

2단계 : 업무 분할

전체업무를 세부업무(직무)로 나눈다.
최소단위의 업무가 과업이고 과업을 결합한 것이 직무가 된다.

3단계 : 직무설계

각 구성원이 담당할 직무를 어떻게 구성할 것인가 이른바 직무설계를 한다.

4단계 : 직무의 집단화(부서화)

직무를 설계하고 나면 업무가 유사하거나 논리적으로 관련된 담당자들을 집단화하여 관리한다. 이를 부서화라 한다.

5단계 : 권한배분

부서의 업무를 수행하는데 필요한 권한을 구성원 또는 집단에게 적절히 배분한다.

6단계 : 조정

각 구성원 및 부서들의 직무와 배분된 권한이 조직전체의 목표를 달성하는 방향으로 통합되도록 적절한 조정이 이루어져야 한다.

7단계 : 충원

위와 같은 조직화과정을 거쳐 조직구조가 결정되면 우수한 인적자원을 적재적소에 배치하는 충원이 이루어져야 한다.
지금까지의 조직화과정이 주어진 환경에 적합하도록 이루어졌다할지라도 조직환경은 끊임없이 변화하기 때문에 이에 능동적으로 대응하기 위해 지속적으로 조직변화를 시도해야 한다.

3) 조직화 원칙

(1) 고전적 원칙

① 분업 또는 전문화의 원칙

조직 구성원에게 하나의 전문화된 업무를 분담시켜야 한다는 원칙이다. 분업 또는 전문화를 통하여 각 구성원은 직무의 수행에 필요한 전문적 지식을 보다 쉽게 얻고, 숙련될 수 있으므로 능률은 촉진된다.

② 권한과 책임의 원칙

조직에 참여하는 각 구성원의 직무부담과 권한 및 책임의 상호관계를 명확히 하여야 한다는 원칙이다. 조직상의 모든 직위에는 각각 직무가 할당되어 있고 그 직무를 수행할 수 있는 권한도 부여되어 있으므로, 이 직위에 있는 사람은 그와 같은 권한을 행사한 결과에 대한 책임도 져야 한다는 원칙이다.

③ 권한위양의 원칙

조직의 규모가 확대되거나 보다 중요한 일을 하기 위해 상위자가 하위자에게 직무의 일부를 위임한 경우에는 그 직무수행에 필요한 일정한 권한까지도 부여하여야 한다는 원칙이다. 권한이 적절히 위양되면, 하위자는 위임받은 범위 내에서 자유롭게 권한을 행사하여 의욕적이고 창의적으로 업무를 수행하게 되며 업무수행결과에 대한 책임도 지게 된다. 이 경우 상위자는 일상적 업무에서 벗어나 보다 중요한 예외적인 업무에 전념할 수 있게 되는데 이를 예외의 원칙 또는 예외의 관리라고도 한다.

④ 계층제의 원칙

대규모 조직에 있어서는 그 전체구조가 피라밋형의 계층제를 형성해야 한다는 원칙이다. 계층제란 상위자와 하위자의 역할이 상하의 계층에 따라 차례로 배열되는 역할체제(system of roles)를 말한다.

㉠ **명령일원화의 원칙** : 한 사람의 하위자는 항상 한 사람의 직속 상위자로부터 명령과 지시를 받아야 한다는 원칙이다. 만일 명령계통이 일원화되지 못하고 복선이 생기게 되면 조직은 불안정해지고 상위자와 하위자의 관계는 불명확하게 되며 나아가서는 각 구성원의 책임이 모호하게 되어 조직능률은 저하 될 것이다.

㉡ **관리범위의 원칙** : 능률적인 감독을 위해서는 한 사람의 상위자가 통제하는 하위자의 수를 적정하게 제한해야 한다는 원칙이다. 관리의 범위가 너무 크게 되면 의사소통, 감독 및 조정이 곤란해져서 조직능률이 떨어지고 관리상의 실패를 가져올 우려가 있다. 그 반면에 관리의 범위가 너무 좁아지게 되면 지나치게 세세한 감독으로 인하여 하위자의 창의성과 자주성의 발휘가 방해된다. 그러나 관리의 최적범위에 대해서는 보편적인 기준은 없다. 그것은 관리자의 개인적인 능력 차이, 직무내용, 하위자의 능력, 의사소통의 난이도 등과 같은 구체적인 여건에 따라 결정되어야 한다. H. Fayol은 조직의 각 계층별로 관리할 수 있는 최대한의 부하의 수를 관리자는 3 ~ 4명 정도, Koontz는 상위직위에서 4 ~ 8명, 하위직위에서는 8 ~ 15명이 적당하다고 주장하고 있다.

㉢ **계층단축화의 원칙** : 관리범위의 원칙과 반대되는 것으로 조직의 능률을 높이기 위해서는 조직의 계층을 가능한 한 적게 해야 한다는 원칙이다. 관리범위의 원칙을 충실히 따르게 되면 상하의 계층이 길어지게 된다. 상하의 계층이 길어지게 되면 감독자의 수가 많아지게 되고 인건비도 많이 들게 되며, 의사소통도 불충분하게 되고 명령전달도 늦어지기 쉽다. 따라서 이와 같은 폐단을 없애기 위해서는 조직의 계층은 가능한

한 단축시킬 필요가 있는 것이다.

⑤ 스탭조직의 원칙

라인과 스탭의 분리원칙이라고도 하는데, 상위자의 관리능력을 보완하고 전문적 감독을 촉진하기 위해서 스탭(staff)조직을 따로 구성하고 이것을 라인(line)조직과 구별하여야 한다는 원칙이다. 즉, 라인과 스탭을 명확하게 구별함으로써 명령 계통에 혼선이 일어나지 않으면서 스탭은 시장조사·연구·계획 등의 업무를 수행함으로써 상위자의 조정·통제를 지원하게 된다.

⑥ 직능화의 원칙

전문화에 따라서 부문화를 해나갈 경우 업무의 종류와 성질에 따라 업무를 분류해야 한다. 조직형성을 위하여 직무할당과정에서 불필요하고 부적절한 인사의 선임과 배치는 배제되어야 한다. 직능화의 원칙은 사람중심이 아니라 직무 중심의 사고방식에서 각자의 직무에 따라 적합한 담당자가 배치되어 그 기능이 발휘되면 조직은 보다 효율적이 된다는 원칙이다.

⑦ 조정의 원칙

대규모 조직은 조직의 능률을 높이기 위하여 전문화의 원칙 또는 분업의 원칙에 따라서 모든 업무를 부서화하게 되는데, 그 부서의 목표는 항상 일치하는 것은 아니다. 따라서 사소한 마찰은 불가피하지만 간혹, 구성원 상호간의 갈등으로 조직운영상 문제가 발생하게 되며, 이를 해결하는 수단이 조정이다.

고전적 원칙을 적용하여 조직화하게 되면 고도로 집권화되고 경직된 계층제를 갖는 조직으로 변하게 되어 다음과 같은 비판을 받고도 있다.

① 조직의 운영이 경직되고 신축성이 없다.

② 구성원의 자아실현, 자율규제, 창의성 발휘를 방해하고 상위자의 명령에 복종만 하는 수동적 존재가 된다.

③ 상위자들이 의사소통을 일방통행적으로 하기 때문에 조직 내의 원활한 의사소통이 어렵다.

④ 조직의 공식적 요인만을 중요시하고 비공식적 요인을 무시한다.
⑤ 조직의 구조와 인간을 기계시하고 구조의 유기적 관계와 인간관계를 무시한다.
⑥ 관리범위의 원칙과 계층단축화의 원칙은 서로 모순된다.
⑦ 경험적으로 입증된 원칙이 아니기 때문에 보편적으로 적용될 수 없다.

(2) 현대적 원칙

고전적 원칙의 단점을 보완하기 위하여 대두된 조직화 원칙이 견인이론(pull theory)이다. 고전적 이론을 압력이론(push theory)이라 하며, 이러한 압력이론이 구성원으로 하여금 일을 하지 않을 수 없도록 밀어붙이는(push) 조직구조라고 한다면, 견인이론은 조직분위기를 조성하여 구성원으로 하여금 보람과 만족을 느끼도록 끌어당기는(pull) 이론이라고 할 수 있다.

① **통합의 원칙** : 조직 각 부문 간의 통합을 중요시해야 한다.
② **행동자율의 원칙** : 구성원의 행동에 대한 자율성을 확대함으로써 구성원의 업무수행에 대한 제약을 최소화해야 한다.
③ **창의성의 원칙** : 과거에는 안정성을 중요시하였으나, 앞으로는 새로운 것과 창의성을 중요시해야 한다.
④ **업무 흐름의 원칙** : 과거에는 직능 즉, 업무자체를 중요시하였으나, 앞으로는 업무의 흐름을 중심으로 조직을 편성해야 한다.

2. 조직의 분화과정

기업은 일정한 과정을 거쳐 조직화되어 운영되고 있는 것이다. 조직화는 기업의 목표를 달성하기 위하여 업무를 분화하여 부문화하고 그것을 조직의 각 구성원들에게 직무로서 분담 또는 할당한다. 그 기초 위에 권한과 책임이 부과되며 직위상호간의 관계가 형성된다. 기업의 업무활동은 첫째, 업무의 종류에 의한 수평적 분화이고, 둘째, 업무를 수행하는 직위계층에 의한 수직적 분화이다.

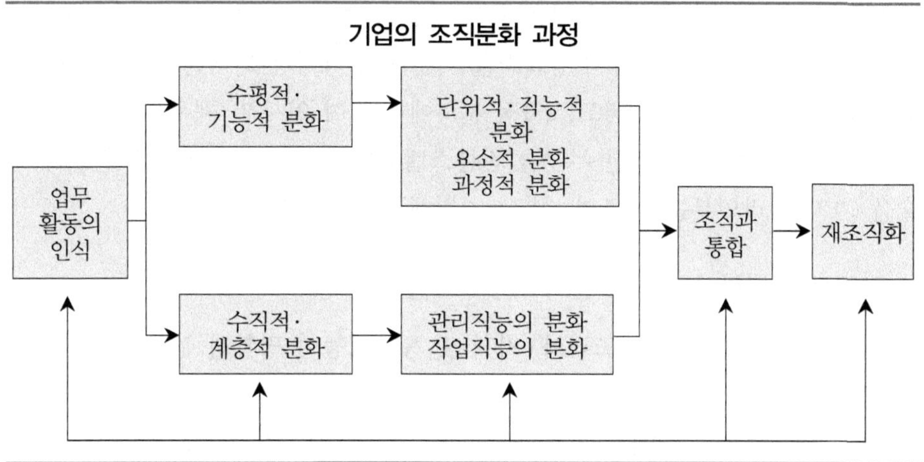

1) 조직의 수평적 분화

(1) 1차적 분화–라인부문의 형성

기업의 목표를 달성하기 위해 기본적으로 수행되어야 할 활동들이 1차적으로 분화되어 라인 부문을 형성한다. 라인부문은 직능적·단위적으로 구분할 수 있다.

① **직능적 분화** : 이것은 경영활동 그 자체를 대상으로 하여 순환과정(구매→제조→판매)의 단계에 따라 분화하는 것으로 경영활동의 관리적 통일성은 그대로 유지된다. 이러한 직능적분화로 구매부·생산부·판매부 등 부문이 형성된다.

② **단위적 분화** : 이것은 업무의 통일성 즉, 구매·생산·판매 등의 경영의 기본활동은 그대로 보존한 채, 전체 경영활동을 단위적(지역별·제품별·고객별)으로 분화하는 것을 말한다. 사업부제조직이 그 예이다.
단위적 분화가 대규모의 조직에서 다양한 제품 또는 지역의 독자적인 시장을 가지고 있을 때의 분화라고 한다면, 직능적 분화는 단일품종의 제품을 제조하는 기업의 분화라고 할 수 있다.

(2) 2차적 분화 : 요소적 분화–전문스탭의 형성

1차적으로 라인부문이 분화되면 2차적으로 전문스탭이 형성된다. 기업의 경영활동은 사람·자금·물자 및 기술 등이 결합되는데, 이것을 업무의 구성요소라고 한다. 이와 같은 업무의 구성요소를 기준으로 하여 분화하는 것을 2차적 분화 또는 요소적 분화라고 하고, 2차적 분화에 의하여 인사부·재무부·총무부·개발부 등이 형성된다. 이러한 부문을 전문스탭부문이라고 하며 이것은 전문적 기술을 가지고 라인부문에 조언·협조·지원해주는 역할을 수행한다.

(3) 3차적 분화 : 과정적 분화－관리스탭의 형성

경영관리직능 즉, 계획·조직화·지휘 및 통제기능이 명확히 분화되는 과정을 3차적 분화 또는 과정적 분화라고 한다. 단위적 분화, 직능적 분화 및 요소적 분화에 따라 형성되는 직무 또는 부문에는 그 내용에 관계없이 공통적으로 존재하는 활동이 있는데, 그것은 작업직능과 구별되는 관리직능이다. 이와 같은 3차적 분화에 의하여 기획·혁신·감사부서 등이 형성되는데 이러한 부문을 관리스탭부문이라 한다. 이것은 관리직능에 대하여 라인부문에게 조언·협조·지원을 한다.

2) 조직의 수직적 분화

업무활동의 수직적 분화는 먼저 작업직능과 관리직능으로 분화된다.

(1) 작업직능의 분화

작업직능은 실제작업을 실시하는 직능으로 원료를 구입하고, 이를 생산·가공하여 제품을 만들고, 판매활동을 하는 종업원 즉, 작업부문을 말한다.

(2) 관리직능의 분화

관리직능은 계층제의 원칙, 관리범위의 원칙 및 계층단축화의 원칙에 따라 최고관리직능(최고경영층), 부문관리직능(중간관리층) 및 현장관리직능(일선감독층)으로 나누어진다.

① 최고관리직능의 분화

최고경영층 또는 최고관리자의 범위를 엄밀하게 정의한다는 것은 대단히 어려운 일이다. 최고경영층은 기업 전체의 관점에서 목표, 기본방침 및 종합적인 계획을 수립하고 그것을 수행하기 위하여 조직을 편성하고 충원·지휘하며, 또 실시결과를 통제하는 최고관리직능이 분화하는 형태이다.

② 부문관리직능의 분화

최고관리직능에 의하여 결정된 기본방침과 종합계획에 따라 각 부문에 대한 집행방침을 결정하고, 계획을 수립하고, 필요한 부문조직을 편성하고, 필요한 인원을 선정하고, 전반관리층에 대하여 적절한 시기에 보고를 하며, 자료를 제공하는 부문관리직능이 분화한다. 부문관리직능은 기업 전체에 대한 문제보다는 특정부문에 대한 업무와 직접적인 관계를 갖는다. 이러한 부문관리직능의 분화에 따라 중간관리층이 형성된다.

③ 현장관리직능의 분화

각 부문의 방침 및 계획에 따라 현장에서의 계획수립·조직화·지휘 및 통제를 하는 현장관리직능이 분화한다. 현장관리직능의 분화에 따라 일선감독층 또는 하급관리층이 형성된다.

이상에서 살펴본 바와 같이 경영조직은 그 규모가 확대됨에 따라 끊임없이 수평적·수직적으로 분화를 한다. 이 두 가지의 분화는 서로 독립적으로 이루어져 재분화의 과정을 밟는 것이 아니라 동시에 병행적으로 이루어져, 복잡한 입체적 구조를 형성하게 마련되며, 이 두 가지 조직분화를 어떻게 합리적으로 진행시키느냐 하는 것이 조직관리상 중요한 문제가 된다.

3. 경영조직의 유형

명령의 통일성과 경영의 전체적 질서를 중시하는가 또는 전문화의 원리를 중시하는가에 따라 각종의 형태가 나타난다.

전자를 최대한 중시하는 것이 라인조직이며, 전문화의 원리를 중시하는 것이 직능식 조직인데, 이 양자는 조직형성의 기본 이론이 되고 있다. 그러나 현실에 있어서는 이 양자가 순수한 형태로 존재하는 경우는 거의 없고, 혼합 또는 보강되어 나타나는 것이 보통이다.

1) 조직의 기본형태

(1) 라인조직

최고경영자의 권한과 명령이 직선적으로 하급관리자 또는 일선작업자에게까지 내려가는 조직형태로 H. Fayol이 말하는 계층의 원리(principle of hierarchy)에 근거를 두고 있다. 이 조직은 가장 오래 되고, 가장 단순한 조직형태이다.

① 장 점

- 조직의 구조가 단순하고 책임과 권한이 명백하여 이해하기 쉽다.
- 명령일원화의 원칙에 따라 통솔력이 강하다.
- 의사결정이 신속하다.
- 직위간의 책임과 권한이 명확하여 하위자 평가가 용이하다.
- 개인적인 지도로 종업원 훈련이 용이하다.

② 단 점

- 상위자의 독선적 행위를 배제하기 어렵다.
- 하위자의 의욕상실과 창의력 결여 등의 폐단이 있다.
- 부문별 업무간에 혼란을 일으킬 가능성이 있다.
- 직무의 범위가 광범해서 목표를 실행하는 데 차질이 우려된다.
- 주무담당자의 능력이 만능이면서 많은 경력을 요구하고 있기 때문에 주무담당자 양성이 어렵다.

(2) 직능식 조직

과학적 관리법의 창시자 테일러(F. W. Taylor)가 라인조직의 결함을 시정하기 위하여 제창한 조직으로 관리자가 담당하는 일을 전문화하고, 부문마다 다른 관리자를 두어서 작업자를 전문적으로 지휘·감독하고자 하는 것이다. 즉, 라인조직에서와 같이 모든 권한을 가지는 한 사람의 만능 전문가가 아니라, 여러 사람의 직능적 전문가가 자기의 특수부문에서 여러 작업자를 지휘함으로 보다 큰 효과를 거두려는 것이다.

① 장 점

- 전문지식과 경험을 가진 스탭의 도움으로 효율적인 경영활동이 가능하다.
- 감독의 전문화로 높은 능률을 기대할 수 있다.
- 성과급제도의 실현이 가능하다.
- 전문화된 작업성격에 따라 인재발견이 용이하고 직능 전문가를 단기간에 양성할 수 있다.
- 라인조직이 유지되고 있으므로 라인의 장점을 지니고 있다.

② 단 점

- 스탭의 전문적 분화에 따라 관리비용 등 간접비용을 증대시킨다.
- 스탭의 책임전가로 라인의 사기저하를 유발시킨다.
- 파벌주의 조성이 가능하다.
- 라인과 스탭간의 의타심이 조장될 가능성이 있다.
- 스탭의 조언·조력으로 의사결정과 집행이 지연된다.

(3) 라인 앤 스탭 조직

H. Emerson에 의해서 제창된 조직으로 라인조직의 장점인 지휘명령의 통일성을 확보함과 동시에 전문화가 실현되지 않는다는 결점을 보완하고자 참모제도를 도입한 조직이다. 직능화(전문화)의 원칙과 지휘명령 일원화의 원칙을 조화시킬 목적으로 생긴 형태라 할 수 있으며, 스탭부문은 특수화된 직능을 담당하는 전문가에 의해 구성되고, 라인부문에 대해 조언적 권한을 가질 뿐 지휘명령권이 없다.

① 장 점

- 전문적인 스탭의 조언으로 효율적인 관리활동을 전개할 수 있다.
- 스탭은 연구·분석을 통하여 조언하므로 라인의 관리적 시각을 최소화할 수 있다.
- 스탭은 권한 축소로 라인이 활동면에서 안정감을 얻는다.
- 관리통제가 용이하다.

② 단 점

- 라인의 명령계통과 스탭의 조언계통의 혼선 우려가 있다.
- 소수의 강력한 스탭이 형성될 가능성이 많다.
- 라인이 스탭에 지나치게 의존할 가능성이 있다.
- 스탭은 책임회피의 가능성이 있다.

2) 현대적 조직

기업의 조직구조는 환경변화에 적응하기 위한 탄력적인 조직구조를 띤 변형된 조직구조가 여러 가지로 개발되고 있다.

여기에서는 여러 가지 조직구조의 형태 가운데 대기업이 많이 사용하는 사업부제 조직, 매트릭스 조직, 그리고 스피드 경영을 위해 도입하고 있는 팀 조직 등에 대해서 살펴본다.

(1) 사업부제 조직

경영규모의 확대, 기술혁신의 급변, 제품의 다양화 및 판매경쟁의 심화에 따라 기존 집권적 조직은 분권적 조직 특히 연방제 분권제로 발전되고 있다. 이 연방제 분권제의 전형적 형태를 사업부제라 한다.

사업부제조직은 경영활동을 1차적인 단위적 분화에 의하여 제품별·지역별 또는 고객별 사업부로 분화하고 이들 각각의 사업부에 대하여 독립성을 인정하여 권한과 책임을 위양함으로써 독립 채산단위로 운영하고자 하는 조직이다.

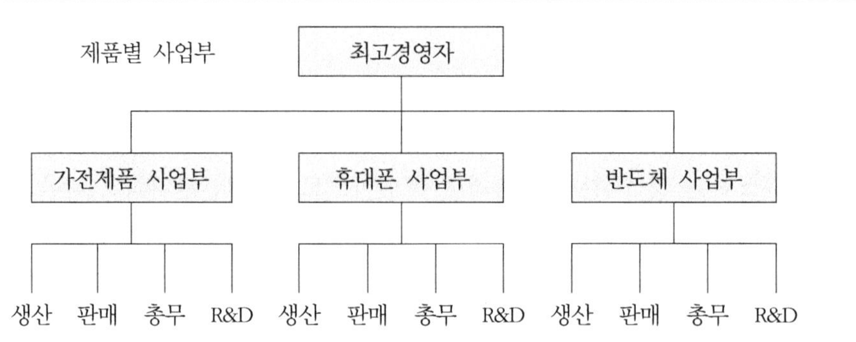

(2) 매트릭스 조직

프로젝트 조직과 직능식 조직을 합한 조직행태로서, 양조직의 단점을 보완하고 장점을 더욱 살리기 위하여 마련된 조직이다. 매트릭스 조직에서 조직구성원은 종적으로는 직능식 조직의 일원임과 동시에 횡적으로는 프로젝트 조직의 일원이 되어 양조직에 중복적으로 소속된다. 따라서 매트릭스 조직에서는 명령계통이 다원화하게 된다. 이와 같은 매트릭스 조직이 프로젝트 조직과 다른 점은 일시적 조직구조가 아니라 영구적 조직형태라는 것이다. 이 조직은 고도로 복잡한 업무를 수행하는 우주산업, 연구개발산업, 대규모 기업 등 많은 조직에서 널리 사용되고 있다.

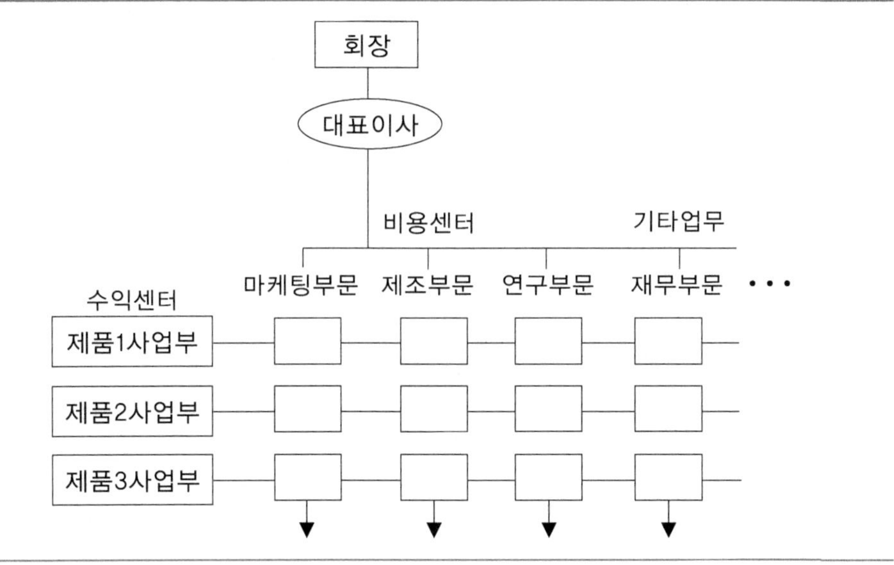

(3) 팀 조직

최근의 치열한 경쟁하에서는 피라미드구조를 갖는 계층적, 직능적, 전체적 조직은 더 이상 유효하지 않다. 의사결정구조를 보다 단축시키고, 관리비용의 낭비를 제거하며 급변하는 기술혁신을 보다 빨리 수용할 수 있는 조직체계가 필요하다.

이에 대응한 가장 보편적인 조직구조 중의 하나가 팀 조직이다. 팀이란 상호보완적인 기술 또는 지식을 가진 둘 이상의 조직원이 서로 신뢰하고, 협조하며 헌신함으로써 공동의 목적을 달성하기 위해 노력하고 자율권을 가진 조직단위라 할 수 있다.

전통적으로 팀은 팀의 성격에 따라, 또는 조직구조 내에서의 팀의 위치에 따라 구분할 수 있다. 팀의 성격에 따라 팀은 크게 공식적 팀과 비공식적 팀으로 구분된다. 공식적 팀은 조직이 그 목적을 달성하는데 필요한 구체적인 업무를 이행하는 데 책임을 지기 위해 경영자에 의해 의도적으로 만들어지는데 가장 일반적인 형태는 ① 통제팀으로 이 팀은 한 경영자와 이 경영자에게 보고해야 되는 모든 종업원을 포함한다. 또 ② 위원회가 있는데 이것은 반복적으로 일어나는 문제를 다루기 위해 조직되며 대부분 오래 존속된다. 몇몇의 공식적 팀은 일시적으로 조직되기도 하는데 흔히들 ③ 태스크 포스나 프로젝트팀으로 특정한 문제를 다루기 위해 한시적으로 만들어지고 일단 문제가 해결되거나 임무가 완성되면 해체된다.

한편, 비공식적 팀은 구성원들이 필요에 따라서 서로 규칙적으로 주고받는 행위를 할 때마다 구성된다. 이런 비공식 팀들은 공식적 조직구조내에서 발전하는데, 비공식적 팀의 멤버들은 개인적 필요보다 전체팀으로서 팀의 요구에 더 비중을 둔다.

팀의 위치에 따른 팀의 유형은 그림과 같이 네 가지로 구분될 수 있다.

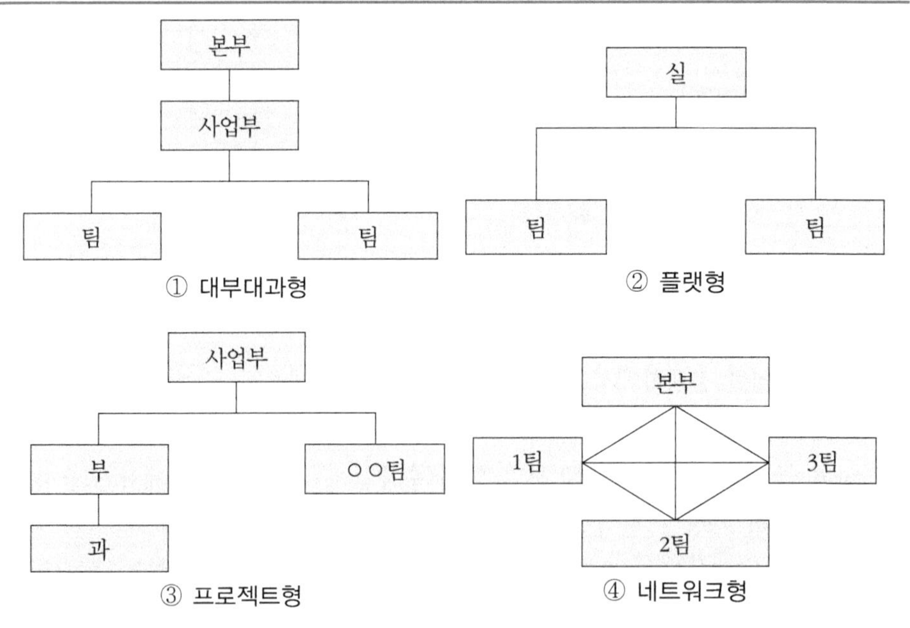

4. 라인과 스탭

라인(line)은 경영조직의 수평적 분화과정에서 1차적 분화에 해당되는 직능(구매·생산·판매)을 뜻하며, 1차적 분화에 따라 형성되는 부문(구매부·판매부·생산부)을 라인부문(line department)이라고 한다. 따라서 라인은 경영활동에서 직접적인 집행기능을 수행하고 있다. 즉, 경영활동의 목표를 효과적으로 달성하기 위해서 지휘·명령·통제 등의 권한을 갖고 집행기능을 수행하는 기본적인 기능이라고 정의할 수 있다.

스탭(staff)은 조직의 수평적 분화과정에서 2차적 분화와 3차적 분화의 대상이 되는 직능 즉, 조언·조력하는 기능을 의미하고, 그 분화에 의하여 형성되는 부문(기획부, 총무부, 재무부, 연구개발 등)을 스탭부문(staff department)이라 한다. 따라서 스탭은 라인의 경영활동을 보다 효과적으로 할 수 있도록 촉진적인 역할을 수행하는 간접적·부차적인 기능이라고 할 수 있다.

결국 라인과 스탭은 상호 보완적인 기능으로 목표달성을 용이하게 하는 데 공헌한다고 하겠다.

1) 스탭의 종류

스탭이 수행하는 업무내용에 따라 개인스탭, 전문스탭, 관리스탭 등으로 나눌 수 있다.

(1) 개인스탭

특정한 관리자의 직무 수행을 돕기 위하여 관리자에게 조언·조력하는 보좌직위를 말한다. 개인스탭은 한사람의 특정 관리자만을 보좌할 수 있다는 특징이 있다.

① 라인보조자

경영계층별 중간적인 위치에 있는 직위(부사장, 차장, 대리 등)에 있으면서 상위자의 전반적인 직무수행에 관해서 보좌하며, 동시에 상위자 부재 시에는 그 권한을 대행할 수도 있다. 이러한 것은 위임된 범위에 한정된다고 이해하여야 할 것이다.

② 스탭보조자

상위자 1인의 인격의 연장으로서 직위(사장보좌, 부장보좌 등)를 갖고 상위자를 보좌하는 직능만을 수행하는 사람을 뜻한다. 이 스탭보조자는 일체의 본결정권이나 명령권을 갖지 못할 뿐만 아니라 조직상의 직위도 당해 상위자보다 두 계층이 낮은 것을 원칙으로 하고 있다.

③ 장 점

- 상위자는 일상적 잡무에서 탈피하므로 관리상의 부담을 경감시킨다.
- 상위자의 권한대행으로 관리상의 계속성을 유지한다.
- 상위자의 계획과 통제기능을 보좌한다.
- 보좌역할의 수행으로 경영자 양성의 효과를 기대한다.

④ 단 점

- 권한과 책임의 한계가 모호하기 때문에 관리상 혼돈을 유발할 가능성이 있다.
- 경영자가 라인 부하에게 권한을 위양하는 데 방해가 된다.
- 계층의 복잡성을 증대시킬 염려가 있다.

(2) 전문스탭

라인부문이나 다른 스탭부문에 대해서 그 전문 직능에 속하는 사항에 대해서 조언과 조력을 제공하는 권한을 갖고 있는 스탭이다.

전문스탭은 다음과 같은 특징을 갖게 된다.

① 한정된 부문에서만 조언·조력을 제공하고, 명령·지휘 및 통제의 권한은 없다.

② 전문스탭의 조언·조력을 라인부문과 타 스탭부문에도 적용이 가능하다.

③ 전문스탭은 자신의 전문부문내에서는 라인의 권한을 행사할 수도 있다.

(3) 관리스탭

라인부문의 전반적 관리직능에 대해 조언·조력을 하는 스탭으로서, 특히 최고경영층의 전반관리직능에 대해 조언하는 관리스탭을 일반스탭이라고 한다.

이러한 관리스탭은 기업의 규모확대와 업무량 증대 등으로 대두되는 업무내용의 복잡성에 따라 중시되고 있는 관리적 직능을 효과적으로 수행할 수 있도록 당해 경영자를 조언·조력하고 있는 스탭을 말한다.

2) 라인과 스탭의 관계

직능적 관계와 권한적 관계로 양분하여 검토하는 것이 바람직하다.

(1) 직능적 관계

라인은 기업경영 측면에서 필요성이 강조되고 동시에 중요한 기능이 수행되지 못하면 기업의 전반적인 활동이 정지되는 기본적 직능을 직접 집행하고 있다. 즉, 제조기업의 경우에는 구매·생산·판매에 관한 활동이 기본적 직능이라고 할 수 있다.

스탭은 라인의 집행직능을 보좌하는 촉진적 직능을 간접적으로 수행하고 있으며, 집행에는 참여하지 않으면서 라인의 직능수행을 조언·조력하는 보완적인 역할을 수행하고 있다. 다만 스탭경영자는 자신의 스탭부문에 대해서는 라인의 권한으로 직무를 수행하는 경우도 있다.

(2) 권한적 관계

라인의 직능을 수행하는 과정에서는 자연발생적으로 스탭의 활동이 요구되며, 전문적인 분야에서 스탭은 조언과 조력을 매체로 라인과의 관계를 맺게 된다. 이때에 권한의 관계가 형성하게 되는데, 스탭의 권한은 라인의 지휘·명령·통제·보고 등의 권한을 효과적으로 수행할 수 있도록 촉진적인 역할을 시켜주고 있다. 따라서 라인과 스탭의 권한관계는 상호 보조적이면서 보완적이며, 동시에 촉진적인 성격을 가지면서 권한과 책임의 한계를 중심으로 상호 관계를 맺고 있다고 하겠다.

3) 라인과 스탭의 구분이유

이러한 라인과 스탭의 구분은 조직의 효율화를 기하기 위한 것이다.

(1) 전문화된 원조와 서비스의 제공

경영자가 효과적인 경영활동을 전개하기 위하여서는 경영에 관계되는 여러 가지 기술과 방법 등을 응용해야 한다. 이를 소수의 경영자들이 전담하기란 불가능하므로 스탭의 전문적인 협조를 필요로 하게 되며, 현장부문에서도 품질표준, 작업표준 등과 같은 전문적 기술이 필요하므로 스탭의 협조가 요청된다.

(2) 적절한 균형의 유지

경영활동에 대한 평가가 객관성을 유지하기 위하여서는 업무의 운영결과에 직접 책임을 갖지 않는 스탭의 통제와 지원을 받을 필요가 있고, 또 계획의 지원을 받을 필요가 있다.

(3) 책임감의 유지

능률적인 경영을 하기위해서는 서로 다른 기능·지식을 갖고 있는 사람들이 하나의 공통목적을 위하여 협력하는 체제를 형성하고 그 책임한계를 명확히 해야 하는 바, 이를 분명히 하기 위하여 필요하다.

4) 라인과 스탭의 갈등관리

갈등 원인은 라인과 스탭의 그 본질적 기능을 인식하지 못할 때 이들간에 갈등이 일어나게 되는데 그 원인은 다음과 같다.

① 기업이 대규모화됨에 따라 스탭부문의 기능이 강화됨으로써 라인부문은 상대적으로 소외감과 좌절감을 느끼게 된다.

② 스탭은 항상 현상을 비판하고 개선하려고 하지만, 라인은 이러한 비판에 의한 변화를 싫어한다.

③ 스탭이 모든 관리계층에 조언하는 과정에서 라인의 결점을 보고하지 않을까 하는 두려움으로 스탭을 가까이 하지 않으려는 경향이 있다.

조직에서 라인과 스탭의 갈등관리방안은 각각의 기능에 대한 명확한 인식하에서만 해결이 가능하다고 할 수 있다.

① 라인과 스탭의 직무, 권한 및 책임한계를 명확히 한다. 즉, 라인은 업무집

행, 스탭은 조언이라는 기본적 업무를 인식시켜 그들간의 관계는 대립적이 아닌 상호보완적이라는 것을 강조해야 한다.

② 라인과 스탭을 정기적으로 순환보직시켜 두 부문의 업무를 상호이해 시킨다.

③ 라인과 스탭에 대한 대우(임금, 승진)에 있어서 균형을 유지한다.

제4절 지 휘

1. 지 휘

기업의 목표와 관련하여 계획이 수립되고, 수립된 계획이 합리적으로 수행되도록 조직이 편성된다. 그리고 그 조직의 각 직위에 적합한 인적자원이 충원되고 그 밖의 필요한 자원들이 조달되면 기업활동이 수행되게 된다.

그러나 충원된 인적자원이 기업의 목표달성에 효과적으로 기여하도록 유도하기 위해서는 지휘직능이 필요하게 된다. 지휘란 구성원들이 기업목표 달성을 위하여 자신들의 과업을 적극적으로 수행하도록 유도하는 관리직능을 말한다. 따라서 지휘는 조직의 인적요소와 관련을 갖는 직능이다. 가령 항해하는 선박을 기업이라 한다면 경영자는 이 배가 주어진 목적지를 향하여 무사히 항해할 수 있도록 선원들을 지휘하는 선장에 비유될 수 있을 것이다. 만약 항해하는 선박에서 선장이 자신의 지휘직능을 제대로 발휘하지 못한다면 이들의 목표는 달성될 수 없을 것이다.

경영자는 종업원들이 기업의 목표 달성을 향하여 자신의 과업을 적극적으로 수행하도록 지휘하기 위해서는 먼저 인간의 본성을 파악하고 그들에게 동기부여를 하고 또 리더십을 발휘해야 한다. 그리고 지휘의 수단이라 할 수 있는 의사소통도 이해하고 있어야 한다.

2. 의사소통

의사소통은 기본적으로 개인 상호간에 정보를 교환하는 과정이며, 조직에 있어서는 상위자와 하위자간, 동료간, 부서간, 조직내부와 외부 등에 있어서의 의사전달 및 정보전달을 말한다.

리더는 효과적인 리더십을 발휘하여 구성원에게 동기를 부여하고, 조직목표를 달성하도록 하기 위해서는 자신의 의사를 구성원에게 전달하며 자신의 입장을 이해시키고 영향력을 행사해야 한다.

이러한 의미에서 각 요소 간에 조정 및 연결기능을 하는 의사소통은 지휘직능에서 매우 중요하다. 사실상 의사소통에 관한 필요성은 강조되고 있지만 아직 이에 대한 공통적인 견해는 없다. D. Katz and R. L. Kahn은 '정보의 교환과 의미의 전달은 사회시스템 혹은 조직의 본질이다'라고 말하였다. C. I. Barnard는 의사소통을 조직의 공동목표를 달성하고자 노력하는 구성원들의 연결수단으로 보았다. 따라서 우리는 의사소통을 조직내외에 정보를 전달하는 과정으로 이해할 수 있다.

1) 의사소통 과정 : 기본모형

의사소통이 이루어지려면 최소한 의사를 전달하는 사람(송신자 ; sender)과 전달받는 사람(수신자 ; receiver)이 있어야 한다.

이 때 송신자는 통상 일인인 경우가 일반적이지만 수신자는 일인 또는 그 이상일 수 있는데 많은 사람을 상대로 하는 연설이 그 대표적인 예가 된다.

송신자는 메시지를 매개로 의사를 전달하게 되는데 이 때 메시지는 말일 수도 있고 글일 수도 있다. 물론 송신자의 표정이나 제스처도 메시지의 일부를 구성한다. 말의 형태이든 글의 형태이든 메시지를 작성하는 것을 부호화(encoding)라고 한다. 송신자가 메시지를 만들어 수신자에게 보내면 수신자는 자신의 준거틀(경험, 정보, 태도 등)을 바탕으로 보내온 메시지를 해석하게 되는데 이를 부호해독(decoding)이라고 한다. 그리고 메시지를 해독함으로써 송신자의 의도를 지각하면 수신자는 이에 대한 반응(response)을 보인다. 그 반응이 송신자에게 되돌아갔을 때(feedback) 송신자는 이를 통해 수신자가 자기 의도를 바르게 이해했는지를 판단한다. 이때 수신자가 제대로 이해하지 못했다는 판단이 들면 다른 방법으로 재부호화(re-encoding)한다. 방송이나 연설 같은 대화에서는 송신자와 수신자의 역할이 고정되지만 대화인 경우에는 이들의 역할이 수시로 바뀐다.

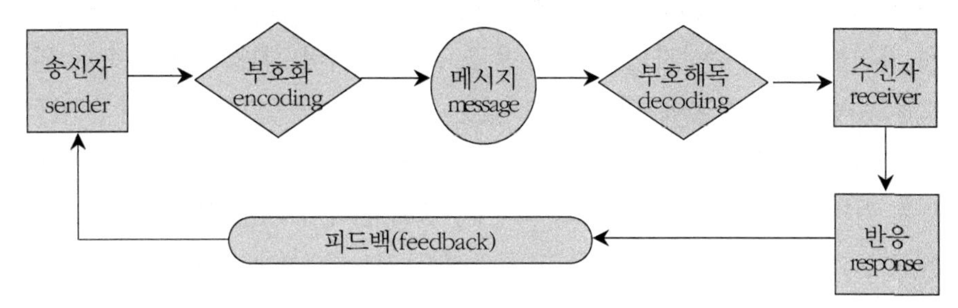

이 모형에서 볼 수 있는 것처럼 의사소통은 송신자, 메시지, 수신자로 구성되며 이 3요소가 의사전달에 결정적인 역할을 한다. 이를 각각 송신자효과, 메시지효과, 수신자효과라고 한다.

송신자효과(sender [source] effect)는 송신자가 누구이냐에 따라 달라질 수 있는 효과를 말한다. 이 때 가장 중요한 것은 송신자의 신뢰도로 신뢰할 수 있는 송신자인 경우 의도하는 의사전달효과를 얻어내는 것이 가능하지만 그렇지 못한 경우에는 기대하는 효과를 거두기 힘들다. 그리고 신뢰도는 신용, 전문성, 매력 등으로 구성되며 이것을 쌓는 데는 장시간이 필요하지만 무너지는 것은 한 순간의 실수에 의할 수 있다.

메시지효과는 메시지를 얼마나 잘 만들었느냐에 따라 좌우될 수 있는 의사소통효과를 의미한다. 좋은 메시지는 ① 수신자의 주목을 끌 수 있어서 상대방이 들어 주거나 읽어 주도록 만들어야 한다. 물론 이 능력은 두 사람 사이의 대화(또는 글)인 경우는 큰 문제가 안 되지만 대중을 향한 연설(또는 글)의 경우는 매우 중요하다. ② 메시지가 설득력이 있어야 한다. 물론 의사전달의 상당부분이 막연한 정보의 전달이고 이럴 경우 설득력은 큰 문제가 되지 않으나 상대방으로 하여금 내 의도대로 반응하도록 유도하는 설득적 의사전달의 경우에는 당연히 결정적인 중요성을 갖는다. 메시지가 설득력을 갖추려면 우선 논리적으로 입증이 가능한 사실에 논리의 근거를 두어야 한다. 하지만 때로는 감성에 호소하는 메시지로도 상대방을 움직일 수 있는 것이다.

수신자효과(receiver effect)는 수신자의 자세나 상태가 어떠한가에 의해 나타날 수 있는 의사소통효과를 말한다. ① 수신자가 신체적으로 고통을 받고 있는 경우나 어떤 일에 몰두하고 있는 경우 다른 사람의 말을 들어 줄 여유가 없는 것은 자명하다. ② 수신자의 태도나 욕구 같은 심리적 상태도 큰 변수가 된다. 태도는 사람 또는 사물에 대해 갖고 있는 호·불호의 느낌을 말하며 사람들은 자기가 좋아하는 사물에 대한 정보는 쉽게 들어 주지만 싫어하는 사물에 대한 정보는 기피하는 경향이 있다. 그리고 욕구도 수신자의 의사전달 수용태세에 큰 몫을 하는데 사람들은 절실한 욕구와 관련된 정보를 쉽게 받아들일 뿐 아니라 적극적으로 추구하기도 한다.

이 세 가지 이외에도 또 한 가지 중요한 요인은 바로 소음이다. 소음이란 의사소통과정에 끼어드는 일체의 방해요인을 말하는데 여기에는 내적 소음과 외적 소음이 있다.

내적 소음은 송신자 - 메시지 - 수신자로 이어지는 의사전달경로 내부에 존재하는 방해요인으로 송·수신자의 건강, 발음, 청력, 문안의 명료성 정도 등이 이에 속한다.

외적 소음은 경로 외부로부터 오는 방해요인으로 대화하는 중에 나는 자동차의 소음, 관중의 함성 등이 좋은 예이다.

결론적으로 의사소통효과를 높이려면 ① 송신자의 신뢰도를 높이고, ② 메시지는 주목을 끌고, 설득력 있게 만들어져야 하며, ③ 수신자의 신체적·심리적 상태를 살펴 송신자의 말을 수용할 절호의 기회를 포착하는 것이 중요하다.

2) 의사소통 유형

(1) 대인적 의사소통

한 개인(송신자)이 행동·사상·감정을 통해 다른 개인(수신자)의 반응을 불러일으키도록 하기 위해서 이루어지는 정보 및 의사전달이 대인적 의사소통이다. 이는 다음과 같은 목적 혹은 기능을 갖는다.

① 타인의 행위에 영향력 행사

② 감정·사상·행동의 변화

③ 정보의 교환

④ 공식적 의사소통의 경로를 통해서 공식구조를 강화하는 역할

(2) 조직 의사소통

이미 공식적으로 결정된 조직구조라고 하는 의사소통의 통로를 통해서 이루어지는 의사소통을 조직의사소통이라고 한다. 이는 관리직능과 직접적인 관련을 맺고 있으며, 조직구성원들 사이에서 일어나는 하향적·수평적·대각적 의사소통의 중요한 네트워크이다. 한편 이러한 조직의사소통은 조직구성원들을 연결시켜 줄 뿐만 아니라 외부환경과의 상호작용을 가능하게 하는 수단이 된다.

(3) 공식적 의사소통

이는 기본적으로 권한·책임·의무에 의해서 확정된 조직구조에 따라 결정된 의사소통을 말한다.

이에 비해 비공식적 의사소통은 자연적으로 발생해서 보는 바와 같이 비공식 조직에서 의사전달을 위해 발생한 것이다.

조직상의 의사소통 방향

하향적 의사소통

상향적 의사소통

수평적 의사소통

대각적 의사소통

3) 의사소통 개선방향

조직의 의사소통은 조직의 목표를 달성하도록 효율적으로 수행되어야 한다. 그러므로 의사소통과정에서 흔히 발생하는 방해요인을 극복하고 올바른 방향으로 의사소통이 이루어지도록 노력하는 것이 중요하다.

(1) 상향적 의사소통 개선

① 고충처리절차
이를 통해서 상위자의 자의적인 행동으로부터 보호를 받고 종업원의 불평불만을 해소할 수 있다.

② 문호개방정책
상위자의 문호를 개방하여 하위자가 직접 상위자를 방문하여 문제를 해결할 수 있다.

③ 카운슬링
자발적이고 비공식적인 카운슬링을 통해서 상향적 커뮤니케이션을 기대할 수 있다.

④ 참여기법
노사위원회, 제안제도 등의 활용을 통해서 문제를 해결한다.

(2) 하향적 의사소통 개선

수신자와 다양한 매체에 보다 많은 주의를 기울여야 한다. 따라서 송신자는 수신자의 다음과 같은 점을 고려하여 개선방향을 생각할 수 있다.

① 사람들은 의사소통 저항이 제일 적은 것을 따른다.
② 사람들은 자신이 가지고 있는 신념·가치에 일치하는 메시지에 마음을 열어 놓는다.
③ 사람들은 환경의 변화에 민감해서 새로운 메시지에 더 개방적이다.
④ 전체상황이 의사소통에 영향을 미친다.

그러므로 경영자는 종업원에 대한 영향을 충분히 인식하여 적절한 행동을 취하도록 한다. 즉, 반복, 피드백, 쉬운 언어의 사용 등을 통해서 정보가 단순히 아래로 흐른다는 하향적 의사소통이 아니라 그 이상의 의미를 갖도록 해야 한다.

3. 동기부여

세 가지 관점에서 정의되어질 수 있는데 무엇이 사람들의 행동을 유발하고,

무엇이 이들의 행동을 유도하며, 어떻게 이들의 행동들이 유지될 수 있는가 하는 것이다. 이들 3요소는 인간의 행동을 이해하는데 매우 중요한데 ① 사람들이 특정 방향으로 행동하게끔 만드는 데에는 개인의 내적 요인뿐만 아니라 외적 환경요인도 작용하며, ② 인간의 행동은 목표의 달성을 위해 이루어지고, ③ 인간의 행동은 그 결과에 따라 수정 또는 유지되기 때문이다.

경영자의 주된 임무 중의 하나는 어떻게 하면 구성원의 근무의욕을 고양시켜 최대의 성과를 이끌어 내는 것이라 볼 때 동기부여의 중요성은 크다고 할 수 있다.

직무성과는 환경적 요인, 구성원의 능력과 함께 동기부여가 주요변수로 영향을 미치며, 직무만족도 역시 동기부여와 상관관계가 있다.

$$P = f(M, A, E)$$

즉, 높은 직무성과(performance, P)를 위해서는 구성원들이 ① 그 직무를 하고자 하고(motivation, M), ② 할 수 있어야 하며(ability, A), ③ 직무를 수행할 수 있도록 환경 또는 여건(environment, E) 등이 갖추어져야 한다.

■ 동기부여 이론

1) 매슬로우(Maslow)의 욕구단계이론

매슬로우는 인간은 매우 복잡한 욕구를 갖고 있으며, 그 우월 정도에 따라 단계적으로 되어 있다고 주장하고 다음 네 가지 기본가정을 내세웠다.

① 한 번 충족된 욕구는 다음에 그 욕구가 발생할 때까지 행동을 동기화 시키지 못한다. 즉, 한 욕구가 만족되면 다른 욕구가 나타난다.

② 대부분의 욕구망은 개개인의 행동에 영향을 끼치는 수많은 욕구로 되어 있어 매우 복잡하다.

③ 상위욕구가 활성화되기 전에 반드시 그 아래 하위욕구는 충족되어야 한다.

④ 상위욕구보다 하위욕구를 만족시키는 방법이 보다 많다.

매슬로우는 인간의 욕구가 다섯 단계로 구성된다고 주장하고 있으며, 하위욕구부터 순차적으로 설명한다.

① **생리적 욕구**(physiological needs)
생리적 체계로서의 자기를 유지 하고자 하는 욕구이며, 물·공기·휴식·운동 그리고 경제적 보상 등에 대한 욕구로 가장 강력한 욕구이다.

② **안전의 욕구**(security needs)
안정된 직장, 복리후생 등에 대한 욕구이다.

③ **사회적 욕구**(social needs)
집단에 소속되고 우정이나 애정을 바라는 욕구이다.

④ **존경의 욕구**(esteem needs)
타인으로부터의 존경이나 책임 있는 지위, 자율적 사고나 행동의 기회를 바라는 것이다.

⑤ **자아실현욕구**(self-actualzation needs)
자신의 적성과 잠재능력을 실현하고 창조성을 발휘하여 끊임없는 성장을 추구하려는 욕구이다.

매슬로우의 욕구단계이론은 경영자로 하여금 근로자가 지니고 있는 욕구를 이해하고 이를 충족시켜 줄 수 있는 적절한 대책이 강구되어야 한다는 점을 깨닫게 해 준다. 따라서 관리자는 이에 맞는 직무설계나 구성원 각각의 독특한 기술과 재능을 집약할 수 있는 업무할당을 해야 한다.

2) 허즈버그의 2요인 이론

매슬로우가 일반적인 상황에서 사람의 욕구와 이것이 동기부여에 작용하는 현상을 파악한 반면, 허즈버그(Herzberg)는 생산활동에 참여하고 있는 작업자들의 동기유발에 관심이 있었다. 허즈버그는 미국 피츠버그 지역 11개 업체에서 선정한 200명의 기술자와 회계사를 대상으로 직무를 수행함에 있어서 어떤 요인들이 그들을 즐겁고 만족스럽게 만들며, 또 어떤 요인들이 그들을 불쾌하고 불만족스럽게 하는가에 대한 질문을 했다.

허즈버그는 직무를 수행하기 위해 작업하는 사람의 만족과 불만족에 영향을 미치는 요인들은 두 가지 범주로 묶여지는데, 하나는 불만족을 예방해 줄 수 있지만 만족감을 주어 동기부여하는 효과는 줄 수 없는 요인들을 위생요인 또는 불만족요인이고 다른 하나는 동기요인 또는 만족요인으로서 이들 요인들은 제시되었을 때 작업자들로 하여금 적극적으로 일하도록 동기를 유발하는 효과가 있다는 것이다.

위생요인(hygiene factor)으로는 정책, 감독, 작업조건, 대인관계, 금전, 지위, 안정 등이며, 동기요인(motivators)으로는 성취, 성취에 대한 인정, 도전적이고 보람 있는 일, 책임의 증대, 성장발전 등이다.

허즈버그의 이론에 의하면 위생요인의 제시는 불만을 해소하는 정도의 효과를 기대할 수밖에 없기 때문에 동기요인에 초점을 맞추어 이들을 관리하고 충족시킴으로서 강한 동기를 유발할 수 있다는 것이다.

4. 리더십

리더십에 대한 정의는 다양하지만 특정 조직이 지향해야 할 비전과 목표를 설정하고 구성원들로 하여금 이를 달성할 수 있게 하기 위하여 의욕적이면서도 신바람 나게 일하도록 구성원의 동기를 유발하고 분위기를 조성하는 과정이라고 정의할 수 있다. 즉, 비전과 목표의 설정, 이를 주지시키고 일깨우기 위한 의사전달, 그리고 의욕을 불어넣기 위한 동기유발이 리더십의 기본적인 구성요소이며 절차다.

■ 리더십 이론

리더십 연구는 1940년대 이후부터 꾸준히 이루어져 오고 있으며, 초기에는 리더의 개인적 특성에 초점을 맞춘 특성이론이 등장하였다. 여기에서는 리더를 외모, 성격 등 모든 면에서 선천적으로 타고나는 것으로 이해하였다.

이렇게 리더의 특성을 나열하는 것에 한계를 느끼게 되면서 이번에는 유능한 리더와 그렇지 않은 리더간에는 행동유형에서 차이가 존재한다고 하는 행동이론이 등장하였다. 하지만 유능한 리더의 행동유형을 일률적으로 설명할 수 없다고 인식하기에 이르렀다. 이에 따라 각각의 상황에 따라 적합한 리더십을 발휘하여 최적의 성과를 이끌어내도록 하는 상황이론으로 발전하게 되었다.

1) 특성이론(trait theory)

리더는 리더가 아닌 사람이 갖고 있지 않은 특성을 갖고 태어난다는 것이다. 리더와 리더가 아닌 사람을 구분하는 특성으로는 신체적 특성(신장, 외모, 힘), 성격(자신감, 정서적 안정성, 지배성향), 능력(지능, 언어의 유창성, 독창성, 통찰력) 등이 있다고 보았다.

그러나 지금까지 어떤 특성들이 리더와 리더가 아닌 사람을 구분할 수 있는가에 관한 연구에서 통일된 견해가 없고, 리더의 개인적 특성만을 고려하여 어떠한 리더십이 효과가 있는가를 설명할 수 없기 때문에 특성이론은 오늘날 거의 활용되고 있지 않다.

2) 행동이론(behavioral theory)

리더의 개인적 특성에 대한 통일된 견해가 없고 리더가 반드시 태어나는 것은 아니라는 생각을 갖게 되면서 리더에게 필요한 행동이 무엇인가에 대해서 관심을 갖기 시작했다. 이에 따라 리더가 자신의 역할을 수행하기 위해 구성원들에게 어떠한 행동을 보여주느냐에 따라 리더십이 얼마나 효과가 있는지 결정된다는 이론을 제시하였다.

행동이론에서는 리더가 나타내는 반복적인 행동유형을 찾아내고 어떤 유형이 가장 효과적인지를 밝히려고 하였다.

① Ohio 대학 연구

설문지를 통해 리더의 행동을 크게 구성원에 대한 배려의 많고 적음과 업무주도의 많고 적음으로 분류하여 네 가지 형태의 리더십 유형을 제시하였다. 이 가운데 어떤 형태의 리더십이 가장 효과적인가를 분석한 결과 구성원에 대한 배려도 많이 하고 업무도 많이 주도하는 형태가 구성원의 만족도와 성과가 높은 것으로 나타났다.

② Michigan 대학 연구

리더의 행동을 중심으로 구성원 중심적 리더십과 생산중심적 리더십으로 구분하여 리더십 효과를 조사하였다. 조사결과 하급자들의 요구에 초점을 맞추고 있는 구성원 지향적 리더십에서 구성원 만족도와 성과가 가장 높은 것으로 나타났다.

③ Blake & Mouton 연구

직무중심과 구성원 중심의 2차원의 리더십 유형을 가장 효과적으로 조화시킨 리더십 이론이 관리격자라는 개념으로 정립되었다.

리더의 행위를 인간에 대한 관심과 생산(과업)에 대한 관심의 2개 차원으로 분류하고 그 관심도를 각기 9등급으로 세분하여 전체 81개의 유형으로 나누고 있다. 여기서 가장 기본적인 것은 다음 다섯 가지 리더십 유형이다.

관리격자

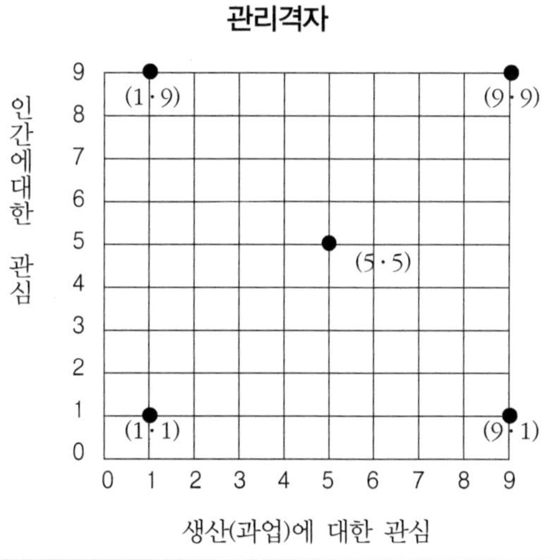

- (1·1)형 : 무기력형

  생산과 인간에 대한 관심이 최소인 형이다. 이러한 리더는 문제를 방치하고 상급자의 지시에 따라서 마지못해 과업을 수행한다.

- (1·9)형 : 친목형

  생산에 대한 관심은 최소이지만, 인간에 대한 관심은 최대이다. 호의적 집단분위기를 조성하려 하지만 생산(과업)달성에는 전혀 무관심하다.

- (9·1)형 : 과업형

  생산에 대한 관심이 대단히 높고 인간에 대한 관심이 최소인 유형이다. 매우 독재적인 리더십을 발휘한다.

- (9·9)형 : 단합(team)형
  생산과 인간에 대한 관심이 모두 높다. 기업의 목표와 개인의 목표를 모두 다 충족시킨다. 이상형에 가까운 리더십 형태이다.
- (5·5)형 : 절충형
  기업과 개인의 목표 사이에 균형을 유지하도록 중간형태를 취하는 리더십 형태이다.

이러한 이론은 조직개발에도 효과적으로 이용될 수 있으며, 리더의 부족한 측면을 보강해 줄 수 있는 도구로서 경영자 육성에도 유용한 이론이다.

모든 경영자는 자신의 리더십이 어느 유형에 속하는가를 파악하고, 관심이 부족한 측면을 보강하기 위해 노력해야 하며, 가장 이상적인 (9.9)형이 되면 경영자 개인의 개발은 물론이고 기업의 발전에도 가장 효과적으로 기여할 수 있게 된다는 것이다.

3) 상황이론(contingency theory)

특성이론이나 행동이론들은 리더 자체에만 초점이 맞추어져 있으므로 그가 어떠한 상황에 처해있는가를 고려하지 않았다는 한계를 갖고 있다.

그 이유는 유사한 특징과 자질을 갖춘 리더라고 하더라도 상황이 달라지면 결과도 달라질 수 있기 때문이다. 이에 따라 상황에 맞는 리더십을 발휘해야 한다는 상황이론이 개발되었다.

상황이론이란 모든 상황이나 조건에 적합한 최적의 리더십 특성이나 행동유형은 존재하지 않고 처해진 상황에 가장 적합한 리더십 유형을 찾으려고 하는 것을 말한다. 이러한 노력은 Fred E. Fiedler, Paul Hersey & Kenneth E. Blanchard 등에 의해 이루어져 왔다.

특히 피들러(Fred E. Fiedler)는 리더의 스타일은 비교적 고정적인 것으로 쉽게 바뀌지 않는다고 전제하고 어떤 하나의 리더십이 모든 상황에 효과적인 것은 아니라고 주장하였다. 따라서 리더에게는 상황에 따라서 인간관계지향 리더십이 유리할 수도 있고, 업무지향 리더십이 유리할 수도 있다는 것이다.

피들러는 상황 요소는 매우 유리한 경우부터 매우 불리한 경우에 이르기까지

일직선상의 연속으로 보고 이러한 상황의 유·불리성(favorableness)을 결정하는 변수를 다음 세 가지로 보았다.

① **리더 – 구성원관계**(leader-member rclations)
리더와 구성원의 관계가 좋은가 나쁜가 하는 것이다. 이들간에 신뢰감, 친밀감, 존경관계가 존재하면 상호간에 좋은 관계가 형성된다.

② **과업의 구조화 정도**(task structure)
과업이 어느 정도 구조화되어 있느냐 하는 것이다. 즉, 과업의 구조화가 높으면 성과수준을 보다 쉽게 통제할 수 있으므로 리더에게 유리하다.

③ **리더의 지위권력**(leader's position power)
리더의 지위가 구성원들에게 명령을 수용하도록 하는 정도를 말한다.
피들러는 이 세 가지 요인을 결합하여 여덟 가지 상황으로 구분하고 그림에서와 같이 각각의 상황별로 업무지향 리더십이 유리한지, 인간관계지향 리더십이 유리한지를 제시하였다.

Fiedler의 상황모델

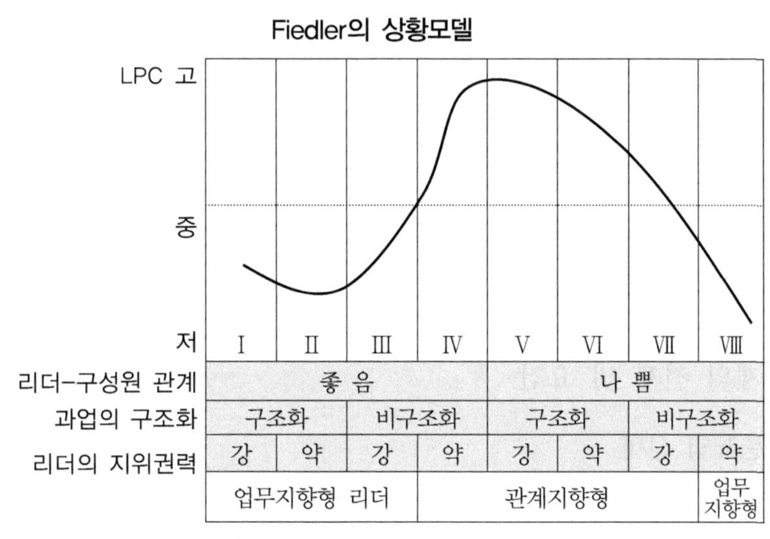

㉠ LPC(Least Preferred Co-workers)점수가 낮은 업무지향형의 리더는 Ⅰ·Ⅱ·Ⅲ과 같이 집단상황이 리더에게 유리(높은 상황통제력)하든가, 또

는 Ⅶ·Ⅷ과 같이 불리한 상황(낮은 상황통제력)에서 가장 일을 잘하는 경향이 있으며,

㉡ LPC점수가 높은 관계지향형인 리더는 Ⅳ·Ⅴ와 같이 중간정도 유리한 상황(중간 상황통제력)에서 훌륭히 일을 수행하는 경향이 있다.

Fiedler의 이론은 연구결과가 일관성이 결여된 이유로 많은 비판을 받고 있다. 즉, LPC점수의 타당성과 신뢰성의 문제, 상황의 분류가 지나치게 단순하고, 변수의 의미가 분명하지 못하다는 문제들이 있다는 점이다.

그러나 이러한 비판에도 불구하고 최초로 상황변수를 도입하였고, 실무면에서 리더와 상황과의 적합관계가 리더십 유효성에 가장 중요함을 지적하여 리더십 개발의 방향을 제시해 주었다. 즉, 리더와 상황간의 적합관계 개선에 있어 리더의 변경은 현실적으로 어렵지만 상황의 변경을 통해 리더십 유효성의 향상이 가능하다는 시사를 해 주고 있다.

제5절 통 제

1. 통 제

경영관리과정의 마지막단계임과 동시에 순환적으로 다음 단계가 되는 계획, 조직화, 지휘 등의 직능을 효과적으로 수행하는 전제가 되는 것이므로 경영관리상 중요한 의미를 지니고 있다.

1) 통제의 전제 및 요건

(1) 통제의 전제

합리적 통제활동을 위해서는 계획의 설정과 조직구조의 확립 등이 주요 전제가 된다.

① 계획의 설정

계획은 경영관리의 모체이면서 동시에 관리방향을 제시하고 있는 만큼 통제의 필수적인 전제가 된다. 특히 계획은 통제관리자의 지침이면서 통제의 기준이 되기 때문에 계획을 기준으로 세부통제지침과 평가의 기준을 마련하게 된다.

② 조직구조의 확립

조직구조의 효율적인 정립은 통제관리시스템의 근원이면서 구조별 평가의 단위가 되고 있다. 즉, 계층별 조직구조의 명확화는 통제관리의 전제가 된다.

(2) 통제의 요건

① 계획을 반영할 수 있는 시스템을 기초로 직무별로 적합하게 정립되어야 한다.

② 계층별 경영통제대상자의 직무와 적성이 일치되어야 직무를 통한 만족으로 효과적 통제를 할 수 있으며, 정보수집이 용이한 행동 및 구성원의 협조를 얻을 수 있다.

③ 경영통제과정에서 효과적·능률적인 업무를 수행하기 위해서 중요성에 따라 예외 원칙을 활용·설계할 수 있어야 한다.

④ 경영통제가 민주적 방향에서 이루어지고 있음을 인식할 수 있고 실제적인 통제의 성과를 측정할 수 있는 기준을 마련해야 한다.

⑤ 장단기 계획은 다양한 상황 변수가 작용하고 있기 때문에 변수의 동태에 적응할 수 있는 탄력성의 원칙을 활용해야 한다.

⑥ 최소의 통제비용으로 최대의 효과를 나타낼 수 있는 시스템을 채택하는 것이 비용·편익 사고방식(cost-benefit philosophy)을 반영하는 것이다.

⑦ 책임의 편차가 발생할 가능성이 있는 경우에는 수정이 가능한 전제에서 그 시스템이 정립되어야 한다.

2) 통제 과정

(1) 표준 설정

표준은 성과를 측정하기 위하여 설정해 놓은 기준으로 경영자에게 계획이 이상 없이 수행되고 있는가의 여부를 알려주기 위하여 계획과 대비하여 성과를 측정하도록 하는 것이다. 표준은 구체적 단위로 표현할 수도 있지만, 그렇지 못한 경우도 있다.

통상적으로 사용되는 표준의 유형은 다음과 같다.

① **물리적 표준** : 단위당 작업시간, 1km당 연료소모량, 기계가동시간당 생산량과 작업량, 허용오차의 정확성, 제품의 내구성 등

② **원가표준** : 단위당 생산의 직접원가와 간접원가, 인건비, 원재료비와 기계당 시간비용 등

③ **자본적 표준** : 투하자본이익률, 활동비율, 부채비율, 투자자본비율, 재고회전율 등

④ **수익표준** : 버스승객의 거리당 수익, 철강 1톤당 수익, 고객 1인당 매출액 등

⑤ **프로그램표준** : 사내시스템 등

⑥ **무형적 표준** : 종업원의 사기, 충성도 등

(2) 성과 측정

통제의 중심적인 단계이다. 적정한 평가·측정과 그 결과의 정확·신속한 보고는 효율적 통제활동을 위한 불가결의 조건이기 때문이다.

(3) 편차 수정

표준치와 성과 간의 편차를 수정하는 단계이다.

편차의 원인으로 ① 예상치 못한 작업조건이 변경된 경우, ② 부하의 훈련이나 능력이 부족한 경우, ③ 계획이나 표준이 적절하지 못한 경우, ④ 지휘방법이

부적절한 경우 등을 생각할 수 있다.

이에 대해서는 ① 내·외적 조건의 조정, ② 부하의 감독 훈련 및 선발의 재검토, ③ 필요한 경우 계획의 조정, ④ 리더십 및 동기부여 방법의 변경을 통하여 수정을 하게 된다.

2. 예산통제

경영통제의 기법은 크게 예산통제와 비예산통제로 구분할 수 있다.

예산통제는 기업이 미래의 일정기간에 대한 예산을 수립하고 이 예산에 의거하여 기업의 전체 및 각 부문의 활동을 지휘·조정함과 동시에, 예산과 실적의 비교와 검토를 통하여 경영관리를 효율적으로 수행하려는 제도이다. 예산통제는 기업의 모든 경영활동을 예산이라는 화폐적 수치에 의거하여 전반적으로 관리하는 종합관리방식이다. 특히 이것은 판매와 생산과의 조정을 통하여 기업 전체의 조화적 발전을 목표로 하고 있다. 이러한 예산에 의하여 기업의 모든 경영활동에 대한 종합관리를 행하는 것이 예산통제의 본질적 과제이다.

1) 예산통제의 전제

① 각 부문 관리자에 대한 책임을 명확히 하는 것이므로 경영관리조직을 가지지 않으면 안 된다.
② 회계, 원가계산, 경제 및 경영통계가 제공하는 자료는 과학적인 예산편성의 출발점이 되므로 경영계산제도와 내부 보고제도가 확립되어야 한다.
③ 경영관리자와 구성원의 협력이 필요하다.
④ 예산통제는 기간계산을 특징으로 하고 있어 예산기간이 결정되어야 한다.
⑤ 예산의 편성, 집행, 차이분석, 감독 때문에 특별 조직으로서 예산통제조직과 규정이 필요하다.

2) 예산통제 절차

(1) 예산 편성

예산통제에 있어서는 예산 편성이 그 첫 단계이다. 그러나 기업의 이익관리와 연결된 예산통제제도에 있어서는 기업의 각 부문활동이 항상 기업 전체의 통일성을 유지해야 하며, 각종 부문예산이 기업 전체로서의 경영활동에 통일적인 질서에 따라 종합적인 체계로서 편성되어야 할 필요가 있다. 이를 위해서는 올바른 예산체계의 확립이 매우 중요하다.

(2) 예산 집행

예산은 예산기간이 시작됨과 동시에 집행되는데, 이 경우 경영자는 그 업무활동이 예산대로 집행되는가에 대하여 항상 주의를 기울여야 한다. 이를 위해서는 그 집행상황을 회계적 방법으로 명확히 기록하고 상위경영자에게 정기적으로 보고할 필요가 있다.

(3) 예산차이분석

예산과 실적을 비교함으로써 나타난 차이를 적절한 방법으로 분석해서 그러한 차이가 발생하게 된 장소·원인·책임의 소재 등을 밝히는 예산통제상의 핵심적 활동을 의미한다. 이 때 그 차이를 분석·규명하고 즉각 대책을 강구해야 한다. 그런데 차이란 예산집행의 실적을 나타냄과 동시에 차기예산 편성에 중요한 자료가 되기 때문에 단순히 차이수치 뿐만 아니라 그것이 경영외적인 사정에 의한 것인지, 아니면 내부 관리상의 잘못인지 분석하여, 조건의 변화나 능률의 증감을 그 원인에까지 포함해서 분석할 필요가 있는 것이다. 이때 정확하고 합리적인 예산차이분석을 위해서는 단일 조업도에 대해서만 설정된 고정예산보다 어떠한 조업도에 대해서도 거기서 발생하게 될 예산수치를 즉각적으로 제공하며, 예산과 실적의 합리적인 비교 및 예산차이분석을 가능하게 하도록 변동예산(variable budget) 또는 탄력성예산의 편성이 매우 바람직하다.

3) 예산통제의 위험

예산은 계획과 통제의 수단으로만 쓰여져야 한다. 그러나 몇 몇 예산통제프로그램은 너무 완벽하고 자세하기 때문에 이는 오히려 불편하고 필요 이상으로 많은 비용을 필요로 한다. 이와 같은 예산통제에서 발생하는 위험을 살펴보면 다음과 같다.

① 예산통제의 계획이 너무 자세하여 미세한 비용까지도 포함시켜 오히려 예산과잉현상까지 초래하게 되고 또한 관리자들이 그들의 부서를 관리하는 데에 자유재량권을 과다하게 박탈할 위험이 있다.

② 예산목표가 기업목표에 우선되는 현상이 발생할 위험이 있다.
예산범위에 맞추기 위하여 경영자들은 기업의 목표를 망각하여 버리는 경우가 있다.

③ 예산에 있어 가장 큰 위험은 비탄력성이다. 특히 계획이 수치로 표시되는 것은 이들에 경직성을 부여하게 된다.

4) 예산통제 개선방안

예산통제상의 위험에 대처하기 위한 방안으로 변동예산(variable budgets)과 영기준예산(zero-base budgeting)이 있다.

(1) 변동예산

예산의 비탄력성을 제거하고 탄력성을 부여하기 위하여 고안된 예산이다. 판매량 또는 생산량이 변화함에 따라서 예산이 다르게 되는 것으로 비용예산에 적용되고 있다.

변동예산도

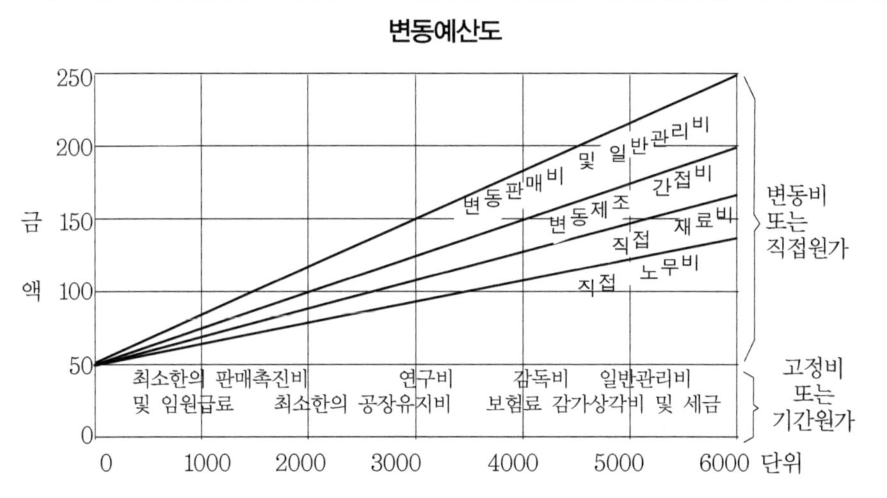

그림은 변동예산을 예시한 것인데, 생산량이 증가함에 따라서, 어떤 원가는 고정되어 있고, 다른 원가는 생산량에 따라 변동하고 있음을 보여주고 있는데 생산량이 0에서 6,000단위에 도달하기까지는 기간원가가 일정하다는 가정에 기준을 두고 있다.

(2) 영기준예산

기업의 프로그램을 목표, 활동, 필요자원으로 구성된 패키지로 분할한 후 패키지마다의 비용을 처음부터 새로이 계산하는 방법이다. 이 방법은 전년도의 예산보다는 내년의 전략 계획에 근거하여 예산을 편성하기 때문에 환경의 변화에 신속히 대응할 수 있다.

3. 비예산통제

예산통제이외의 경영통제방법을 비예산통제기법이라 한다. 이에는 전통적방법과 새로운 통제기법으로 구분할 수 있다. 전통적 방법으로는 통계자료, 특수보고서와 분석, 손익분기점도표, 업무감사, 개인적관찰 등이 있고, 새로운 기법으로는 MIS, OR, 시간·사상 네트워크분석 등이 있다.

1) 전통적 통제기법

(1) 통계 자료

역사적 기록이건 예측이건 간에 통제활동을 수행함에 있어서 매우 중요하다. 이것은 통계표 또는 통계도표로서 제시된다.

(2) 특수보고서와 분석

특정한 문제에 대해서는 특수보고서가 통제목적에 도움이 된다. 일상적인 회계보고서와 통계보고서가 필요한 정보를 많이 제공해 주기도 하지만, 이것들이 적합하지 않는 경우에 소규모의 분석전문 스탭을 두고 그 통제하에 영업활동의 조사 및 분석을 전담하게 하는 것이 바람직하다.

(3) 손익분기점도표(break-even point chart)

판매량과 비용의 관계를 어떠한 판매량 수준에서 수익이 비용을 정확하게 충당할 수 있느냐를 보여주기 위하여 표시된 것이다. 그림은 이 도표의 전형적인 형태로서 여기서 A점은 손실과 이익이 교차하는 손익분기점(BEP)을 나타낸다.

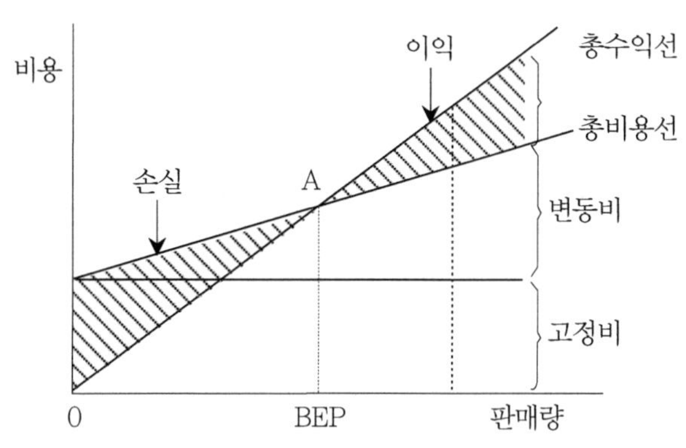

(4) 업무감사

내부통제의 일종으로 사내의 감사실 스탭에 의한 회계재무 및 기타 기업운영 전반에 관한 정기적이고 독립적인 평가를 의미한다. 회계감사뿐만 아니라, 정책, 절차, 권한의 행사, 관리의 자질, 방법의 효과성, 특정한 문제 및 기타 활동 분야도 감사하는 방향으로 확대되어 실시되고 있다.

(5) 개인적 관찰

예산, 도표, 비율, 감사보고서 등은 통제에 있어 필수적인 것이지만 문서상으로 이러한 수법에만 의존하고 있는 경영자에게서는 완전한 경영통제를 기대하기는 어렵다. 경영관리는 무엇보다도 기업목표가 달성되고 있는 것을 직접 눈으로 확인하는 일을 포함하고 있으며, 과학적 기법은 경영자의 의도대로 또는 계획대로 사람들이 움직이고 있는가를 확인하는 데 도움을 주고 있기는 하지만, 아직도 통제의 마지막 문제는 인간 행동을 측정하는 데에 있는 것이다. 노련한 경영자는 공장이나 사무실을 한번 둘러보는 것만으로도 놀랄 만큼 많은 정보를 찾아내는 것이다.

2) 새로운 통제기법

(1) 경영정보시스템기법(management information system)

경영정보시스템(MIS)을 활용하여 제반정보의 수집·분류·정리·분석·평가·축적·이용 또는 폐기 등의 과정을 통해서 통제의 효율화를 달성하는 방법이다.

(2) 경영과학기법

수학 이론을 활용한 계량적 모형을 설정하여 경영관리에 도입하여 관리의 효율적 통제와 평가면에서 유효하게 활용하고, 특히 통계적 자료와 보고 또는 각종 정보를 기반으로 전반적인 경영통제의 방법을 개선 내지 향상시키는 기법으로 경영의 전체적 통제와 부문적 통제에 이용이 되고 있다.

(3) 시간·사상네트워크 분석

계획과 통제를 합리적으로 하기 위해 활용되는 것으로서 계획 속에 포함되는 요소가 시간의 경과에 따라 어떻게 서로 조정되어야만 하는가를 알고자 하는 것으로 다음과 같은 통제수단이 있다.

① 이정표예산(milestone budgeting)

개별계획을 통제 가능한 부분으로 세분하고 이 부분에 따라 보완 계획을 작성하여 통제수단으로 이용하는 것인데, 각 이정표 즉, 각 부문별 목표가 실질적으로 달성되면 비용이나 기타 결과를 확정하여 이를 재평가한 다음 통제를 하는 것이다.

② PERT/CPM

PERT(program evaluation and review technique)는 프로젝트를 시간적으로 관리하려는 목적으로 개발되었으나 오늘날은 비용의 절감도 아울러 고려할 수 있도록 개량되고 있고, 전자를 PERT/time, 후자를 PERT/cost라 한다. PERT는 시간과 사상 즉, 일을 관련시키고 이에 네트워크분석을 적용함으로써 계획과 통제를 효율적으로 수행하게 하는 관리기법이다.

CPM(critical path method)은 미국의 DuPont회사에서 공장건설에 소요되는 시간과 비용의 효율향상을 목적으로 하여 개발된 것이다.

경영의 업무 기능

Business Function of Manegement

Chapter 6

마케팅관리

제 1 절 기초개념

1. 마케팅이란?

1) 전통적 정의

생산자로부터 소비자나 사용자에게 제품·서비스가 유통되도록 하는 기업활동의 수행(1948, 미국마케팅협회)으로 '이미 생산된 것을 어떻게 판매할 것인가'에 초점을 둔다. 이 정의 안에는 다음과 같은 뜻이 내포되어 있다.

① 생산과 서비스의 소유권 변경을 위한 활동
② 생산된 제품이 잘 팔리도록 촉진하는 활동
③ 제품생산 완료시점에서 시작되어 판매완료로 끝난다.

2) 현대적 정의

개인 및 조직의 목표를 충족시켜주는 교환을 창출하기 위해 제품·서비스 및 아이디어의 고안, 가격설정, 촉진, 유통활동을 계획하고 실행하는 과정이다.

마케팅은 단순히 제품을 판매하는 것이 아니라 생산 이전에 시장욕구를 조사하여 제품계획에 반영하는 것이 중요하다. 이러한 마케팅개념이 판매를 생산보다 우선하여 생각하는 사고이다. 소비자가 원하는 제품을 시장에 제공함으로써 새로운 수요를 창조하고 나아가서 국민경제의 발전에 기여하며 보다 높은 생활수준을 창조하는 것이다.

현대 마케팅의 특징은

① 소비자지향 ② 전사적 또는 통합적마케팅 ③ 소비자 만족 ④ 소비자의 장기적 복리증진 ⑤ 적정이윤의 확보

2. 마케팅관리

마케팅관리(marketing management)란 기업이 환경변화에 적응해 나가면서 기업의 목표를 달성할 수 있도록 통제가능한 모든 마케팅활동을 분석·계획·실시·통제하는 것으로 ① 제품 ② 가격 ③ 경로(물적유통) ④ 촉진 등 네 가지 마케팅활동이 대상이 된다.

마케팅관리자의 역할은 제품에 대한 수요를 자극하는 것으로 좁게 보기 쉬우나 기업의 목표를 달성하는데 도움이 되는 방식으로 수요의 수준(level), 시기(timing) 및 특성(character)을 규제하는 것으로 파악해야 한다.

이런 점에서 마케팅관리는 수요관리(demand management)의 성격을 가지고 있어 마케팅관리자의 과업을 각 수요상태와 관련하여 보면 다음과 같다.

3. 마케팅관리 과정

일반적으로 전략적 계획과 마케팅 계획부문으로 나누어 생각해 볼 수 있다.

전략적 계획은 기업사명 정의, 기업목표 설정, 사업포트폴리오 분석, 성장전략 수립 순으로 이루어지며, 마케팅계획은 시장기회 분석, 표적시장 선정, 마케팅 믹스 개발, 마케팅 프로그램 실행 및 통제로 구성되어진다.

전략적 계획이란 조직의 목표와 능력을 변화하는 환경에 적합시키며 유지하기 위한 관리과정으로서 기업 전체적인 관점에서 이루어지는 장기적 계획이다.

기업사명의 정의란 사업영역을 규정하는 일이다. 사명은 흔히 제품·기술·고

객집단·고객욕구 등에 입각해서 정의된다. 사명을 정의하는 데 있어서 '우리는 화장품을 만드는 회사다'라는 식의 제품 개념에 입각한 사명정의보다는 환경의 변화에 유연하게 대처할 수 있게 '우리 회사의 사명은 인간의 아름다워지고자 하는 욕구를 충족시켜 주는 것이다'라는 식의 고객욕구에 따른 사명정의가 보다 바람직하다. 기업의 사명은 구체적 경영목표로 전환되어야 하고 모든 경영자는 목표에 의한 관리를 수행해야 한다.

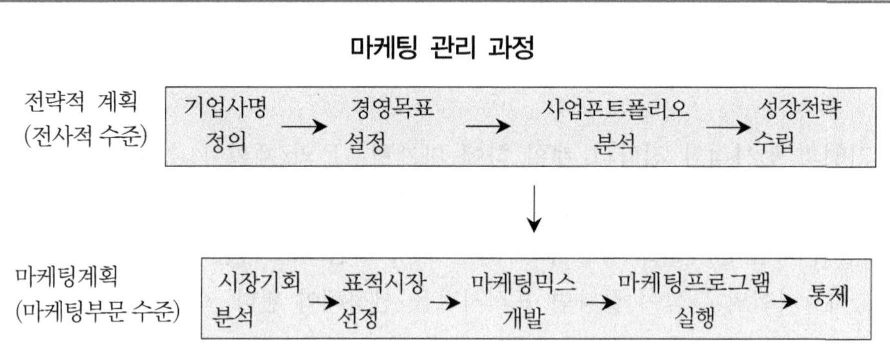

경영목표는 일반적으로 매출액·이익·시장점유율 등에 입각하여 설정되어진다. 경영목표를 설정할 때는 실현가능한 목표를 설정해야 하고, 구체적으로 기술하고, 가능하면 계량적으로 표현하고 일관성이 있어야 한다. 사업포트폴리오 분석은 회사 내 각 사업의 현재위치를 분석·평가하는 방법으로 제품포트폴리오 관리기법과 유사하다.

성장전략을 수립하는 데는 그림에 있는 것과 같은 제품/시장 매트릭스가 유용하다. 기존제품을 가지고 기존시장에서 성장을 도모하는 것을 시장침투라고 하는데, 이것은 경쟁업자의 시장점유율을 빼앗아 성장하고자 하는 전략이다. 그리고 기존시장에서 새로운 제품을 가지고 성장하고자 하는 것을 제품개발이라 하고, 반면에 기존제품을 가지고 새로운 시장에 뛰어드는 것을 시장개발이라고 한다. 전혀 새로운 제품으로 새로운 시장에 참여하여 성장하고자 하는 것을 다각화라 한다.

제품/시장 매트릭스

	기존제품	신제품
기존시장	시장침투	제품개발
신시장	시장개발	다각화

기업의 전사적인 전략적 계획 하에 마케팅부문의 계획이 수립되어야 한다. 먼저 시장기회의 분석은 기업을 둘러싸고 있는 제반환경을 철저히 분석하여 어떤 점이 기업에 기회로 작용하고, 어떤 점이 위협으로 작용하는지를 알아야 한다. 시장기회의 분석이 끝나면 표적시장을 선정해야 된다. 이것은 시장의 수요를 측정 또는 예측한 다음 전체시장을 몇 개의 세분시장으로 세분화하여 그 중에서 기업이 진출할 표적시장을 선정한다.

다음 단계는 마케팅 믹스의 개발이다. 마케팅 믹스란 기업이 표적고객들로부터 원하는 반응을 얻기 위하여 사용하는 통제가능한 마케팅변수의 집합을 뜻한다. 경영자는 통제불가능한 환경변수에 믹스요인을 유효적절하게 배합(믹스)하여 목적을 달성하게 된다. 믹스요인은 흔히 제품(product)·가격(price)·유통(place)·촉진(promotion)의 네 가지를 말하며 4P라고 한다. 마케팅믹스의 개발이 완료되면 거기에 따른 구체적인 실행프로그램을 짜고 실행에 옮기게 된다. 실행이 끝나면 계획과 비교하여 통제활동이 이루어진다.

제 2 절 시장기회 분석

1. 마케팅 조사

마케팅조사(marketing research)란 마케팅의사결정을 할 때 필요한 정보를 과학적 방법으로 수집·기록·분석·평가·해석·보고함으로써 의사결정이 객관적·합리적으로 이루어지게 하는 활동이다. 주요조사내용은 시장특성의 결정, 시장규모 측정, 시장점유율 분석, 판매분석, 경쟁제품의 연구, 신제품의 수용정도, 가격설정조사, 소비자조사 등이 있다.

1) 마케팅조사 과정

(1) 문제 정의

마케팅조사는 마케팅문제를 해결하는데 도움을 주는 정보를 제공하기 위한 것이므로 출발점은 '무엇이 문제냐?'를 확실히 하는 것이다. 이렇게 함으로써 조사의 목적이 뚜렷하게 되고 다음 단계가 수월해진다.

(2) 정보수집을 위한 조사계획작성(plan)

문제를 정확히 정의한 다음 문제를 해결하기 위해 필요한 정보를 효율적으로 수집할 수 있는 방안을 세우고 정보를 아주 구체적으로 파악해야 한다.

구체적인 정보를 획득하는 자료원은 다음과 같다.

① 2차자료

다른 목적으로 수집되어 어딘가 존재하는 자료로서, 1차자료보다 싸고 빠르게 구할 수 있다. 2차자료의 잠재적인 유용성은 아주 크므로 당면과제와 관련된 2차자료를 철저히 조사한다. 2차자료의 주요 원천은 ① 기업내부자료 ② 정부자료 ③ 민간조직의 자료 등이다.

② 1차자료

관찰(observation), 설문조사(survey), 실험(experiment) 등 세 가지 방법으

로 수집한다.

③ 응답자접촉방법

면담(personal interview), 이메일, 우편, 전화, SNS 등의 방법으로 정보를 수집한다.

④ 표본설계(sampling design)

누구를 대상으로, 대상자는 몇 명으로, 어떻게 선정하는가를 결정하는 절차이다. 표본설계만 잘하면 집단의 속성을 잘 대변하는 소수의 사람들을 대상으로 조사를 해도 전체에 관한 정보를 정확하게 알아낼 수 있기 때문이다.

⑤ 설문지 작성

(3) 조사실행(do)

자료를 수집하여 처리·분석하는 단계이다.

마케팅조사요원들이 자료를 수집하면 수집과정을 잘 통제할 수 있지만, 외부기관은 저렴한 비용으로 신속하게 수집할 수 있다.

자료수집단계는 마케팅조사의 전과정에서 가장 비용이 많이 들고 오류 또한 많다. 조사대상자가 협조를 안 해 줄 경우, 정직하게 응답을 안 할 경우, 조사자의 잘못으로 왜곡된 응답을 수집한 경우 등 오류를 최소화하도록 해야 한다.

자료를 다 수집하면 자료를 처리·분석해야 하며, 이 단계에서 통계기법을 쓸 수 있다.

(4) 조사결과의 해석 및 보고(see)

조사자는 분석결과를 해석하고 보고서를 작성, 경영자에게 보고해야 한다.

조사자는 마케팅조사의 기술적인 면은 잘 알지만 경영자가 마케팅현장에서 부딪히는 문제에 대해서는 정확하게 모르고, 경영자는 조사결과가 기대했던 대로이면 받아들이고, 그렇지 않으면 믿지 않는 때가 많다. 조사결과를 해석할 때 조사자와 경영자가 함께 의견을 교환하고 토론해야 실질적인 해석과 결론을 얻을 수 있게 된다.

2) 마케팅조사 성공요건

① 치밀한 관찰·가설의 설정·실험 등의 과학적 방법에 따라 수행되어야 한다.
② 문제해결에 창조적으로 대응할 수 있어야 한다.
③ 한 가지 방법보다는 여러 가지 방법을 종합적으로 신축성 있게 적용할 수 있어야 한다.
④ 정보의 수집 등에 소요되는 비용보다 이익이 많아야 하므로 비용·편익분석이 반드시 필요하다.

2. 소비자행동 분석

최종소비자가 어떤 동기와 태도로 상품이나 서비스의 구매를 결정하는 가를 규명하는 것이고 소비자행동은 '생활의 주체가 스스로의 생활체계의 형성·유지·발전을 위해 필요로 하는 용구 또는 자원(상품과 서비스를 포함하는 상품군)을 소비자 지출(화폐와 신용)을 통해 획득하게 될 때의 행동양식'으로 소비행동(consumption behavior), 구매행동(buying behavior)이 호환적으로 쓰여지나, 이들을 포괄하는 용어가 소비자행동이다.

1) 소비자행동 내용

소비행동은 경제이론이 취급하여 온 문제이기 때문에 마케팅적 관점에서 분석의 대상이 되는 것은 구매행동이다.

- 소비행동
  - ① 저축과 소비의 구분(저축성향, 소비성향)
  - ② 소비지출의 배분(항목별 가계지출 배분)
- 구매행동
  - ③ 상품선택(경쟁상품간의 선택)
  - ④ 점포선택(경쟁하는 구매장소의 선택)
  - ⑤ 상표선택(경쟁상표간의 선택)
  - ⑥ 수량·빈도결정

2) 소비자행동 기본모형

마케팅관리자는 기업이 제공하는 각종 마케팅자극(marketing stimuli)에 대해 소비자가 어떻게 반응하는가를 조사하기 위한 소비자조사(consumer research)에 많은 노력을 기울이고 있다. 그들의 출발점은 소비자행동의 기본모형이다. 기본모형은 마케팅 자극과 기타 자극이 소비자의 블랙박스에 투입되어서 어떤 반응을 산출시키는 것을 보여주고 있다.

소비자 행동 기본 모형

마케팅 자극	기타 자극		소비자 블랙박스			소비자 반응
제 품 가 격 유 통 촉 진	경제적 요소 기술적 요소 정치적 요소 문화적 요소	→	소비자의 특성	소비자의 구매의사 결정과정	→	제품선택 상표선택 점포선택 구매시기 구매금액

기본모형 왼쪽에는 마케팅 자극과 기타 자극이 있다. 마케팅 자극은 4P(product, price, place, promotion), 기타 자극은 소비자가 속해 있는 환경요소(경제적·기술적·정치적·문화적 요소)로 구성되어 있다. 이들 모든 자극들은 소비자의 블랙박스 속에서 흘러 들어가 오른쪽에 소비자의 반응들 – 제품선택, 상표선택, 점포선택, 구매시기, 구매금액 – 을 이끌어낸다.

마케팅관리자의 직무는 자극과 반응의 중간에 있는 소비자 블랙박스 속에서 어떤 일이 일어나는가를 이해하는 것이다. 블랙박스는 두 부분으로 나누어져 있다.

하나는, 소비자의 특성으로 자극에 대한 그의 지각과 행동에 중요한 영향을 미친다. 또 하나는, 소비자의 구매의사 결정과정으로 이것은 결과에 영향을 미친다.

3) 소비자의 구매행동에 영향을 미치는 요인

(1) 문화적 요인(cultural characteristics)

① 문화(culture) : 개인의 요구와 행위를 결정하는 가장 기본적 요인이다. 인간

의 행위는 몇몇 기본적 요구를 제외하고는 모두 학습에 의하여 얻어진다.

② **하위문화**(subculture) : 국적별, 종교별, 지역별, 인종별 등

③ **사회계급**(social class) : 비교적 동질성을 가지며 구성원의 가치관, 관심 및 행위가 비슷하고 계층적 서열을 가진다.

(2) 사회적 요인(social characteristics)

① **준거집단**(reference group) : 개인의 태도, 의견, 가치관에 영향을 미치는 집단으로 회원집단, 회피집단이 있다.

② **가족**(family) : 가족이 개인의 태도, 가치관 등에 미치는 영향은 가장 크다. 가족은 사회의 가치관 변화를 포용 또는 배척하는 규정의 조정단위이기 때문이다.

③ **역할 및 지위**(role and status) : 사람은 가족, 준거집단조직 등의 많은 집단에 참여하며 각 집단에서 개인의 위치는 역할과 지위에 의해 결정된다.

(3) 개인적 요인(personal characteristics)

소비자 구매의사결정은 소비자의 연령 및 수명주기, 직업, 경제상태, 생활스타일, 개성 등의 개인적 요인에 영향을 받게 된다.

(4) 심리적 요인(psychological characteristics)

① **동기유발**(motivation) : 동기는 행동을 일으키고 방향을 지시하는 요인으로 동기유발은 행동이 목표를 향하여 이루어지도록 힘을 부여하고, 촉진하고, 움직이고, 지도하는 내적상태로 만족하려고 추구하는 자극 받은 욕구이다.

② **지각**(perception) : 동일한 동기수준과 동일한 상황에 있는 두 사람이 상황을 다르게 인식함으로 상이한 행동을 보이게 된다. 상이한 인식이 일어나는 것은 다음과 같은 인식과정을 겪기 때문이다.

㉠ **선택적 노출**(selective exposure) : 소비자는 주위의 모든 자극을 다 받아들이지 않고 선별하여 그것에만 노출된다.

㉡ **선택적 왜곡**(selective distortion) : 소비자는 자극 및 정보를 개인적으로 의미 있는 것으로 만들어 내는 경향이 있어 심적 태도나 사고양식에 따라 해석하게 된다.

㉢ **선택적 보유**(selective retention) : 소비자는 투입된 많은 정보 중 태도와 신념에 도움이 되는 정보를 보존한다.

③ **학습**(learning) : 소비자가 어떤 행동을 하면 동시에 미래의 행동에 영향을 미치게 될 직·간접적인 효과를 경험하게 된다. 이런 경험을 통해 개인의 행동에 어떠한 변화가 나타나면 이를 학습(learning)이라 한다.

④ **신념과 태도**(beliefs and attitudes) : 앞의 학습과정을 통해 소비자는 어떤 신념과 태도를 갖게 되는데 이는 다음 행동에 영향을 미친다. 신념은 어떤 것에 대해 마음속으로 그리고 있는 일종의 생각이며, 태도란 어떤 대상이나 생각 등에 대해 지속성을 가지는 좋거나 나쁘다고 하는 인지적 평가, 정서적 경향이 신념과 태도가 있으므로 사람들은 동일한 대상에 대해 일관된 행동을 할 수 있다.

4) 소비자의 구매의사결정과정

(1) 문제 인식(problem recognition)

실제의 상태와 바람직한 상태의 차이가 일정수준을 넘어서면 소비자는 내적 긴장을 느끼게 되고 구매의사결정 과정을 밟게 된다. 그 차이란 인간이 배고픔을 느끼는 것처럼 내적자극에 의해 발생할 수도 있고, 제품을 제시하거나 광고를 보는 등의 외적자극에 의해 각성될 수도 있다.

(2) 정보 탐색(information search)

욕구가 인식되었을 때 충족시켜 줄 수 있는 대상물이 바로 옆에 있다면 바로 구매가 일어날 수 있고 인간은 다시 균형상태에 도달할 수 있으나 욕구의 즉각적 충족이 불가능할 때 정보탐색단계에 들어서게 되는데, 이는 내적탐색과 외적탐색으로 나누어진다.

내적탐색이란 기억 속에 저장되어 있는 정보 중 의사결정에 도움이 되는 정보를 기억 속에서 꺼내는 과정으로 결과가 만족스러우면 구매 과정의 다음 단계로 나아가고 그렇지 않으면 외적탐색으로 하게 된다.

외적탐색은 기억 이외의 원천으로부터 정보를 탐색하는 활동으로 정보의 원천은 다음과 같다.

① 개인적 정보원 : 가정, 친구, 이웃 등의 지인 등
② 영업적 정보원 : 광고, 판매원, 거래점, 포장 및 진열 등
③ 공공적 정보원 : 대중매체, 소비자보호집단 등
④ 경험적 정보원 : 기계 등의 조업, 검사, 식용 등

(3) 대안 평가(alternative evaluation)

새로운 정보와 경험은 기억 속에 투입되어 평가기준과 신념에 영향을 미치게 된다. 평가기준은 소비자가 대안을 평가할 때 사용하는 속성이나 명세로서 가격, 품질, 내구성 같은 것이다.

신념은 상품이나 상표의 속성에 대하여 지니고 있는 믿음의 정도이다.

(4) 구매결정(purchase decision)

평가단계에서 소비자는 선택집합 속에 있는 상표를 평가하고 구매의도를 형성한다. 소비자들은 가장 선호하는 상표를 살 것이다. 그러나 구매의도와 구매결정 사이에서 두 가지 요인 즉, 타인의 태도 및 예기치 않았던 상황요인이 개재하여 구매의도에 영향을 미칠 수 있고 또한 구매결정을 수정하고 연기하거나 회피하는 소비자의 결정은 인지된 위험에 의해 영향을 받는다.

(5) 구매 후 행동(post purchase behavior)

상품을 구매한 후 소비자들은 만족과 불만족을 경험한다. 따라서 마케팅관리자의 임무는 제품 판매 후 끝나는 것이 아니라 구매 후 기간에도 계속된다.

구매 후의 만족은 소비자의 기대수준과 인지된 성과 사이의 관계에 있다. 불만족 소비자는 내적조회, 일관성, 지식, 가치에 있어서 조화를 추구하려고 하는 인간의 욕망 때문에 부조화를 감소시키려고 노력할 것이다.

그러나 이러한 5단계의 과정은 합리적 구매를 할 때와 비합리적 구매를 할 때 다르게 나타나고, 특히 충동구매를 할 때는 위와 같은 복잡한 과정을 거치지 않는다. 또한, 의사결정 과정에는 구매의 중요성, 구매의 긴박성, 대체상품의 존재여부, 개성 등의 요인도 영향을 미치게 된다.

제3절 표적시장 선정 : STP

1. 시장세분화

시장세분화(market Segmentation)란 세분된 시장마다 고객의 욕구를 명확하게 파악해 이를 충족시킬 수 있는 제품을 공급할 수 있도록 전체시장을 몇 개의 하위시장으로 세분해서, 세분된 시장에 제품을 적합시켜 나가는 것이다. 오늘날의 시장이 구매동기, 구매능력, 인구통계학적·사회적·문화적 특성이 서로 다른 소비자들로 구성되어 있어 이런 이질적인 시장에 효과적으로 접근하여 경쟁에서의 우위를 유지하기 위한 방안의 하나로 채택된 것이 시장세분화이다.

1) 시장세분화 방법

시장세분화의 일반적인 방법을 이해하기 위해서 소비자시장의 형태를 파악해야 하는데 소비자 시장은 다음 세 가지 형태로 나눌 수 있다.

① **동질적 선호** : 모든 소비자가 동질적 요구를 가지고 있는 경우로 이때는 시장세분화는 없으며 대량마케팅을 하면 된다.

② **분산된 선호** : 모든 소비자들이 개별적인 욕구를 가지고 있어 시장세분화가 불가능한 형태로 이때는 선박, 건설, 토목공사, 양복맞춤과 같은 수주에 의한 마케팅이 효율적이다.

시장의 형태

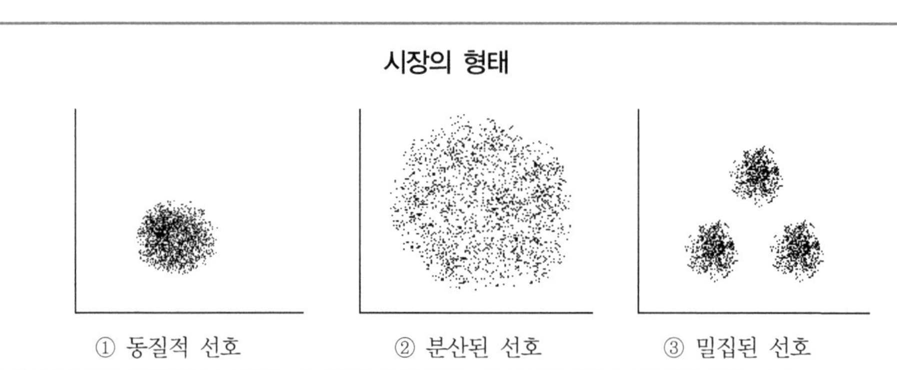

③ **밀집된 선호** : 소비자의 동질적인 욕구가 여러 개로, 가능성이 높은 시장형태이며 각각 집단의 욕구에 따라 특징 있는 마케팅활동을 할 수 있다.

이 세 가지 형태에 입각하여 어떠한 시장이 소득수준에 따라 다른 욕구를 가지고 있고, 시장에 대한 예상반응이 다른 경우를 가정해볼 수가 있을 것이다. 그러한 경우 전체시장은 소득수준에 따라 몇 개의 동질적인 하위시장으로 세분할 수가 있다. 그림에서 보면

①의 경우는 전체시장을 세분하지 않은 상태를 의미하며,

②의 경우는 완전한 개별적인 요구의 상태대로 세분한 상태이며,

③의 경우는 연령에 의하여 몇 개의 집단으로 세분한 것을 나타낸다.

이렇게 시장세분화의 효율적인 방법은 소비자의 욕구를 가장 상이하게 나타낼 수 있는 소비자특성기준을 찾아내는 것이다.

세분시장의 형태

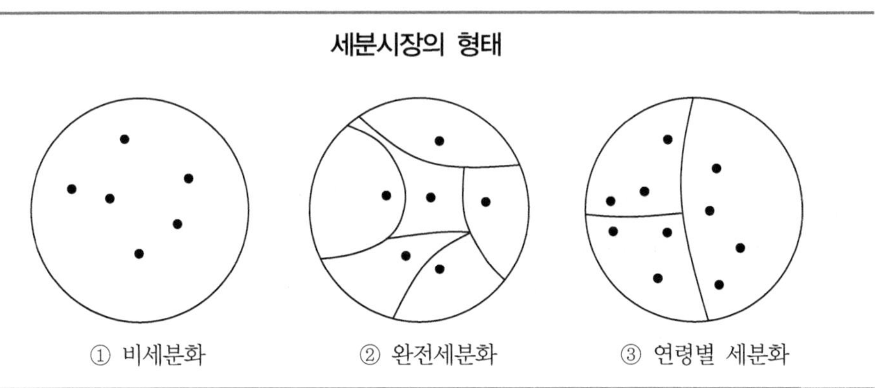

① 비세분화 ② 완전세분화 ③ 연령별 세분화

2) 시장세분화 기준

(1) 소비자시장 기준

① **인구통계적 기준** : 연령 · 성 · 가족수 · 소득 · 직업 · 교육수준 · 종교 · 국적 · 사회계층 등

② **지리적 기준** : 국가 · 도 · 시 등 지리적 · 행정구역 단위, 인구밀도 · 기후 · 지역의 규모

③ 사회심리적 기준 : 사회계층, 라이프스타일, 퍼스낼리티 등
④ 행태적 기준 : 구매동기, 추구편익, 신분, 상표충성도 등

(2) 산업시장(industrial market) 기준

① 인구통계적 기준 : 판매대상이 될 산업, 회사의 규모, 지리적 위치 등
② 영업적 기준 : 고객의 기술수준, 사용자/비사용자그룹, 요청되는 고객서비스 수준 등
③ 구매접근상의 기준 : 구매사의 분권화 정도, 권력구조, 자사와의 친밀성정도, 구매정책, 구매조건 등
④ 개인적 특성 : 구매자 개인 가치의 유사성, 위험에 대한 태도, 자사에 대한 충성도 등
⑤ 상황적 요소 : 구매의 긴박성, 제품의 용도, 주문량 등

2. 시장표적 선정

시장표적 선정(market Targeting)이란 기업이 시장에 진출하기 위하여 각 시장부문을 평가하고, 하나 또는 그 이상의 시장부문을 선택하는 과정이다. 기업은 첫 단계의 시장세분화에 의하여 시장부문에 진출할 기회를 발견할 수 있고 다음단계로 다음 두 가지 의사결정을 해야 한다.

① 몇 개의 시장부문(세분시장)에 진출할 것인가?
② 어떤 시장부문을 표적시장으로 공략할 것인가?

1) 시장진출 전략

(1) 비차별화 마케팅(undifferentiated marketing) 또는 대량 마케팅(mass marketing)

각 시장부문 간의 차이를 무시하고 전체소비자를 대상으로 하나의 마케팅전략을 구사하는 것으로 소비자의 공통점에 초점을 맞추는 것이다. 따라서 제품이나 광고, 유통경로도 소수의 선택된 소비자계층보다는 일반대중의 마음에 들게 하는 데 주안점을 둔다.

장점은 경제성으로 제품생산비, 재고비용, 수송비, 광고비 등이 절감되고 세

분화하는 데 필요한 마케팅조사비용이 적게 든다. 이 전략은 소비자들 사이의 욕구 차이가 크지 않고 단일 마케팅믹스 사용으로 인한 비용절감효과가 클 때 적당하다.

시장선택의 세 가지 전략

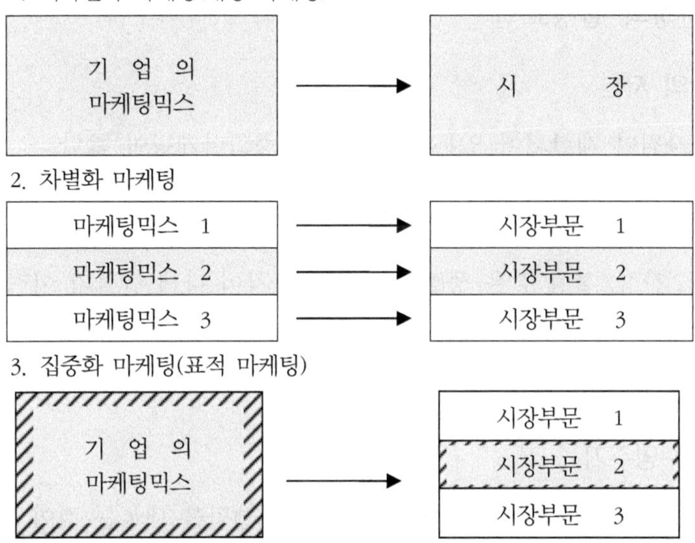

(2) 차별화마케팅(differentiated marketing)

기업이 복수의 시장부문의 존재를 인식하고 각 시장부문에 대하여 각각 다른 마케팅믹스를 개발하는 전략이다.

이 전략을 쓰면 전체적인 소비자의 욕구가 더 잘 충족되고 매출액도 증가할 가능성이 많으나 관리비, 재고비, 광고비 등이 더 많이 드는 단점이 있다. 비용의 상승보다 매출액의 상승이 훨씬 커서 전체적인 수익률이 향상될 것으로 예상될 때 적합하다.

(3) 집중화마케팅(concentrated marketing) 또는 표적마케팅(target marketing)

세분화된 하나 또는 소수의 시장부문에 적합한 제품과 마케팅믹스를 개발하려는 마케팅의 한 형태이다. 기업의 자원이 한정되어 있는 경우에 유용하며 소수의 시장부문에 집중하므로 유통·생산·광고 등에서 비용을 크게 절감할 수 있다.

극소수의 시장에 매달려 있으므로 그 시장의 기호가 변하거나 강력한 경쟁사가 들어오면 회사의 기초가 흔들리기 때문에 위험이 매우 크다.

2) 시장선정의 결정요인

(1) 기업의 자원

기업의 자원이 제한되어 있는 경우에는 집중화마케팅이 좋다.

(2) 제품의 동질성

쌀, 소금, 간장, 설탕 같은 생필품은 물건을 차이 나게 만들기 어려우므로 비차별화 마케팅이 오디오, 휴대폰, 자동차 같은 내구재는 제품디자인 등에서 차별화의 여지가 많으므로 차별화 또는 집중화마케팅 더 적합하다.

(3) 제품수명주기

신제품을 처음 도입하는 시기에는 한 가지 모델만을 내놓는 것이 바람직하므로 비차별화 또는 집중화마케팅이, 성숙기에 들어서면 차별화정책이 더 권장할 만하다.

(4) 시장의 동질성

고객의 취향·구매량이 비슷하고 기업의 다양한 마케팅믹스에 대해서 비슷한 반응을 보인다면 비차별화전략이 적합하다.

(5) 경쟁사의 마케팅전략

경쟁사가 비차별화전략에 집착할 때, 회사는 차별화 또는 집중마케팅전략을 써서 상대방의 허를 찌를 수가 있다.

3) 표적시장 선정

다양한 요소를 고려하여 어느 회사가 집중화마케팅을 추구하기로 한다면 가장 사업전망이 좋은 표적시장을 골라야 하는데 다음 조건을 갖추어야 한다.

① 현재 매출액, 성장속도, 수익율, 경쟁 강도, 유통 난이도 등의 기준에 준하여 객관적으로 보아 매력이 있는 시장이어야 한다.

② 회사가 그 시장에서 성공할 수 있는 강점이 있어야 한다.

3. 시장위치 정립

시장위치정립(market positioning)이란 선정된 표적시장에서 제품에 최대의 경쟁적 우위를 줄 수 있는 위치를 계획하고, 계획된 위치를 확립하기 위해 마케팅믹스 등을 설계하는 과정으로, 소비자의 마음속에 그 제품의 특징이 무엇이며 경쟁제품에 비하여 어떤 장점을 갖는지를 각인시키는 노력을 의미한다.

마케팅 관리자는 표적시장에 신제품을 출시하는 경우 기업이 원하는 식으로 제품이 포지셔닝 되도록 노력을 기울여야 하며, 기존제품의 경우는 소비자들의 마음속에 어떻게 각인되어 있는가를 파악, 원하지 않는 방식으로 포지셔닝 되어 있을 경우는 제대로 자리 잡도록 재조정하여야 한다.

1) 시장위치정립 단계

(1) 제품특성 파악

(2) 시장위치정립전략 수립

① 경쟁자와의 대결전략

② 경쟁자가 아직 없는 시장에 진출하는 전략

2) 마케팅 믹스 개발

일단 회사가 시장위치정립전략을 결정한 후, 자사의 제품 위치를 어디에 선정할 것인가를 결정(market positioning)하였다면, 다음 단계는 그에 맞는 상세한 마케팅믹스를 개발해야 한다.

제 4 절 마케팅믹스 개발 : 4P

1. 제품관리(product)

기업의 마케팅목표를 가장 효율적으로 실현하기 위하여, 특정제품이나 서비스를 적절한 가격과 수량으로 생산 판매하는데 포함된 계획과 통제활동을 의미한다. 제품관리에는 제품계획, 제품정책 또는 머천다이징이 포함된다.

1) 제품의 개념

제품(product)은 소비자가 욕구의 충족대상으로 받아들이는 유·무형의 모든 것으로 유형재, 서비스, 사람, 장소, 조직체 및 아이디어 등이 있다.

마케팅관리의 입장에서 제품이란 그 제품이 소비자의 어떤 욕구를 충족시킬 수 있는지 즉, 제품에서 얻는 편익을 기준으로 다음 세 가지 수준의 개념이 결합된 총체 제품(total product)으로 인식된다.

제품의 세 가지 수준

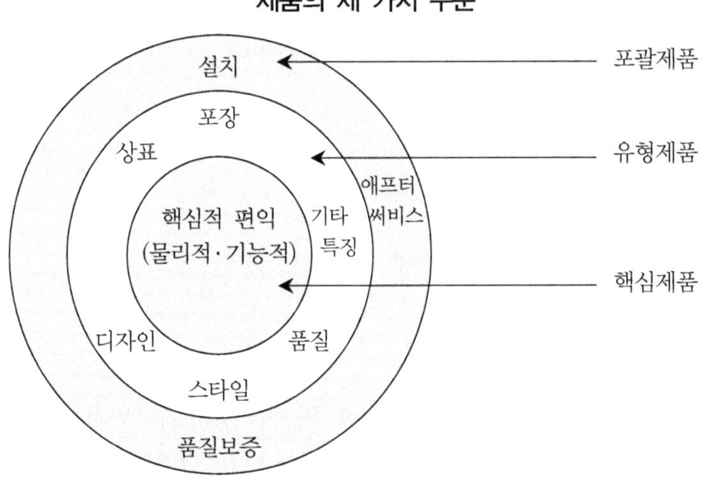

① **핵심제품**(core product) : 가장 기초적인 수준에서 인식되는 제품의 개념으로 제품이 주는 편익
② **유형제품**(tangible product) : 구매자가 실체적으로 느낄 수 있는 어떤 형체로서의 제품개념
③ **포괄제품**(augmented product) : 유형제품에 서비스나 편익을 증가시켜 제공되는 제품개념

2) 제품분류

① 소비재와 산업재

㉠ **소비재**(consumer goods)

최종소비자가 가계의 소비를 목적으로 구매, 사용, 소비하는 제품이며 소비자의 쇼핑습관에 따라 네 가지로 분류된다.

㉡ **산업재**(industrial goods)

최종소비자가 아닌 생산자, 재판매업자, 기관으로 구성되는 산업시장에서 구매되어지는 상품으로 원자재, 부분품, 설비품, 소모품으로 나누어진다.

소비재 분류

구분	내용
편의품 (convenience goods)	최소의 노력을 투입하여 자주 구매하는 상품으로 담배, 비누, 신문, 식료품 등이다.
선매품 (shopping goods)	적합성, 품질, 가격, 디자인 등을 비교하여 구매하는 상품으로 가구, 의류, 장신구류 등이다.
전문품 (specialty goods)	특수한 매력에 끌려 구매하거나 상표식별이 강한 상품으로 피아노, 자동차, 고급의류, 희귀한 고급식품 등이다.
미탐색품 (unsought goods)	소비자가 알지 못하거나 알아도 관심이 없는 상품으로 소비자가 알기 전까지 신제품이 해당된다.

② 내구재와 비내구재

㉠ 내구재(durable goods)

냉장고, 의류와 같이 여러 회에 걸쳐 반복 사용될 수 있는 유형재이다. 많은 인적판매와 서비스가 수반되어야 하고, 많은 이익을 가산할 수 있으며 판매보증이 잘 되어야 한다.

㉡ 비내구재(nondurable goods)

한두 번 사용하면 소모되는 유형제품으로 신속하게 소모되고 빈번하게 구매된다. 따라서 어떤 장소에서든지 구매가능 하도록 하고, 적은 이익을 가산하며, 대량광고를 통해 사용을 유도하고, 선호도를 심어주어야 한다.

3) 제품계획(product plan)

소비자의 욕구에 적합한 제품을 제공하기 위한 모든 계획활동으로

① 신제품 개발

② 기존제품의 개량과 신용도 개척

③ 제품계열의 다양화와 단순화

④ 제품 폐기

⑤ 포장, 상표 등에 관한 계획 등을 포함한다.

제품계획과 관련하여 상품화계획(merchandising)이 혼용되는 경우가 있는데, 머천다이징은 이미 개발된 제품을 상품화하는 과정을 의미하는 데 반하여, 제품계획은 미래의 제품이나 원재료의 기초연구·개발이라는 생산 이전의 활동까지 포함하는 것이다. 경우에 따라서는 머천다이징을 광의로 해석하여 판매할 상품을 소비자의 욕구에 적응시키기 위한 제조업자 또는 판매업자의 활동으로 보기도 한다.

4) 제품정책 : 제품믹스(product mix)

특정의 판매업자가 구매자에게 제공하는 모든 제품계열(line)과 품목(item)의 집합이며 제품믹스의 폭·깊이 및 일관성으로 나타낸다. 제품믹스의 폭(width)은 제품계열의 수, 제품믹스의 깊이(depth)는 품목의 수, 제품믹스의 일관성

(consistency)은 각 제품계열의 생산·유통경로·용도 등에서 어느 정도 상호관련성이 있는가를 뜻하는 것으로 기업에서는 이 세 가지 차원을 어느 정도로 적절히 배합할 것인가를 결정해야 한다.

제품믹스의 구성

계열(line)의 수 / 품목(item)의 수		폭			
		세제(A)	치약(B)	화장비누(C)	방향제(D)
깊이	1	A_1	B_1	C_1	D_1
	2	A_2	B_2	C_2	D_2
	3	A_3		C_3	D_3
	4	A_4		C_4	
	5			C_5	
	6			C_6	

제품믹스의 폭을 확대하는 것이 제품다양화이며, 깊이를 심화하는 것은 품목수를 증가시켜 다양한 욕구를 갖는 구매자들에 소구하는 것으로 제품차별화이다.

(1) 제품계열(product line) 결정

제품계열은 같은 기능을 가지거나 동일한 고객층, 동일한 판로를 통해 판매되거나, 일정한 가격범위 안에 들어가기 때문에 상호밀접한 관련성이 있는 제품믹스 내의 제품군이다.

(2) 제품품목(product item) 결정

제품품목은 크기, 가격, 형태 또는 기타 속성에 따라 명확히 구별할 수 있는 제품계열내의 명확한 하나의 단위로 이와 관련해서 품질, 디자인, 상표, 포장, 서비스 등에 관한 결정이 이루어져야 한다.

2. 가격관리(price)

기업이 제조·판매하는 제품이나 서비스를 구매하는 대가로서 구매자가 기업에게 지급하는 화폐금액으로 한편으로는 기업의 제조원가를 보상하고 이윤이 생기도록 해 주는 방향에서, 다른 한편으로는 구매자의 지급능력 및 구매의욕에 대응하는 방향에서 결정되어야 한다고 하는 이중적인 성격을 띠고 있다.

가격은 제품에 대한 시장수요를 결정하는 요소로서 경쟁상의 지위와 시장 점유율에 큰 영향을 미치고, 기업의 수익 창출에 가장 기본이 되는 원천이다.

1) 가격결정 목표

① 목표자본이익률의 달성
② 가격 및 이윤폭의 안정
③ 목표시장점유율의 제고
④ 경쟁대응 및 예방
⑤ 제품차별화에 의한 이윤극대화

2) 가격결정 절차

① 제품에 대한 수요측정
② 경쟁기업의 반응 예측
③ 목표시장점유율 설정
④ 시장목표달성을 위한 가격전략 선정
⑤ 제품·경로 및 판매촉진에 관한 회사정책의 고려
⑥ 구체적인 가격의 결정

3) 가격결정 방법

(1) 원가기준 가격결정

① 원가가산법(cost-plus pricing) : 단위원가에 일정률의 고정비율(원가가산율)에 따른 금액을 가산하여 가격을 결정하는 방법이다.

② **목표가격결정법**(target pricing) : 제조업자가 주로 사용하는 방법으로 추정된 표준생산량을 전제로 한 총원가에 목표수익률을 실현시켜주는 가격을 설정하는 것이다.

(2) 수요기준 가격결정

① **구매자의 인식에 따른 가격결정**(perceived value pricing) : 구매자의 제품에 대한 상대적 인식가치를 측정하여 가격결정에 이용하는 것이다.
② **수요의 차이에 따른 가격결정**(demand differential pricing) : 가격의 차이에 다른 가격결정(또는 가격차별화)인데 하나의 제품이 둘 또는 그 이상의 다른 가격으로 판매되는 것이다. 가격 차별화는 고객, 제품, 장소 또는 시간 등 여러 가지를 기준으로 하여 이루어질 수 있다.

(3) 경쟁기준 가격결정

① **경쟁자 모방에 의한 가격결정**(imitative pricing) : 가격결정의 기초를 경쟁사 가격에 두어 경쟁사 가격과 동일하게 하거나 높게 또는 낮게 할 수 있다.
② **입찰에 의한 가격결정**(sealed-bid pricing) : 자사의 비용이나 수요보다는 경쟁사가 가격을 어느 정도로 책정할 것인가에 기초하여 가격을 결정하는 것이다.

3. 유통관리(place)

독립적인 경로기관(intermediaries)인 도매상과 소매상이 형성하는 유통경로를 적절히 선정·통제하는 것으로 마케팅관리자는 유통경로를 선정할 때 장기적인 관점에서 다루어야 하며, 여러 경로기관이 기업의 목표달성에 기여할 수 있도록 관리해야 한다.

1) 유통경로 개념

제품이나 서비스가 고객에게 유통되는 유통경로(marketing channel)상에서 물적흐름, 소유권흐름, 지급흐름, 정보흐름 및 촉진흐름의 다섯 가지 흐름이 이루어진다. 유통경로상에서 경로기관은 ① 조사 ② 촉진 ③ 접촉 ④ 대응 ⑤ 협상

⑥ 물적유통 ⑦ 금융 ⑧ 위험부담 등의 기능을 수행한다.

(1) 유 형

유통경로는 유통경로수준 수에 의해서 다음과 같이 나눠진다.

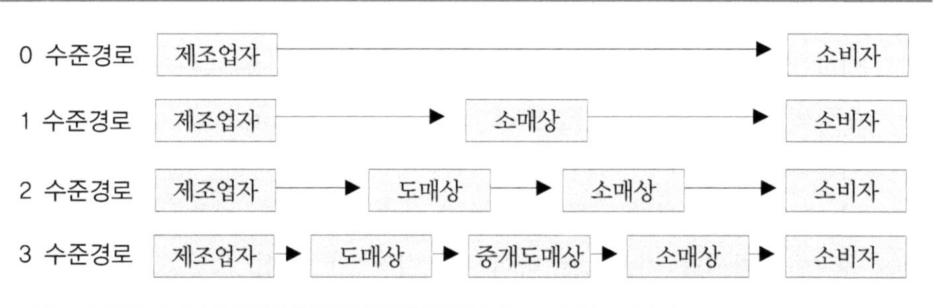

(2) 결정요인

① 제품특성

제품의 기술적 복잡성이 높고 서비스요건이 충족되어야 하며 부피가 크거나, 부패성이나 유행성이 강하거나, 표준화되지 않거나, 단가가 비싸거나, 평균 수주규모가 큰 제품의 경우에는 직접유통의 정도가 높다.

② 시장특성

시장의 범위가 좁아 구매자수가 적고 구매자가 집중되어 있고 구매빈도가 높은 경우에는 직접유통형태를 취한다.

③ 기업의 특성

기업규모가 자금력이 크거나, 제품계열이 넓거나, 신제품을 적극적으로 출시하려 하거나, 경영자의 경험이 풍부한 경우에는 직접유통을 하는 경향이 있다.

④ 중간상의 특성

바람직한 유형의 도·소매상이 없거나, 있더라도 이용가능성이 없는 경우에는 직접유통을 하거나 새로운 유통형태를 개발하게 된다.

⑤ 경쟁적 특성

경쟁업자와의 차별화를 위해 직접유통을 하기도 한다.

2) 경로행동 및 조직

유통경로는 개별적인 목표와, 기업과 경로전체의 목표를 달성하기 위해 상호작용하는 사람들과 회사들로 이루어진 복잡한 행동체계이다.

(1) 경로행동

유통경로구성원들의 갈등은 동일한 단계에 있는 회사들 간이나(수평적 갈등) 다른 단계에 있는 구성원들 간(수직적 갈등)에서 목표와 역할에 대한 의견불일치에서 발생할 수 있다. 전체경로가 과업을 효과적으로 수행하기 위해서는 각 구성원들의 역할이 구체화되어야 하며, 경로갈등이 효과적으로 관리되어야 한다.

(2) 경로조직

전통적 유통경로는 갈등이 있고 성과가 낮았다. 이의 해결 방안으로 수직적 마케팅시스템이 있다.

① 수직적 마케팅시스템(vertical marketing system ; VMS)

중앙통제적 조직망으로 구성되고 전문적으로 관리함으로써 분배에 있어서 규모의 경제와 경로구성원간의 조정을 다 같이 추구하는 경로시스템으로 흔히 유통계열화라고 부른다.

② 수평적 마케팅시스템(horizontal marketing system : HMS)

유통경로 상에서 유사 또는 동일한 단계에 있는 두 개 이상의 회사가 대등한 입장에서 일종의 연맹체를 결성하고 있는 경우이다.

③ 복수경로 마케팅시스템(multi-channel marketing system)

동일 상이한 시장에 두 개 이상의 경로시스템을 구축해 놓은 경우로 동일한 고객층에 상이한 경로시스템을 두는 경우와 상이한 고객층에 별도의 경로시스템을 두는 경우를 모두 포함한다. 그러나 판매가격은 상표를 달리하거나 분배기구의 명성에 따라 다르게 적용되는 것이 보통이다.

3) 유통경로 설계

(1) 경로목표 및 제약조건 설정

효과적인 경로계획수립은 어떤 시장에 어떤 목적을 가지고 접근할 것인가를 결정하는 일에서 시작한다. 목적에는 소비자 서비스수준을 어느 정도로 할 것인가와 중간상들이 수행하여야 할 기능이 무엇인가 하는 것이 포함된다. 각 생산자들은 소비자, 제품, 중간상, 경쟁자, 경영정책과 환경 등의 제약조건 하에 실현가능한 목적들을 설정한다.

(2) 주요 경로대안 발견

① 중간상의 형태

이용가능한 중간상의 유형으로 어떤 것이 있는지 확인한다.

② 중간상의 수

각 경로단계에서 이용할 중간상의 수는 기업이 추구하는 시장노출의 정도에 따라 달라진다.

③ 경로구성원 거래조건과 책임

경로구성원들의 책임과 거래조건을 정하는데 가격정책, 판매조건, 거래점의 지역권, 상호서비스와 책임에 대한 결정이 이루어져야 한다.

(3) 주요 경로대안 평가

회사의 장기목표에 적합한 대안을 선택하는데 다음 세 가지 기준에 따라 평가되어야 한다.

① 경제성 : 각 경로대안은 판매와 비용면에서 다른 수준을 나타낼 것이므로 각 경로대안의 이익을 고려해야 한다.
② 통제성 : 통제나 갈등 같은 비경제적 요인도 함께 고려해야 한다.
③ 적응성 : 각 경로는 지속적인 계약관계로 환경변화에의 적응성을 잃을 수도 있으므로 적응면도 고려해야 한다.

이러한 과정에 의해 선택된 경로는 다음과 같이 실행되고 관리되어야 한다.

① 보다 나은 중간상들을 선별할 수 있는 기준특성들을 결정하여 경로구성원을 선발하여야한다.
② 중간상들이 최선을 다할 수 있도록 계속적으로 동기가 부여되어야 한다.
③ 생산자는 판매할당액 성과, 평균재고수준, 제품배달시간, 파손품과 손실품 처리, 촉진과 훈련프로그램의 협력, 중간상의 서비스와 같은 표준과업에 대하여 정기적으로 중간상의 업적을 평가해야 한다.

4. 촉진관리(promotion)

예상고객에게 적절한 방법을 통하여 수요욕구가 생기도록 하는 모든 활동이며 구매자에게 설득적인 의사소통을 함으로써 정보를 제공하고 영향력을 행사하는 것이다. 촉진관리가 중요한 이유로 시장이 소비자행동의 비합리성, 정보의 불완정성 등 불완전경쟁 하에 있는 것, 기술혁신에 의한 대량생산, 생산과잉, 경쟁의 심화 등을 들 수 있다.

1) 촉진활동 형태

① 광고(advertising)

아이디어, 상품 및 서비스에 대하여 대가를 지불하면서 비인적 방법으로 제시하고 촉진하는 것이다. 비인적 대중매체를 활용하는 촉진수단이라는 점에서 다른 수단, 특히 인적판매와 구분된다.

② 인적판매(personal selling)

판매원을 매개로 하는 촉진수단으로 예상구매자들과 직접접촉, 대화를 통해서 상품이나 서비스를 제시하는 활동이다.

③ 판매촉진(selling promotion)

광고, 인적판매, 홍보를 제외한 촉진수단으로 소비자의 구매를 유도하고 중간상의 능률을 증진시키려는 목적으로 샘플의 제공, 점포진열, 경품 또는 쿠폰제공, 시식회, 전시회개최 등의 활동이다.

④ 홍 보(publicity)

매체사가 비용을 부담하고 특정회사나 상품을 기사의 형태로 다루어 촉진 효과를 내는 것으로 기업이 돈을 주고 게재하는 광고 등에 비해 신뢰도가 높아 촉진효과가 매우 크나 기업에서 통제하기 어렵다.

2) 의사소통 과정

경영자는 네 가지 촉진활동 형태 수단을 적절히 배합하여 제한된 예산으로 최대한 효과를 낼 수 있는 의사소통믹스(촉진믹스)를 개발해야 한다. 의사소통은 한 개인이 다른 사람의 태도를 변화시키기 위하여 자극을 전달하는 과정이다.

3) 촉진예산 책정

① 가용자원법(affordable method)

자사의 자금사정을 고려하여 촉진에 할당될 수 있는 금액만큼 촉진예산으로 책정하는 방법이다.

② 매출액비율법(percentage-of sales method)

현재 또는 예상매출액이나 판매가격의 일정비율을 촉진예산으로 책정하는 방법이다.

③ 경쟁자기준법(competitive-parity method)

자사의 촉진예산을 경쟁자들이 지출하는 수준에 맞추어 책정하는 방법이다.

④ 목표과업법(objective-and-task method)

촉진목표를 설정하고 목표달성에 필요한 과업을 선정한 다음 과업별 추정 비용을 합산하는 것으로 이론적으로는 가장 타당한 방법이다.

4) 촉진믹스 결정

촉진활동에 소요된 예산이 결정되었으면, 이 예산을 각 촉진수단에 배정하는 촉진믹스를 결정하여야 한다. 촉진믹스에 영향을 미치는 요소는 다음과 같다.

① 제품과 시장 유형

제반 촉진수단의 효율성은 시장의 유형 즉, 소비재시장인가, 산업재시장인가에 따라 달라진다. 소비재에서도 제품의 유형 즉, 편의품, 선매품, 전문품, 미탐색품 등에 따라 달라진다.

② 마케팅전략 방향

마케팅전략의 기본 방향을 푸쉬전략(push strategy)으로 하느냐 풀전략(pull strategy)으로 하느냐에 따라 촉진믹스가 달라진다.

푸쉬전략은 제조업체가 도매상에게, 도매상은 소매상에게, 소매상은 소비자에게 제품을 적극적으로 판매하고 밀어붙이는 전략으로 인적판매와 중간상을 대상으로 하는 판매촉진의 비중이 커진다.

풀 전략은 제조업체가 소비자를 상대로 적극적인 촉진활동을 하여 자사제품을 찾게 함으로써 중간상이 자발적으로 자사제품을 취급하게 하는 전략이다.

③ 제품수명주기 단계

제품이 놓여 있는 제품수명주기상의 단계에 따라서 촉진믹스도 달라진다.

Chapter 7 생산·운영관리

제 1 절 기초개념

1. 생산·운영관리란?

생산·운영관리(production/operations management)란 고객이 요구하는 양질의 제품이나 서비스를 적기에, 적량을, 적가로 생산·공급하는 생산시스템을 관리하는 활동을 말한다.

1) 생산운영관리의 목표

최소의 노동으로 더 좋고 더 많은 것을 생산하는 것(생산성 향상)이 생산관리의 최종 목표이다. 즉, 원료나 비용은 최소로 하고 품질은 가장 좋아야 하며 짧은 시간에 가장 많이 만들어야 하고 필요에 따라 즉시 품목이나 수량을 바꿀 수 있도록 하는 유연성이 생산·운영관리의 목표이다.

(1) 원가(cost)

생산원가를 절감하기 위해서 기계와 설비를 가능한 한 오래 사용하고 유지하려고 노력한다. 또한, 재고량을 줄이고, 불량품이나 산업 폐기물을 감소시키는 것 등을 통해서 비용을 줄일 수 있도록 관리한다.

(2) 품질(quality)

끊임없는 기술개발과 불량률 감소로 소비자들의 높아진 요구수준에 맞추려고 생산활동을 관리한다.

(3) 시간(time)

생산시간을 단축하는 것이다. 생산시간을 단축하기 위해서는 생산과정을 자동화·단순화해서 낭비되는 시간을 줄이고 필요한 정보를 미리 저장해 둠으로써 적시적소에 제공할 수 있어야 한다.

(4) 유연성(flexibility)

어떤 제품이 소비자들에게 인기가 좋아서 생산량을 늘려야 할 때에는 생산라인이 바로 증대될 수 있고 판매량이 감소해서 생산량을 줄이고 신제품을 만들어야 할 경우에는 빠르게 생산라인을 변경할 수 있어야 한다. 이렇게 시장과 고객의 요구사항을 제때에 반영하면서 생산하도록 하는 것이 생산·운영관리의 중요한 목표가 된다.

2) 생산시스템

생산 시스템은 최소의 투입으로 최대의 생산가치를 얻을 수 있는 것을 목표로 하는데, 목표를 달성할 수 있도록 제 투입요소들을 효과적으로 결합시킨 것이다.

따라서 생산시스템의 목표는 고객의 만족과 경제적 생산이 변환기능과 관리기능에 의해서 달성되도록 생산시스템을 설계하고 이를 관리, 운영하는 것이다.

생산시스템(production system) 구성은 변환시스템과 통제시스템의 두 개 하위시스템으로 구성되어 있다.

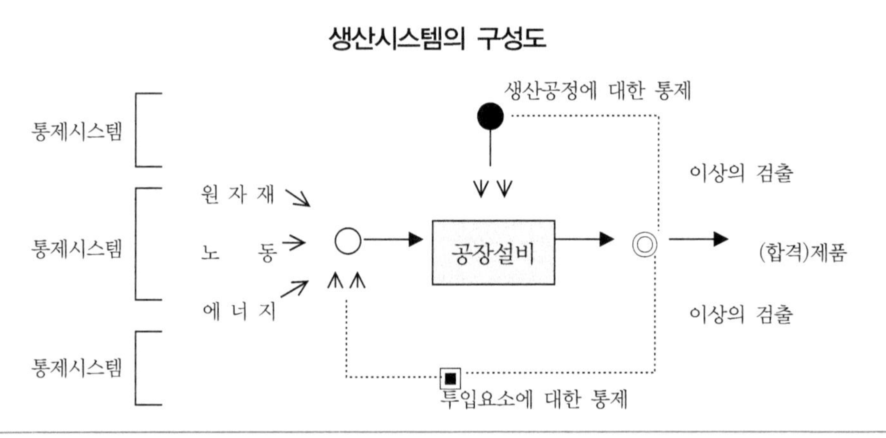

① **변환시스템**(transformaton sub-system) : 투입(inputs), 변환과정(transformation process), 산출(outputs)의 세 부분으로 구성되며 생산자원을 투입, 변환과정을 거쳐 효용을 지닌 제품·서비스로 바꾸는 과정을 말한다.

② **통제시스템**(control sub-system) : 생산시스템의 원활한 진행을 위하여 투입요소 및 생산공정에 대한 통제를 행하는 관리시스템이다.

2. 생산·운영관리의 일반원칙 : 3S

표준화, 전문화, 단순화라고 하는 3S 원칙은 상호보완관계에 있어 이들이 유기적으로 조화를 이룰 때 비로소 이들의 효과도 최대화될 수 있다.

1) 표준화(standardization)

생산활동에 필요한 제품의 품질·형상 등에 관하여 기준을 설정하고 고정시킴으로써 계획·통제에 대한 통일적인 질서를 확립하는 것으로 생산활동의 생산성, 경제성, 수익성을 높이는 것이다.

[효 과]

- 로트당 생산량이 증가되고 단위당 원가 감소
- 완성품의 조립 또는 고장수리시 부품의 호환성이 크므로 편리함

- 완성품 및 부품의 품질 균일화 및 향상 가능
- 작업 능률의 향상으로 생산비절감

[한 계]

- 제품 표준화란 기술수준이 안정되어 있을 경우에는 합리적인 것이 되지만 기술 또는 경제가 불안전 상태에서는 효율성이 저하된다.

2) 단순화(simplification)

제조방법·절차 등에서 중요하지 않은 재료나 요소 또는 과정을 제거하여 가능한 한 가장 간단하고 능률적인 제조방법·절차 등을 마련하기 위한 조직적 활동

[효 과]

- 제품설계와 생산기간 단축
- 재료구입 비용과 창고관리비 감소
- 작업자의 숙련도, 작업조건의 안정과 품질 향상
- 동일제품의 대량생산 가능

[한 계]

- 소비자의 기호는 다양하고 가변적이므로 기업은 이에 대처하기 위하여 제품 다양화와 제품 단순화를 얼마나 효율적으로 조화시키느냐가 중요하다.

3) 전문화(specialization)

분업원리에 따라 일정한 범위의 작업으로 분류하고 각 담당자에게 분담시켜 한정된 작업분야에만 노력을 집중하여 전문적으로 맡아 하도록 하는 것을 말하는데 특화라고도 한다.

[효 과]

- 종업원의 숙련도를 높이고 전문적 지식을 쉽게 활용 가능
- 업무책임의 감소
- 분업의 효율성 제고, 비용절감으로 경영합리화 추구

[한 계]

- 전문화의 결과 인간은 특수부품과 같은 존재로 전락하게 될 위험성이 있기 때문에 인간성 회복과 전문화를 어떻게 조화하느냐 하는 문제가 발생한다.

3. 생산시스템 유형

생산시스템(production system)은 '투입된 생산요소를 보다 유용한 제품으로 전환시키는 데 소요되는 설계적 과정' 즉, 생산목표달성을 위해 조직화된 여러 절차를 의미한다.

생산관리자는 고객에게 만족스런 제품을 공급하기 위하여 최적의 생산시스템 형태를 선택하여야 하는데, 이에 영향을 주는 요인은 고객의 수요형태, 품종과 생산량, 작업의 연속성 등으로 분류할 수 있다.

1) 수요형태에 의한 분류

생산이 고객의 주문에 의존하느냐, 예측에 의존하느냐에 따라 분류된다.

(1) 주문생산

특정고객의 주문내용에 따라 생산자가 사전에 제품의 규격·생산시기를 정해 놓고 이의 범위 안에서만 주문에 응하는 폐쇄적 주문생산(closed job-shop)과 구매자가 제시한 설계·주문량·납기대로 고객위주의 다양한 주문을 허용하는 개방적 주문생산(open job-shop)이 있다.

[특 징]

- 고객의 주문이 있는 경우에만 제품 생산
- 주문생산으로 재고가 없어 재고자산에 대한 투자비율이 낮다.
- 주문이 많을 시 치밀한 생산일정계획을 통한 고객의 욕구 만족
- 주문량이 불확실하므로 생산기계 및 작업인원을 적정수준으로 유지 곤란
- 다양한 제품 생산이 가능한 범용기계 이용
- 작업자는 다양한 기술과 경험 겸비

(2) 계획생산

미래 수요를 예측하여 계획적으로 생산하기 때문에 예측생산이라고도 하는데, 생산방식은 다양한 판로모색을 위한 마케팅활동이 강조되며 생산자 독자적으로 품종, 양, 일정, 가격 등을 결정하는 형태이다.

[특 징]

- 정확한 수요예측이 중요
- 시장수요의 불확실성 때문에 재고의 통제가 중요
- 사전에 생산량이 계획되어 있어 생산통제 용이
- 일정한 제품만을 생산하는 전용설비 사용

(3) 혼합생산

한 생산시스템에서 일정수준의 생산능력을 유지하도록 계획생산형태를 취하고, 수요의 계절적·순환적 변동에 대응하도록 주문생산형태를 혼합하는 경우를 말한다.

2) 품종과 생산량에 의한 분류

(1) 소품종 대량생산

한정된 소수 제품을 반복하여 대량생산하는 형태로 자동차 부품, 전자제품, 석유정제, 유리 등에서 볼 수 있다.

[특 징]

- 제품생산의 탄력성이 낮다.
- 한정된 품목만을 생산하는 전용설비 이용
- 제품단위당 생산비는 비교적 낮다.
- 생산공정의 통제가 용이하고 생산량, 원료구매, 재고통제의 중점관리 요구
- 작업자는 전문화된 단순 업무에 종사
- 자본집약적 생산공정

(2) 다품종 소량생산

다양한 제품을 소량생산하는 형태로 고객의 주문이 있는 경우 생산되는 경우가 많으며 항공기, 조선, 건축물, 발전시설, 특수한 기계공구, 맞춤의복 등에서 볼 수 있다.

[특 징]

- 제품생산의 탄력성이 높다.
- 다양한 제품생산이 가능한 범용기계 이용
- 다양한 제품을 생산하므로 생산공정의 통제가 어렵다.
- 작업자는 다양한 기술과 경험을 가지고 있어야 한다.
- 제품단위당 생산비용이 비교적 높다.
- 노동집약적 생산공정

제 2 절 생산시스템 설계

1. 제품설계(product design)

제품선정단계에서 선별·평가를 거쳐 개발 대상으로 선정된 제품을 공정에서 제조해서 완제품으로 구체화하는 단계를 말한다.

제품설계 시에 고려해야 하는 가장 중요한 요인은 다음과 같다.

① 재료와 가공필요량

② 제품성능결정

③ 모듈러 설계방침

④ 사용, 유지의 용이성 및 신뢰도의 요구

■ 제품설계 체계

제품설계는 타당성 연구, 예비설계, 세부설계 등으로 구성된다.

1) 타당성 연구(feasibility study)

기업내부에서 제시된 제품 컨셉은 경제적·기술적 및 운영상의 평가를 위한 타당성 연구를 행하여 타당하지 않은 제품이나 프로젝트는 제외하고 타당한 것에 한하여 예비설계를 행하게 된다.

2) 예비설계(preliminary design)

선정된 제품의 관념적 특성을 충족시키는 몇 가지 설계안을 개발하는 단계로서 신뢰성·보전성 및 내구성과 같은 제품의 중요한 속성을 규정하고, 규모·색상·에너지 효율·수명 등과 같은 제품의 개략적인 윤곽을 설계하는 단계이다.

3) 세부설계(detailed design)

제품원형을 개발하여 이를 여러 조건 하에서 시험하면서 완전무결한 제품이 되도록 설계하는 최종설계단계이다.

① 기능설계

제품의 기능 내지 성능을 구체화시키는 과정으로 신뢰성과 유지가능성을 고려해서 설계해야 한다.

② 형태설계

제품의 선, 모양 및 색채를 결합한 제품외관에 대한 스타일설계(style design)로서 제품의 형태를 기능과 유기적으로 결합하여 설계할 필요가 있다.

③ 생산설계

기능설계나 형태설계에 의해 주어진 범위 내에서 가급적 경제성이 높은 생산방식을 정하는 것으로 제품단순화 및 다양화, 표준화, 모듈러 설계 등이 고려되어야 한다.

2. 공정설계(process design)

제품의 특성과 수요량에 적합한 제품생산의 여러 가지 방법, 공정의 형태, 기계설비, 작업흐름과 방법을 규명하여 공정 절차표를 작성하는 것을 말한다.

1) 생산공정의 결정

생산공정을 연속공정으로 할 것인지 단속공정으로 할 것인지를 결정하는 것을 말한다.

① 유 형

㉠ 생산기술적인 관점

- 화학공정(chemical process)
- 성형공정(process to change shape or form)
- 조립공정(assembly process)
- 운반공정(transport process)

㉡ 생산흐름의 관점

- 연속공정(continuous process)
- 반복공정(repetitive process)
- 단속공정(intermittent process)

② 생산공정 결정의 평가요소

- 소요자금(capital requirements)
- 시장상황(market conditions)
- 노동력(labor)
- 관리기술(management skill)
- 원자재(raw materials)
- 기술(technology)
- 환경오염 및 자원절약

③ 생산공정 결정순서

- 생산방식의 결정
- 생산단계의 결정
- 단계별 생산방법의 결정

2) 생산·가공의 흐름분석

작업공정 간에 작업의 흐름을 분석하는 것으로 제품분석과 공정분석이 중심이 된다. 즉, 제품생산에 필요한 각 공정 내지 작업을 명확히 하기 위해서 제품분석이 이용되는 것으로 제품의 생산공정이 크고 복잡할 때에는 공정전체의 흐름을 파악할 수 있도록 공정도나 조립도(assembly chart)를 이용한다. 또한 각 공정에서 필요한 작업의 내용이나 순서 등을 정리한 작업공정도(operation process chart)를 이용할 수 있다.

3. 설비배치(facility layout)

재화나 서비스를 효율적으로 산출할 수 있도록 생산시스템 내에서 물질적 구성요소를 적절히 배치하는 것으로 생산시스템에서의 작업활동 진행과정과 밀접한 관련을 가지게 되므로 생산관리영역에 큰 영향을 미친다.

1) 설비배치 결정요인

① 제품의 유형
② 기계설비에 관련된 요인
③ 종업원에 관련된 요인
④ 이동운반에 관련된 요인
⑤ 정체에 관련된 요인
⑥ 서비스에 관련된 요인
⑦ 건축물에 관련된 요인
⑧ 변경에 관련된 요인
⑨ 각종 법규

2) 설비배치 목표

생산시스템의 효과성이 크도록 기계·원자재·작업자 등 생산요소와 생산(서비스)설비의 배열을 최적화하는 것이다.

3) 설비배치 유형

설비배치는 생산시스템의 유형과 관련하여

① 연속생산시스템에 적합한 제품별 배치(product layouts),

② 단속생산시스템에 적합한 공정별 배치(process layouts),

③ 프로젝트 생산시스템에 적합한 위치고정형 배치(fixed-position layouts)

4. 작업관리(design & measurement of work)

무리와 낭비가 없이 작업을 원활히 할 수 있도록 최선의 작업방법을 추구하고, 나쁜 작업조건을 개선해서 최적의 작업조건을 이루도록 하는 활동으로 작업방법연구와 작업측정으로 대별된다.

작업방법연구란 현재의 작업수행방법을 계통적으로 기록·분석·검토하고 그 결과 가장 쉽고 생산성이 높은 작업방법을 발견하려는 연구이며, 작업측정이란 표준적 작업방법과 조건 하에서 작업자가 작업을 수행하는 데 필요한 시간을 결정하는 것이다.

1) 작업관리 목표

① 작업의 능률화

② 작업시간 단축

③ 생산량 증대

④ 품질의 개선과 균일

⑤ 원가절감

2) 작업관리 절차

① 조사·연구할 작업과 공정을 선정한다.

② 이에 관한 사실을 수집·관찰·기록한다.

③ 사실의 분석·검토를 행한다.

④ 모든 제약조건을 고려하여 가장 경제적이고 합리적인 방법을 설정한다.

⑤ 작업표준에 의하여 표준시간을 산정한다.

⑥ 이들 표준을 기준으로 작업관리를 행한다.

3) 작업방법연구

'작업에 내포된 불필요한 동작들을 제거하고 최선의 작업방법을 모색하기 위해서 작업을 과학적으로 분석하여 합리적인 작업방법을 설계하는 기법'(H. B. Maynard)으로 정의하고 있다.

① **공정분석**(process analysis)
재료나 부분품이 가공·운반·검사를 하면서 제품으로 형성되어 나가는 과정을 공정(process)이라는 분석단위로 분석·검토하여 그 과정에 있어서의 무리·낭비·불합리를 제거하기 위하여 사용되는 기법이다.

② **활동분석**(activity analysis)
작업자와 기계의 생산활동을 개략적인 관점에서 분석·검토하기 위한 분석기법의 하나로서 기계설비와 작업자가 활동하는 상태를 흔히 통계적으로 조사·분석하는 방법이다.

③ **작업분석**(operation analysis)
작업자가 작업을 통하여 생산대상물에 노동의 투입측면을 검토하는 과정으로 방법연구가 목표로 하는 생산량 증대 및 원가절감을 위해서 연구대상이 되는 작업의 생산적, 비생산적 요소들을 분석하는 절차로서 동작분석을 포함하여 광의로 사용될 때가 많다.

④ **동작분석**(motion analysis)
작업을 미세동작으로 분석해서 그 작업을 수행하고 있는 작업자의 동작에 내포되어 있는 무리·낭비·불합리를 제거하여 최선의 작업방법으로 개선하기 위한 것이다.

5. 작업측정(work measurement)

정상적인 작업 환경에서 특정작업을 수행하는데 합리적으로 소요되어야 하는 시간의 양을 규정하는 것으로 생산에 필요한 단위과업의 수행을 위해 투입되어야 할 노동력의 정도와 양을 결정하는 것이므로 표준시간의 결정과 관련이 있다.

1) 작업측정 요소

작업측정은 표준시간을 설정함에 있어 다음 요소들을 고려하여야 한다.

① **평균작업자** : 다수 작업자들의 작업상태를 관찰하여 평균성과 측정
② **성과차원** : 수량을 1차적, 품질을 2차적 성과차원으로 정하는데 보통 수량을 의미
③ **측정척도** : 정상적 성과를 100%로 놓고 성과를 비교
④ **정확성** : 작업표준은 공정하고 정확하게 산출

2) 작업측정 기법

(1) 시간 연구법(time study method)

계측기나 기록장치 등을 이용하여 작업을 직접 측정·관찰하는 방법으로 스톱워치법(stop watch time study), 필름분석법(film study), VTR분석법(video tape recorder method) 등이 있다.

(2) 예정시간표준법(predetermined time standards system : PTS)

작업동작에 미리 결정된 시간을 적용하는 방법으로 작업자의 기본동작을 그 성질과 조건에 따라서 미리 동작시간을 정하여 두고 대상작업의 각 시간을 선택·집계하여 표준시간을 구한다.

(3) 워크샘플링법(work sampling method)

확률의 법칙을 이용하여 필요한 최소한도의 샘플을 순간적으로 관측해서 대상으로 하는 현장 전체의 모습을 실용상 만족할 만한 신뢰수준과 정확도를 가지고 추정하는 기법으로 관측대상을 무작위로 선정한 시점에서 작업자 또는 기계의 이동상태를 스톱워치 없이 순간적으로 관측하여 그 상황을 추정한다.

제 3 절 생산활동 계획

1. 수요예측(forecasting)

불확실한 상황 하에서 통제 불가능한 미래의 사건이나 활동의 발생시기, 크기, 효과를 추정하는 작업으로 원하는 제품이나 서비스의 수량·시기·품질 및 입지 등에 대한 미래의 수요를 추정하는 과정이다.

1) 수요예측 단계

① 수요예측의 목적과 필요한 시기를 결정한다.
② 수요예측모형이 다루어야 할 기간을 설정한다.
③ 수요예측기법을 선택한다.
④ 적절한 자료를 수집하고 분석하여 수요예측모형을 준비한다.
⑤ 수요예측모형을 검토한다.

2) 수요예측 기법

(1) 정성적 기법(qualitative technique)

추측이나 경험, 개인의 견해에 기초를 둔 주관적 예측기법으로 예측시 객관적 예측자료가 충분하지 않을 때 인적 요소나 주관적 의견, 육감 등 질적 자료를 이용하는 방법이다.

① 델파이법(delphi method)
② 시장조사법(market research)
③ 위원회동의법(panel consensus)
④ 판매원평가법(sales assessment)
⑤ 과거유추법(historical analogy)

(2) 정량적 기법(quantitative technique)

주로 객관적 과거자료를 분석하여 예측하는 방법이다.

① **시계열분석**(time-series analysis)
시계열(연·월·주·일 등의 시간간격)에 따라 제시된 과거자료(수요량·매출액)로부터 그 추세나 경향을 알아서 장래의 수요를 예측하는 것으로 최소자승법, 이동평균법, 지수평활법 등이 있다.

② **인과형기법**(casual method)
환경요인이나 기업의 내부요인과의 인과관계를 나타내는 수학적 모형을 만들어 수요를 예측하는 방법으로 회귀분석, 계량경제모형 등이 있다

3) 수요예측 기대효과

① 생산계획 등 여러 계획이 환경변화에 따라 정확하게 수립될 수 있다.
② 생산능력을 잘 활용할 수 있고 불필요한 설비투자를 피할 수 있다.
③ 고용을 안정시키고 노사관계도 개선할 수 있다.
④ 제품의 재고손실과 투입자본액을 최소화하는 것이 가능하다.
⑤ 고객 서비스를 개선할 수 있다.

2. 총괄생산계획(aggregate production planning)

보통 1개월에서 1년까지의 중·단기 계획으로서 변동하는 수요를 경제적으로 만족시키기 위하여 필요한 생산자원 즉, 고용수준·생산율·원자재 및 반제품의 재고수준 등과 같은 통제가능변수로 생산의 양과 시기를 조절하는 기법이다.

1) 목적

최소의 비용으로 기업의 생산자원을 효율성 있게 사용할 수 있는 최적생산계획을 개발하는데 있다. 즉, 장기계획에 의해 추정된 가용자원의 범위 내에서 예측된 수요를 가장 경제적으로 만족시킬 수 있는 최적 전략을 결정하는 것이다.

2) 관련비용

① 작업자의 고용비용과 해고비용

② 잔업비용과 유휴시간비용
③ 재고유지비용
④ 추후납품비용
⑤ 외주비용

3) 전략

제품생산계획에 이용되는 자원들은 고용수준, 재고, 생산율, 추후납품, 외주 등인데 이중 계획수립에 한 개의 변수만을 사용하면 순수전략(pure strategy), 두 개 이상의 변수를 혼합하여 사용하면 혼합전략(mixed strategy)이 된다.

4) 총괄생산계획 기법

수요를 생산기간에 배분하기 위한 대응전략과 관련비용에 대한 가정이 최적해를 보장할 수 있는가에 따라 적절히 적용되어야 한다.

(1) 도해법(graphic and charting method)

(2) 수리적 최적화기법(mathematical optimization method)

① 선형계획법(linear programming)
② 선형결정기법(linear decision rule)
③ 목표계획법(goal programming)

(3) 휴리스틱기법(heuristic programming method)

① 경영계수이론(management coefficient theory)
② 매개변수생산계획법(parametric production planning)

(4) 탐색결정기법(search decision rule)

(5) 시행착오법(trial and error method)

제 4 절 생산활동의 운용·통제

1. 재고관리(inventories management)

미래의 제조와 판매를 위하여 현재 기업이 보유하고 있는 재화로서 원재료, 반제품, 부품, 완제품 등을 총칭하는 것으로 재고는 경제적 가치를 가진 것으로 현재 이용되지 않는 유휴자원이라는 재고개념에서부터 사용되지 않은 노동이나 자본 같은 유휴자원까지도 포함하기도 한다.

1) 목표

시장의 제품수요 동향에 신속히 적응할 수 있는 생산체제를 갖추고 제품·재공품·부분품·원자재 등의 재고량을 경제적 관점에서 가능한 한 낮은 수준으로 유지하는 것이 바람직하다. 재고관리의 목표는 고객(수요)의 서비스 수준을 만족시키면서, 품절로 인한 손실과 재고유지비용 및 주문 비용을 최적화하여 총재고비용(재고부족비용, 재고유지비용 및 주문비용의 합계)을 최소로 하는 것이다.

2) 관련 비용

재고관리는 주문비용, 재고유지비용 및 재고부족비용으로 구성되며 이들의 총비용이 최소가 되도록 하는 데 있다.

(1) 주문비용(ordering cost)

필요한 물품을 주문해서 입수될 때까지의 구매 및 조달에 수반되는 모든 비용으로 주문횟수에 비례하여 발생한다. 예를 들면 주문 발송비, 통신료, 물품수송비, 검사비, 입고비, 관계자의 급여 등을 일컫는다.

$$\text{주문비용} = \text{주문횟수}(\frac{D}{Q}) \times 1\text{회 주문비용}(O)$$

단, D : 연간 수요량

Q : 1회 생산량

(2) 재고유지비용(inventory holding cost or carrying cost)

재고를 유지·보관하는 데 소요되는 비용으로 재고수준에 비례하여 변동하는 비용인데 이에는 보관비, 보험료, 세금, 감가상각비, 진부화에 의한 손실, 재고투자에 묶인 자금과 관련한 기회비용 등이 있다.

$$\text{재고유지비용} = \text{평균재고량}(\frac{Q}{2}) \times \text{단위당 평균재고유지비용}(C)$$

(3) 재고부족비용(shortage cost or stock-out cost)

재고가 부족함으로써 발생되는 품절비용으로 기회비용의 성격을 갖는다. 판매기회의 상실, 고객의 불신감, 생산계획의 차질 등으로 발생하는 비용이 있다.

3) 경제적 주문량(EOQ) 및 경제적 생산량(EPQ)의 결정

(1) 경제적 주문량(economic order quantity : EOQ)

자재나 제품의 주문비용과 재고유지비용 및 미래 일정기간의 수요량 등을 고려해서 가장 경제적이라고 생각되는 자재 또는 제품의 크기를 말하는데, 총재고비용이 최소가 되는 주문량을 말한다.

[가 정]

- 주문비용은 주문량의 크기와 관계없이 일정하다.
- 재고유지비용은 주문량의 크기에 비례하여 발생한다.
- 구입단가는 주문량의 크기와 관계없이 일정하다.
- 수요율과 조달기간은 확정적 모형이다.
- 단일품목을 대상으로 한다.
- 재고부족현상은 발생하지 않는다.

[EOQ모형의 설정]

$$\text{총재고비용} = \text{재고유지비용} + \text{주문비용} + \text{재고부족비용}$$

앞의 가정에서 재고부족비용은 발생 않으므로 EOQ와 관련된 총재고비용은 두 가지 비용요소로만 구성된다.

$$총재고비용 = 재고유지비용(C \cdot \frac{Q}{2}) + 주문비용(O \cdot \frac{D}{Q})$$

$$EOQ = \sqrt{\frac{2OD}{C}}$$

(2) 경제적 생산량(economic production quantity : EPQ)

생산기간 동안에 생산량이 수요량보다 많으므로 재고는 증가되고 증가하는 재고가 일정 수준에 이르면 생산은 중단되나 생산 중단기간에도 일정한 율로 이 품목에 대한 수요가 계속되므로 결국 재고는 고갈이 되고 다시 경제적 생산량의 생산에 착수해야 한다. 이러한 경우 EPQ분석 목적은 경제적 생산로트의 크기 Q를 결정하는 것이다.

[EPQ모형의 설정]

i) 연간 준비비용

$$연간\ 준비비용 = 년간\ 생산횟수(\frac{D}{Q}) \times 1회\ 준비비용\ (C_s)$$

$$= \frac{D}{Q} \cdot C_s$$

단, D : 연간 수요량

C_S : 1회 준비비용

Q : 1회 생산량

ii) 연간 재고유지비용

$$연간\ 재고유지비용 = 평균재고량\left(\frac{1-d/p}{2}\right) \times 단위당\ 연간재고유지비용(QC_H)$$

$$= \frac{(1-d/p)QC_H}{2}$$

단, C_H : 연간 단위당 재고유지비용

d : 단위시간당 수요량

p : 단위시간당 생산량

iii) 총재고비용

$$\text{총재고비용} = \text{연간재고유지비용} + \text{연간준비비용}$$
$$= \frac{(1-d/p)QC_H}{2} + \frac{D}{Q}\cdot C_s$$

$$EPQ = \sqrt{\frac{2DC_s}{(1-\frac{d}{p})C_H}}$$

2. 자재소요계획

1) MRP시스템 개념

자재소요계획(material requirements planning : MRP)이란 제품의 생산수량 및 일정을 기반으로 그 제품생산에 필요한 원자재·부품·공정품·조립품 등의 소요량 및 소요시기를 역산해서 자재조달계획을 수립한 후, 일정관리와 효율적 재고관리를 모색하는 시스템 또는 방법이다.

(1) 목 적

필요한 물자를 필요한 때에 필요한 양을 필요한 곳에 조달하는 것으로 일정계획과 공수계획을 수립하는 데 필요한 정보를 제공한다.

(2) 기 능

① 필요한 물자를 언제, 얼마를 주문할 것인지를 알려준다.
② 경영자가 주문 또는 제조 계획을 사전에 검토할 수 있다.
③ 언제 주문을 독촉하고 늦출 것인지를 알려준다.
④ 상황변화(수요·공급·조달능력의 변화 등)에 따라서 주문의 변경을 가능하게 한다.
⑤ 상황의 완급도에 따라 자본조달 및 생산작업을 적절히 진행시킨다.
⑥ 공수계획에 도움을 준다.

2) MRP시스템 구조

(1) MRP투입자료

① 제품수요

최종제품에 대한 수요는 확정적 수요와 예측수요 등 두 가지로 분류할 수 있는데, 확정적 수요는 판매자나 내부거래로부터 주문에 의하여 발생한 수요로서 예측을 할 필요가 없으나, 예측수요는 불규칙적인 고객의 수요이기 때문에 예측이 필요하다.

② 생산일정계획(master production scheduling)

최종제품의 제품별 생산량과 생산완료시기를 나타내는 생산계획으로 계획기간을 일련의 단위시간(time bucket)으로 나누어 수립하는 것이 보통이다. 그러나 단위시간이 일정할 필요는 없고 가까운 미래의 주생산일정계획은 주단위로, 미래의 것은 월이나 분기단위로 분리할 수도 있다.

③ 자재명세서(bill of material : BOM)

제품을 구성하는 자재와 자재의 결합방법 등 각 품목에 관한 정보와 소요량을 제시하는 표로서 최종제품별로 계층적으로 작성되며, 필요한 하위단계 품목의 수량이 표시되는 제품구조도를 이용하여 제품에 대한 특성을 쉽게 나타낼 수 있다.

④ 재고기록철(inventory record file)

MRP에서 각 품목의 재고상태에 관한 정보를 저장하기 위하여 사용되며 여기에 품목별로 총소요량, 수령예정량, 이용가능한 재고량 등에 관한 정보와 공급자, 조달기간 및 로트의 크기 외에도 부수적인 기록도 포함하고 있다.

(2) MRP 과정

MRP시스템은 생산일정계획과 자재명세서 등을 이용하여 최종제품을 생산하는 데 필요한 부품 및 자재의 총소요량을 산출하고 재고기록철에 기록된 보유재고량을 차감하여 순소요량을 결정하며 자재를 보충하는 데 소요되는 조달기간을 차감하여 순 소요시기를 결정한다.

(3) MRP산출정보

재고 및 생산통제에 필요한 정보를 제공하는 정규적인 보고서이며, 다음과 같은 내용으로 구성된다.

- 미래의 주문시기와 주문량을 표시하는 주문계획(planned order)
- 계획된 주문을 실행하기 위한 주문(order release)
- 주문 취소, 주문량 및 납기일 정정 등으로 발생하는 계획된 주문의 변경(change)

3) MRP시스템 장점

① 각각의 자재에 대한 수요예측을 별도로 할 필요가 없다.
② 자재에 대한 재고투자가 감소한다.
③ 자재부족현상이 감소한다.
④ 생산소요시간이 단축된다.
⑤ 상황변화가 있을 때 생산일정 및 자재계획을 신속하게 변경할 수 있다.
⑥ 소요량의 시기, 주문 시기 등이 특히 강조된다.
⑦ 사전납기통제가 용이하다.

3. 품질관리

품질(quality)은 일반적으로 제품이나 서비스의 사용가치를 나타내는 기본적인 평가 척도로서 제품 및 서비스의 유용성을 정하는 성질 또는 그 사용 목적을 충족하기 위하여 갖추고 있어야 할 성질을 말한다.

제품의 품질은 우선 소비자의 요구 즉, 제품의 실용성과 가격 등을 충족시키면서 공장의 제조능력에 알맞게 설계되어야 하고 생산부서에서는 설계자가 정한 품질에 가급적 충실하게 제품을 생산해야 한다.

따라서 제품의 품질은 설계품질, 제조품질, 그리고 시장(소비자)이 요구하는 시장품질 등으로 구분할 수 있다.

① **설계품질**(quality of design)

제품을 설계할 때 설정한 품질로서, 소비자가 요구하는 품질과 제조공정에서의 제조원가가 경제적으로 균형을 이루는 품질규격을 말한다.

② **제조품질**(quality of manufacturing)

설계품질을 목표로 하여 실제로 제품을 생산할 때, 원자재, 기계설비, 작업방법, 생산기술 등의 생산여건을 설계상의 목표수준에 맞추어 제조하고자 하는 품질로서 이때 생산된 제품의 품질이 설계품질과 어느 정도 일치하느냐가 문제시되는데, 이를 가리켜 적합품질 또는 제조품질이라 한다.

③ **시장품질**(quality of market)

소비자들의 사용목적에 따라 시장에서 요구하는 품질을 말하며, 소비자의 만족도는 그 제품에 대한 최종적인 평가가 되므로 시장품질의 결정은 매우 중요하며 이를 사용품질이라고도 한다.

품질비용(quality cost)은 제품이나 서비스의 품질과 관련해서 발생되는 비용으로 재료비나 직접 노무비는 품질관리비용 안에 포함되지 않으며 간접제조경비로서 제조원가의 부분원가라 할 수 있다.

① **예방비용**(prevention cost)

품질수준의 유지와 불량품질을 예방하는데 드는 비용으로서 실제 생산이 진행되기 전에 소요되는 비용이다.

② **평가비용**(appraisal cost)

생산된 제품의 품질특성이 기술적인 규격에 적합한가를 확인하기 위하여 검사하는 데 소요되는 비용이다.

③ **실패비용**(failure cost)

완성된 제품의 품질이 일정한 품질수준에 미달됨으로써 발생하는데 불합격품, 반품, 크레임 등의 결과로 나타나며 만약에 제품에 결함이 없다면 발생하지 않는 비용이다.

1) 품질관리의 의의

불량품생산을 예방하기 위하여 원자재나 완제품에 대한 품질의 통제가 이루어지는 관리기능으로 제품생산과정의 결점을 예방·조사 그리고 보완하는 데 필요한 모든 방법과 수단을 이용하여 그 기능을 수행하여야 한다.

품질관리를 실시하게 되면 다음과 같은 기대효과를 거둘 수 있다.

① 품질을 균일하게 하고 제품의 성능을 향상시킬 수 있다.

② 불량품이 감소되고 수율(yield percentage)은 향상된다.

③ 불량으로 발생하는 손실에 따른 제비용을 감소시킨다.

④ 원자재 공급자, 소비자와의 거래가 공정하게 이루어진다.

2) 품질관리의 발전

파이겐바움(Feigenbaum)은 품질관리의 발전과정을 다음과 같이 7단계로 설명하고, 19세기 이후 대략 20년을 주기로 변천하였다고 주장한다.

① 작업자에 의한 품질관리(operator quality control)

② 공장관리자에 의한 품질관리(foreman quality control)

③ 검사원에 의한 품질관리(inspection quality control)

④ 통계적 품질관리(statistical quality control)

⑤ 전사적 품질관리(total quality control)

⑥ 품질보증(quality assurance)

⑦ 전사적 품질경영(total quality management)

4. 설비보전관리(maintenance)

설비와 기타 여러 가지 자산의 상태가 정상적으로 유지되도록 계획하고 관리하는 모든 활동을 말하며, 설비보전이 잘못되면 설비가 가동될 때 고장의 위험성이 커질 뿐만 아니라 작업지연이나 유휴시간이 발생하여 많은 비용이 발생한다. 대부분 설비보전관리란 낡은 부품의 교체, 긴급수리나 예방조치 등과 같은 물적 자원의 보전뿐만 아니라 휴가·교육·훈련·의료설비 등의 인적 자원의 보전도 설비보전활동이라 할 수 있다.

1) 설비보전관리 목적

생산시스템의 모든 설비는 기업의 목표달성에 가장 잘 기여할 수 있는 상태로 유지시키는 데 그 목적이 있으므로 설비보전활동도 기업의 목표 달성에 기여하도록 설계되고 전체 생산시스템 차원에서 평가하여야 한다.

이러한 평가기준은 장기적 관점에서 총설비보전비용을 최소화하는 데 주어지는 것이 일반적이나 때로는 고용의 안정, 종업원의 안전, 신뢰성 및 단기적인 경제여건의 충족 등을 우선적인 평가기준으로 할 수도 있다.

2) 설비보전관리 유형

기계설비의 고장발생시점을 기준으로 두 가지 유형으로 분류한다.

(1) 예방보전(preventive maintenance)

설비의 성능이 표준 이하의 상태(고장이나 파손 등)로 떨어지는 것을 사전에 예방하는 보전활동으로 일상적인 검사나 서비스를 통하여 잠재적인 고장상태를 사전에 발견하고 약간의 조정 또는 간단한 수리를 실시함으로써 성능의 저하, 고장 및 안전사고 등을 미연에 방지하여 설비의 성능을 항상 일정한 수준으로 유지시키는 데 그 목적이 있다.

(2) 수리보전(corrective maintenance)

시설 또는 설비가 고장나거나 파손될 때까지 일단 사용하고, 정상가동이 불가능한 상태에 이르렀을 때 비로소 수리하는 보전활동을 말한다.

3) 설비보전비용

(1) 예방보전비용(preventive maintenance cost)

정기적인 검사, 수리, 서비스 등과 같은 설비의 예방보전활동에 소요되는 비용이다.

(2) 수리보전비용(corrective maintenance cost)

고장비용이라고도 하며 수리에 들어가는 비용, 설비의 고장에 따라 기계와 작업자의 유휴로 조업이 중단됨에 따른 손실 및 일정계획의 지연으로 인한 손실 등을 의미한다.

(3) 최적설비보전 활동수준

그림에서처럼 수리보전비용은 최적설비보전활동수준인 M까지는 예방보전비용보다 높으나 M을 지나면서부터는 예방보전비용이 수리보전비용보다 높기 때문에 이 경우 기업은 예방보전활동을 하기보다는 설비에 고장이 발생할 때까지 기다리는 것이 더욱 경제적이다. 결국 관리자는 예방보전비용과 수리보전비용을 합한 총설비보전비용이 최소가 되는 점 M의 수준에서 설비보전활동을 수행하는 것이 바람직하다.

최적설비보전 관리

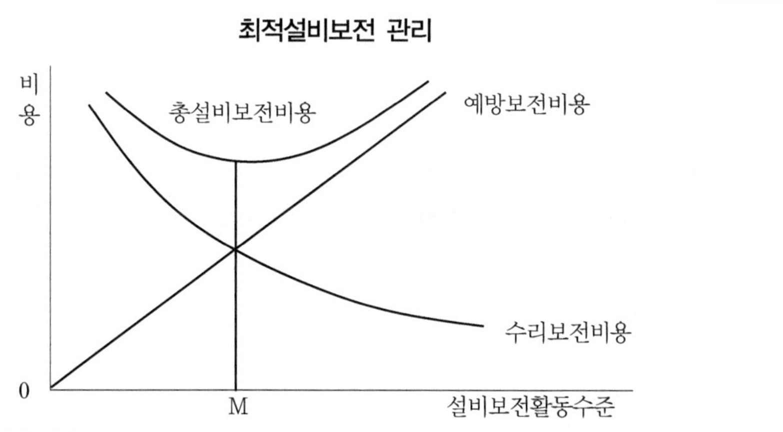

Chapter 8 인적자원관리

제 1 절 기초개념

1. 인적자원관리란?

인적자원관리(personnel management : human resources management)란 조직의 목표를 달성하기 위한 인적자원의 확보(procurement), 개발(development), 보상(compensation), 유지(maintenance)를 제반 환경 조건과 관련하여 계획, 조직화, 지휘, 통제하는 관리적 체계이다.

1) 인적자원관리 성격

(1) 실천이론적 성격

인적자원사상으로부터 추상화된 가설과 전제를 설정하고 관찰과 실험을 통해서 검증함으로써 경험적 사상을 바르게 설명하고 예견할 수 있는 이론을 탐구하는 것이다.

(2) 경영관리적 기능

경영의 모든 활동은 인간의 활동을 통해서 이루어지므로 전반적 경영관리기능에 통합되어야 할 기능이다. 인적자원관리의 집행기능은 라인관리자가 담당해야 할 기능이므로 경영관리가 인적자원관리이고, 인적자원관리가 경영관리라고 할 수 있다.

2) 인적자원관리 목표

- 생산성 목표와 유지목표와의 균형
- 연공주의와 능력주의의 조화
- 노동생활의 질 향상

3) 인적자원관리 체계

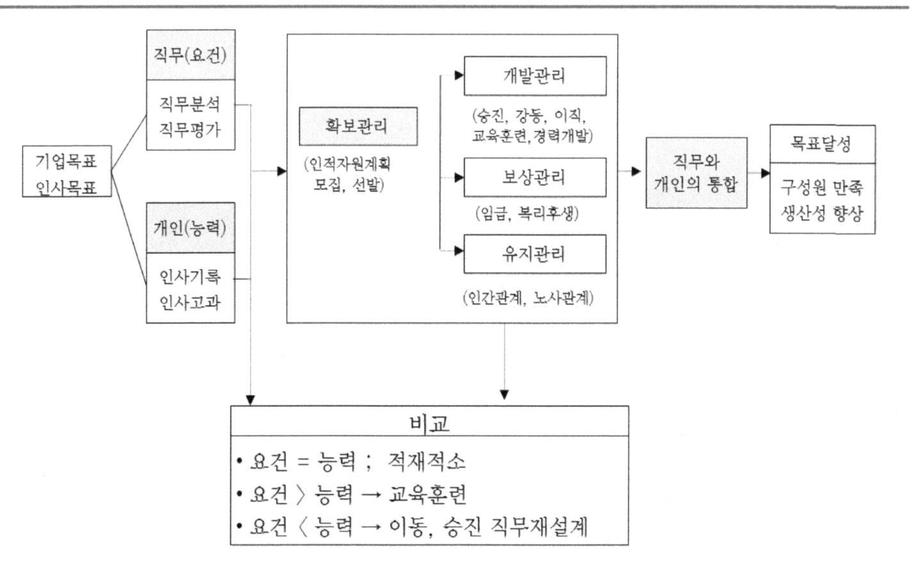

2. 직무분석(job analysis)

특정직무의 내용과 특성을 분석하여 그 직무의 성격과 그 직무를 수행하는데 필요한 자격요건 -종업원의 숙련·지식·능력·책임·작업환경- 등을 명확히 결정하는 과정이다. 직무분석을 중심으로 한 직무연구나 이에 따라 실시되는 인사고과는 인적자원관리의 기본적 자료가 된다.

일반적으로 직무분석에 의해 밝혀져야 할 사항은 다음과 같다. ① 직무의 내용은 무엇인가? ② 직무는 어떻게 수행되는가? ③ 타 직무와의 관계는 어떠한가? ④ 좋은 성과를 얻기 위해 요구되는 기능과 특성은 무엇인가?

1) 목적

① 직무평가의 기초가 되는 직무기술서와 직무명세서 작성
② 합리적인 조직계획
③ 모집, 선발, 배치, 승진, 이동
④ 교육훈련계획
⑤ 임금관리
⑥ 작업조건 및 작업환경의 개선
⑦ 작업방법 및 작업공정의 개선
⑧ 인사고과의 기준설정

2) 방법

(1) 관찰법(observation method)

종업원이 직무를 수행하는 것을 관찰하고 기록하여 직무기술서를 작성하는 방법으로 과업이나 임무를 파악하는 보편적인 방법이다.

(2) 면접법(interview method)

면접을 통하여 직무를 분석하는 방법으로 직무수행기간이 긴 경우에 작업수행을 요약하여 간단하게 설명할 수 있다. 또 정신적인 작업과정을 설명할 수 있기 때문에 정신적·육체적 행위가 모두 기술될 수 있다.

(3) 질문서법(questionnaire method)

설문지에 답을 쓰거나 과업, 작업조건, 소요재료 등에 관하여 좀더 상세히 기술하게 함으로써 정보를 얻는 방법이다.

(4) 경험법(empirical method)

직무분석자 자신이 그 직무를 수행해 보는 방법이다.

(5) 임상적 방법(clinical method)

직무활동의 시간적 형태를 객관적으로 파악하는 시간연구, 공간적 형태를 객관적으로 기록하여 우량작업과 불량작업을 규제하는 요인의 추출에 힘쓰는 동작연구, 직무의 소요특질을 현재 그 직무에 종사하고 있는 평균적인 작업 또는 우수작업자에 대한 성능검사를 하고 그 결과로서 결정하는 테스트법 등이 있다.

3) 절차

(1) 예비작업

분석에 들어가기 전에 각각의 직무에 관련된 일의 처리과정·제도절차 등의 개요, 각 직무의 업무개요, 각 직위가 설치된 과 또는 팀내의 업무분담관계에 관해서 충분한 예비지식을 얻는 예비작업단계가 필요하다.

(2) 본작업

실제담당자와 면접(interview), 관찰을 통해서 직무의 현황을 분석한다. 이 단계에서 업무의 내용과 노동력의 내용과의 관계를 명확하게 하여 직무분석표에 기록한다.

(3) 정리분석작업

① 특정 직위에 대해서 직무분석한 결과를 직무분석표에 정리하여 그 직무담당자와 함께 검토하고, 분석한 내용에 대해서 확인을 받는다.

② 한 부단위 또는 한 과단위의 모든 직무 분석을 마치면 직무담당자의 확인을 받은 직무분석표에 조직기능도를 첨부해서 관리자(부장 또는 과장)에게 제출하여 단위조직내의 분업, 분담상황, 분석내용의 적부에 대해서 검토를 받아 승인을 얻는다.

③ 관리자의 승인을 얻은 다음 분석결과를 정리하여 직무기술서와 직무명세서를 작성한다.

4) 직무기술서와 직무명세서

(1) 직무기술서(job description)

직무분석에 의하여 얻어진 직무 전반에 걸친 사항을 직무의 특성에 중점을 두고 정리한 문서로 다음과 같은 사항을 기재한다.

① 직무표지(직무의 명칭, 부서, 부호 등)
② 직무개요(직무의 목적, 내용 등)
③ 직무내용(직무수행의 방법, 기간, 관계, 활동사항 등)
④ 직무요건(기술 및 숙련, 책임 및 의무, 인적자격 및 작업조건에 관한 것 등)

(2) 직무명세서(job specification)

직무기술서의 내용 중에서 직무요건, 특히 인적요건에 큰 비중을 두고 상세하게 정리한 점이 특징이다.

3. 직무평가(job evaluation)

직무기술서 또는 직무명세서를 기초로 각 직무의 중요성, 난이도, 위험도 등을 평가하여 직무간의 상대적 가치를 분석하는 체계적인 방법이다.

1) 목적

직무평가의 목적은 임금구조의 합리화라고 요약 할 수 있다.

① 직무의 상대적 가치측정으로 합리적인 임금관리 유지
② 합리적인 임금정책에 의한 노사관계의 안정도모
③ 임금교섭시 기초자료 제공
④ 조직의 직계제도 확립과 직무급 입안의 기초자료 제공
⑤ 합리적인 직무구분에 의한 승진경로 및 배치기준 확립
⑥ 직무의 상대적 중요도에 의해 인사고과의 기초자료 제공

2) 직무평가 요소

산업분야의 특색에 따라 상이하나 일반적인 평가요소로 C. W. Lytle은 ① 숙

련(skill) ② 책임(responsibility) ③ 노력(efforts) ④ 작업요건(working conditions) 등을 들고 있다.

3) 직무평가 방법

(1) 비계량적방법

① **서열법**(ranking method)

기업 내의 각 직무를 상대적인 숙련, 노력, 책임, 작업조건 등의 요소를 기준으로 종합적으로 판단하여, 높은 가치를 가진 직무로부터 낮은 가치를 가진 직무의 순으로 배열하는 방법이다.

이는 과학적인 방법은 아니며, 직무간의 차이가 명확하거나 평가자가 모든 직무를 잘 알고 있을 경우에만 적용이 가능하다.

신속하고 간편하게 직무의 등급을 매길 수 있다는 장점이 있으나, 등급을 매기기 위한 일정한 기준이 없으며, 직무의 수가 많고 내용이 복잡해지면 사용이 어렵다는 단점도 있다.

② **분류법**(classification method)

분류할 직무의 등급(상, 중, 하)을 사전에 결정하여 놓고 각 직무를 적절히 판정하여 해당 등급에 기입하는 방법이다.

간단하고 이해하기가 쉽다는 장점이 있으나, 분류기준이 모호하고, 분류 자체의 정확성이 보장될 수 없다는 단점도 있다.

(2) 계량적방법

① **점수법**(point rating method)

직무를 평가요소별로 분해하여 그 중요성에 따라 일정한 점수를 배정한 후 평가요소별 점수를 합산하여 각 직무의 가치를 평가하는 방법으로 기능직을 평가하는 데 많이 사용한다.

직무의 상대적 차등을 명확하게 정할 수 있으며, 평가결과에 대한 이해와 신뢰를 얻을 수 있다는 장점이 있으나 적합한 평가요소 선정과 평가요소별 가중치의 결정이 어렵다는 단점도 있다.

② 요소비교법(factor comparison method)

핵심이 되는 기준직무를 선정하고 직무를 평가요소별로 분해하여 점수 대신 임률로 기준직무를 평가한 후 다른 직무를 기준직무와 비교하여 각각의 임률을 결정하는 방법이다. 이때 기준직무란 업무내용이 명확하고, 임률이 직무에 적절하다고 인정되는 직무를 말한다.

이는 사무직, 기술직, 감독직, 관리직 등 상이한 직무에도 널리 사용할 수 있다는 보편성을 가지고 있으나, 기준직무의 선정과 임률의 평가요소별 배분이 어렵다는 단점도 있다.

4. 직무설계(job design)

조직의 목표와 직무를 맡고 있는 개인의 욕구가 만족되도록 직무내용(job content)과 작업방법(work method)을 설계하는 체계적인 과정이다.

전통적 직무연구는 '직무'를 중심으로 '사람'을 어떻게 적응시키느냐 하는 직무분석, 직무평가가 연구대상이었으나 근대적 직무연구는 '사람'을 중심으로 '직무'를 어떻게 설계하느냐 하는 직무설계를 그 연구대상으로 삼고 있다.

1) 목적

① 구성원이 직무에 만족과 의미를 느끼도록 동기부여
② 생산성 향상
③ 재화와 서비스의 양과 질의 개선
④ 원가절감
⑤ 이직과 훈련비용 감소
⑥ 신기술에 신속한 적응

2) 연구방법

(1) 전통적 직무설계

직무설계는 18C A. Smith가 분업에 의한 전문화를 추구한 것에 기원이 있지만 체계적인 연구는 F. W. Taylor의 과학적 관리법에서 시작하였다.

① 과학적 관리법(scientific management)

전문화, 표준화, 반복 등을 통한 작업의 능률(efficiency)을 강조하였다. 작업의 능률은 제한된 과업과 작업조건의 표준화, 작업자의 대체성에 달려 있다는 전제 하에 작업에 대한 '과학적'인 분석을 통하여 '이상적'인 작업 내용과 작업수행 방법을 설계하는 하향적 접근방법(top-down approach)이다.

과학적 관리법은 생산시스템의 기계화와 자동화, 능률 중심적인 경영관리에 유효한 연구방법을 제공하였다.

(2) 과도기적 직무설계

① 직무순환(job rotation)

작업자들은 다양한 과업(tasks)을 교환할 수 있어, 이 과업에서 다른 과업으로 순환이 가능하다는 것으로 종업원들을 여러 직무로 이동함으로써 다른 기능(skills)을 개발할 기회도 주며, 생산과정에 대한 시야를 넓힐 수 있다. 작업자의 직무와 기대는 크게 바뀌지 않기 때문에 큰 문제에 대한 단기적인 해결책일 뿐이다.

② 직무확대(job enlargement)

직무에 대한 단조로움 등을 줄이고 직무만족을 높이며 결근, 이직율 감소를 위한 해결책으로 작업자가 자기실현욕구를 충족시켜 작업의욕을 향상시키고자 작업자가 맡는 과업의 수와 다양성을 증가시키는 것이다.

그러나 직무확대로 인하여 직무가 쉬워지게 되면 동기부여를 감소시키고, 어려워지면 갈등이나 좌절을 갖게 되기 때문에 과업의 수와 다양성을 어떻게 적정하게 결정하느냐가 문제가 된다. 또 작업량이 증대되어 종업원 감축의 한 수단이 된다는 비판도 있다.

(3) 현대적 직무설계

① 직무충실화이론(job enrichment)

직무순환이나 직무확대는 적극적으로 동기부여하여 성과를 내는데 미흡

하여 보완한 방법이 직무충실화이다.

이것은 F. Herzberg의 2요인이론(dual factor theory)에 근거한 것으로 직무만족과 성과를 높이기 위해서 직무의 내용을 다양하게 하고, 계획·지시·통제하는 자율성과 책임을 많이 부여하며, 개인적인 성장과 일 자체에서 의미 있는 경험을 할 수 있는 기회를 제공해 주도록 설계하는 것이다. 직무확대가 수평적으로 직무의 부담을 늘리는 것임에 반하여 직무충실화는 수직적인 직무의 부담 즉, 직무의 깊이를 깊게 하는 것이다.

직무충실화는 근로생활의 질(quality of work life)과 관련하여 품질향상과 사기앙양, 이직률·사고율의 감소 등 많은 성과를 거두고 있다.

그러나 직무내용의 개선은 과업 자체의 성격에 따라서 적용성에 큰 제한을 받게 되므로 직무특성, 구성원들의 개인차와 성장배경 등을 고려하여 선별적으로 적용해야 한다.

② **직무특성이론**(job characteristic approach)

F. Herzberg의 직무충실화에 기본을 두고, 현재의 직무를 진단하고 이에 따라 변화를 시도한다는 사고를 도입하고 있다. 어떤 직무가 사람들에게 일할 마음을 갖게 하며, 누가 그 일에 적합한가, 어떻게 모티베이션을 많이 제공할 수 있는가, 이에 따른 작업자의 작업행위나 직무만족, 조직성과의 향상 등과 같은 결과를 어떻게 측정할 것인가에 염두를 두고 직무를 설계하려는 것이다.

G. R. Oldham은 어떤 직무특성이 중요한 심리상태를 유발한다는 것으로 기능다양성·과업정체성·과업중요성 등이 작업의 경험적 의미를, 자율성이 작업결과에 대한 경험적 책임감을, 피드백이 결과에 대한 인식을 갖게 해주며 이런 심리적 상태가 클수록 모티베이션은 상승하고 일을 더 잘하게 된다는 것이다. 자기가 관심을 가지고 있는 과업(작업의 경험적 의미부여)에서 얼마나 개인적 성과를 달성했는가(작업결과에 대한 경험적 책임감)를 알게 될 때(작업활동의 성과에 대한 인식), 내재적 보상이 획득되고, 이것은 강화요인이 되어 훌륭한 성과를 내게 한다.

직무특성이론은 종래의 추상적·개념적인 직무충실화이론에서 벗어나 개인차를 고려하여 직무특성과 성과변수사이의 관계를 제시하고 각 직무특성차원을 명확히 하여 실행개념까지 도입함으로써 실질적인 직무설계를 제시한 점이 높이 평가할 만하다.

5. 인사고과

직무평가가 직무의 상대적 가치를 결정하는 제도임에 반하여, 인사고과는 조직이 필요로 하는 사람들의 능력, 태도, 적성, 업적 등을 조직에 대한 유용성의 관점에서 평가하여 상대적인 가치를 체계적으로 파악하기 위한 제도이다.

1) 목적

① 성과측정 및 보상
② 인사이동(배치·승진·전직·해고)
③ 교육, 훈련 및 지도
④ 인사정책의 타당성 검토
⑤ 조직의 여건 및 구조 개선
⑥ 노동태도 및 사기증진

2) 방법

(1) 인사고과자에 의한 분류

① 자기고과
② 상사에 의한 고과
③ 동료에 의한 고과
④ 부하에 의한 고과
⑤ 외부인에 의한 고과
⑥ 복수고과

(2) 인사고과기법에 의한 분류

① 평정척도법

고과요소를 선정하여 놓고, 피고과자가 고과요소에 포함된 지식이나 능력 등을 얼마나 소화하고 발휘하고 있는가를 판정하여, 고과요소의 척도상에 우열을 표시하는 것이다. 평가가 간단하며 분석적이어서 가장 많이 사용되고 있는 방법이며 도표식 척도법과 다단계식 척도법으로 구분할 수 있다.

② 인물비교법

㉠ 서열법 또는 순위비교법

능력, 근무성적, 태도 등을 상호 비교하여 서열을 매김으로써 우열을 평가하는 방법으로 고과요소별로 분석하여 순위를 매기는 방법과 종합적으로 순위를 결정하는 방법이 있다.

㉡ 강제할당법

평정 등급을 A, B, C, D, E 등으로 구분하여 놓고, 각 등급에 피고과자 수의 10%, 20%, 40%, 20%, 10%를 할당하도록 하는 방법으로 평가결과가 편향되는 것을 방지하기 위하여 사용한다.

③ 대조법

피고과자들이 고과요소를 얼마만큼 소유, 발휘하고 있는가를 기술한 문장을 관찰항목으로 하기 때문에 구체적인 행동 기준에 의한 평가가 가능하여 공정성과 타당성을 높여 준다.

3) 인사고과평정의 오류

불공정한 인사고과는 평정자의 오류로 인하여 야기되는데 평정오류는 다음과 같은 것들이 있다.

① 현혹효과(halo effect)

피고과자의 한 측면만 보고 다른 측면까지 평가하려는 경향.

② 관대화 경향(leniency tendency)

피고과자의 실제 능력이나 실적보다도 더 높게 평가하는 경향.

③ **중심화 경향**(central tendency)

평가 결과가 중간수준으로 나오는 경향. 관대화경향의 경우와 유사한 이유로 나타난다.

④ **논리적 오류**(logical errors)

상관관계가 있는 요소간에 어떤 요소가 우수하면 다른 요소도 당연히 그럴 것이라고 판단하는 것이다.

⑤ **비교 오차**(contrast errors)

고과자가 자신을 기준으로 하여 피고과자를 평가하는 경향.

제 2 절 확보관리

1. 인적자원계획(human resource planning)

기업의 환경변화와 사업계획을 고려하여 필요한 인력을 적절히 확보하기 위한 조치들을 확정하는 과정이다. 따라서 인적자원계획의 목적은 기업이 필요로 하는 인력을 적절히 확보하는 데 있다. 인적자원은 기업이 갑자기 필요로 할 때 즉시 공급되지 않는다는 점이 다른 자원과 또 다른 특수성으로 필요한 인력을 적시에 확보하기 위해서는 기업이 장기적 관점에서 정기 또는 수시로 필요인력의 질과 양을 결정하고, 내부공급 인력의 수준을 검토함으로써 인력의 과부족상태를 파악하여야 한다. 이를 통해 외부충원을 할 것인지, 또는 내부이동이나 근무시간의 변경 등을 할 것인지를 결정할 수 있다.

■ 인적자원계획 과정

1) 필요인력수요 결정

필요한 인력은 경영목표와 전략으로부터 알 수 있다. 왜냐하면 경영목표나 전략이 필요한 인적자원의 질과 양을 결정해 주기 때문이다. 경영계획이나 전략을 통해 필요한 기술과 능력을 가진 인력의 질과 양이 결정되면 다음에 그 결과를 직급·기능·기술별로 인원수를 구체화시킨다.

2) 기존인력 분석

기존인력에 대한 분석은 기술목록을 통해 이루어진다. 기술목록에는 내부 인적자원에 대한 가능한 모든 유효한 정보가 기록되어 있다. 즉, 연령·성 등의 인적사항, 학력·경력·교육훈련 등의 기술(skill)에 관한 정보, 급여 관련 내용, 시험·자격증·외국어능력 등의 개인적 능력에 관한 정보, 개인적 강점·약점, 기타 사항 등이다.

인적자원계획 과정

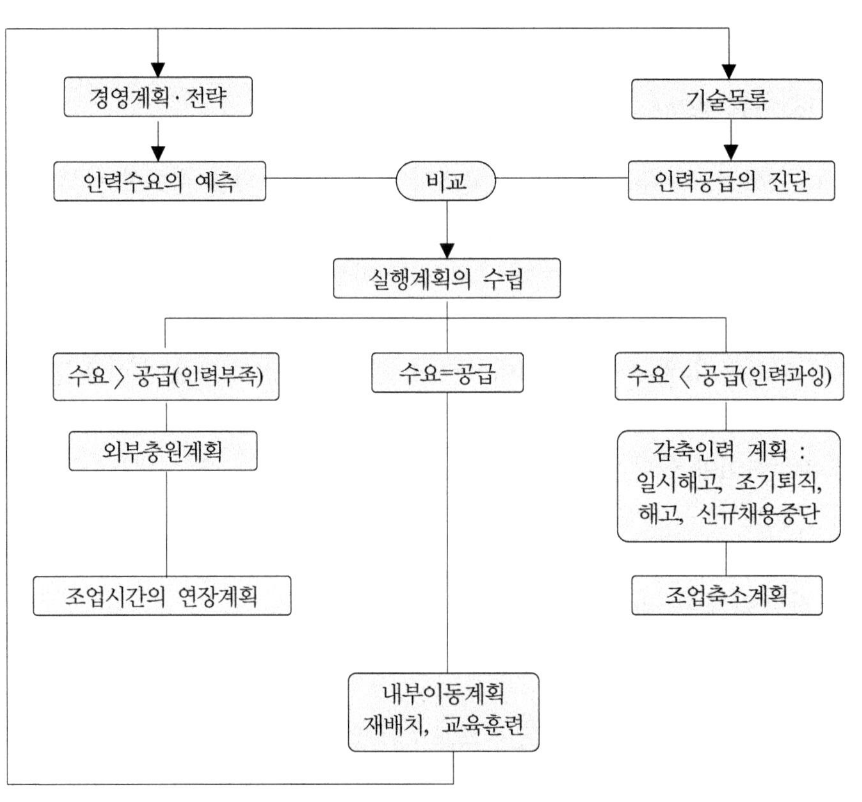

기술목록에 수록된 내부 인적자원에 대한 변동사항이 있을 때는 지속적으로 이에 대한 수정·보완의 과정이 추가되어야만 경영목표의 달성에 이바지할 수 있는 내부 인력공급원의 수준을 분석하기 위한 기본적 자료로서 활용가치가 있는 것이다.

한편, 이렇게 기술목록 등을 통해 내부 인적자원에 대한 기술과 능력·실적을 검토하는 절차를 인적자원검사(human resources audit)라고도 한다. 이를 통해 내부 인적자원에 대한 정보를 점검하고 승진·경력계획·교육훈련·내부이동 등의 자료로 활용하는 것이다.

3) 인력의 수요·공급비교와 실행계획 수립

경영계획을 근거로 한 필요인력수요의 결정과 기존인력에 대한 진단이 이루어진 후 양측을 비교하면 어떤 차이가 나타나게 된다. 그 차이를 시정하기 위한 계획이 수립되는데 이를 실행계획이라고 한다.

인력의 수요가 많은 경우에는 외부충원·잔업연장 등의 실행계획이 수립된다. 그리고 인력의 내부공급이 넘치는 경우에는 먼저 정상근무, 유휴인력의 교육훈련을 통해 그 차이를 시정하거나, 만약 그 정도가 심각하면 감량경영 등의 조치로 이어지기도 한다. 또 전체적으로는 어느 정도 수요·공급의 균형이 이루어졌다 하더라도 부문간에 불균형이 있을 수 있는데, 이때는 내부이동 즉, 재배치를 통해 균형을 도모할 수도 있다.

2. 고용관리(employment management)

현재 및 미래의 소요인력을 분석하고 직무에 적합한 유능한 인재를 확보하여 최대의 능력을 발휘하도록 조정해 나아가는 관리활동으로 모집·선발·배치가 중심과제이다.

1) 모집(recruitment)

채용계획을 통하여 소요인원수를 결정하여 선발 기준을 명백히 하고, 정기 채용인가 부정기 채용인가를 결정하여야 한다.

모집방법은 ① 내부공급원, ② 외부공급원에서 모집하는 방법 등이 있다.

내부공급원의 경우는 회사내에서 종업원의 전직이나 승진을 통해 적격인력을 조달하는 경우이고, 외부공급원의 경우는 회사 밖에서 소요인력을 모집하는 경우인데 광고, 교육기관, 채용대행기관과 종업원을 통하는 방법 등이 있다.

2) 선발(selection)

특정직무를 수행하는데 필요한 자질과 능력을 가진 사람을 선정·채용하는 것이다.

인력을 선발할 때에는 선발시험과 면접 등의 선발도구가 필요하다. 선발시험은 직무수행에 필요한 능력을 판정하기 위한 것으로, 이에는 성취도 검사·적성검사·지능검사 등이 있으며, 면접은 선발시험만으로 알 수 없는 지원자에 대하여 더욱 구체적인 사항을 심층적으로 점검할 수 있는 중요한 선발도구이다.

선발도구가 효과적이기 위해서는 신뢰성과 타당성을 갖고 있어야 한다. 신뢰성(reliability)이란 선발도구를 통해 나타난 결과가 안정적이어야 한다는 것을 말한다. 평가 결과가 안정적이라는 것은 둘 이상의 평가자의 평가 결과가 동일해야 한다는 것을 의미한다. 타당성(validity)이란 사용된 선발도구에 의한 평가치가 지원자의 직무성과를 얼마나 잘 예측할 수 있는지를 의미한다.

3) 배치(placement)

채용된 종업원은 적재적소의 적정배치가 이루어져야 한다. 이를 위해서 직무분석 및 직무평가와 병행하여 당사자의 인물·능력·적성 및 희망조건 등이 검토·배려되어야 한다.

제 3 절 개발관리

1. 경력개발제도

경력개발제도(career development program : CDP)란 종업원의 경력을 조직내에서 적극적으로 실현시키려는 데 있어 조직이 필요로 하는 인적자원의 능력을 계속적으로 확보하고 조직의 유효성 내지 조직의 발전을 도모하는 종합적인 프로그램이다.

1) 경력개발(career development)의 의미

① 개인의 경력목표를 설정하고 ② 이를 달성하기 위한 경력계획을 수립하여 ③ 조직의 욕구와 개인의 욕구가 합치될 수 있도록 각 개인의 경력을 개발하는 활동을 말한다.

2) 목적

① 종업원의 자질향상, 이직방지, 후계자양성 등 인재의 효율적인 확보 및 배분을 통하여 조직유효성을 증대시킨다.
② 경력계획은 종업원에게 승진가능성을 제시함으로써 자기발전을 위한 명확한 목표를 갖고 능력을 유감없이 발휘할 수 있도록 함으로써 종업원의 성취동기를 유발시킨다.

3) 경력개발의 실천적 기법

(1) 개별적 기법

① **최고경영자 프로그램**(advanced management program)
매년 유망한 중간관리자들을 후보로 선발하여 사내 프로그램을 중심으로 훈련을 실시하는 것으로 상위 관리직에 적합한 높은 잠재력을 지닌 후보자를 선정할 수 있다.

② 계획적 경력경로화(career pathing)

신입사원은 처음 몇 년 동안 9~12개월마다 다른 부서로 이동하여 여러 부서경험을 쌓은 후 단계 높은 직무를 맡게 되면 새로운 경력경로가 제시되는 것이다.

③ 중간경력의 쇄신(mid-career update)

진부화문제를 해결하기 위해 중간경력관리자들을 대상으로 최신기술을 습득하도록 하는 프로그램을 마련한다.

④ 예비퇴직상담(pre-retirement counselling)

퇴직 1년 전의 종업원들을 퇴직준비세미나에 참석시키는 것으로 세미나의 주제는 연금, 보험, 사회보장제도, 여가활용방법, 심리적 적응, 재배치, 제2의 경력 등이다.

(2) 조직단위 기법

① 직무중심의 경력개발제도

개인이 설정한 경력목표에 도달하기 위한 경력경로에 해당하는 합리적이고 연속적인 직무할당을 규정함으로써 직무목표에 도달하는데 소요되는 시간을 단축해야 한다. 이를 위한 전제로 직무평가시스템이 도입되고 직무개발계획이 설정되어야 한다.

② 기타 경력개발을 위한 제도

전종업원을 상대로 한 경력교육의 실시, 평가센터제도, 직능자격제도, 생애·경력개발제도 등을 운영하면 많은 도움이 될 것이다.

2. 교육훈련(education & training)

직무수행요건과 직무수행능력을 비교하여 직무수행능력이 직무요건에 미치지 못하는 경우에 주로 이루어진다. 그러나 최근에는 직무와 직접 관련이 없는 정신교육, 애사심 고취를 위한 교육, 윤리경영을 위한 교육 등도 많이 실시되고 있다.

교육과 훈련을 비교하여 교육(education)은 보편적 지식을 학습하는 반면 훈련(training)은 특정 기능이나 기술을 학습하는 것으로 구분하기도 한다.

1) 목적

① 인재육성을 통한 기술축적
② 의사소통의 원활화를 통한 조직협력
③ 자기발전의 욕구충족을 통한 동기유발

이들 중에서 ①, ②는 경영자의 입장에서, ③은 종업원의 입장에서 추구하는 목적이라고 할 수 있다.

2) 교육훈련의 체계

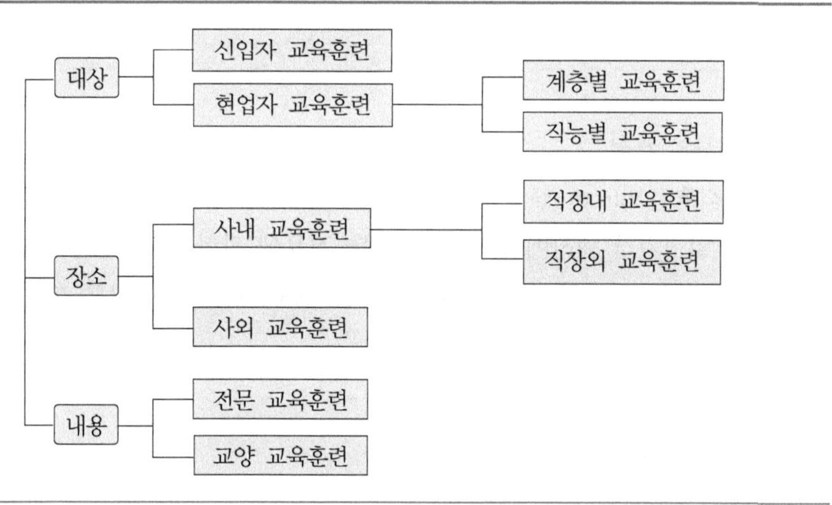

(1) 직장 내 교육훈련(on the job training : OJT)

직장에서 구체적인 직무를 수행하는 과정에서 상사가 부하에게 직접적으로 개별지도를 하는 방식을 말한다.

(2) 직장외 교육훈련(off the job training : off JT)

교육훈련을 담당하는 전문스탭의 책임 하에 조직내의 교육기관이나 특정의 교육훈련시설을 통해서 하는 것은 물론, 조직 외의 전문 훈련기관에 위탁하여 수행하는 경우도 있다. 따라서 현장의 작업과는 직접 관련을 갖지 않는 보편적이고 일반적인 작업이나 인간관계의 중요성 등을 교육훈련하는 데 적합하다. 이는 현장작업과 관계없이 예정된 계획에 따라 훈련할 수 있다는 장점이 있으나 그 결과를 곧 현장에서 활용하기 어렵다는 단점이 있다.

직장 외 교육훈련의 종류

구분	내용
① 신입사원 훈련	입직훈련, 기초훈련, 실무훈련
② 일반사원 훈련	기능훈련, 노동교육, 교양 교육
③ 일선감독자 훈련	JIT, TWI
④ 중간관리자 훈련	MTP
⑤ 최고경영자 훈련	ATP, AMP

① 신입사원 훈련

- 입직훈련(introduction training) : 신입사원들에게 수습기간 또는 채용직후 일정기간 회사에 관한 제반사항, 직무에 관한 요건, 근무태도 등을 훈련시키는 것으로 흔히 오리엔테이션(orientation)이라고도 한다.
- 기초훈련
- 실무훈련

② 일반사원 훈련

- 기능훈련(skill training)
- 노동교육(labor education)
- 교양교육(general education training)

③ 일선감독자훈련

직접 작업자를 지휘·감독하는 일선감독자는 기능 및 기술의 향상, 사고력·판단력·응용력 배양, 부하를 지휘하는 통솔력 배양 등에 대해 훈련을 받는다.

이들을 위한 훈련기법은 다음과 같다.

- JIT(job instruction training)
  미숙련공을 훈련시킬 일선감독자 교육을 위해 고안된 방식으로, 훈련을 받을 준비, 작업방법의 설명, 작업의 수행, 사후검토의 4단계로 구성된다.
- TWI(training within industry)
  주로 생산부문에 있는 일선감독자를 훈련시키기 위한 단기훈련방법으로, JI(job instruction : 작업지시), JM(job method : 작업개선), JR(job relations : 부하통솔) 세 가지로 구성된다.

④ 중간관리자훈련

중간관리자훈련프로그램(MTP : management training program)이란 중간관리자의 직장외 교육훈련의 대표적 방법으로 TWI의 작업지도, 작업개선, 작업통솔뿐 아니라, 관리자로서의 직책을 수행하는 데 필요한 항목들(관리의 기본적 사고방식, 조직의 원칙, 조직의 검토 등)이 포함되어 있다.

⑤ 최고경영자훈련

- **최고경영자훈련프로그램**(administrative training program : ATP)
  최고경영자의 직장 외 훈련의 대표적 방법으로 토의방법을 사용하며 기업의 목적과 방침, 조직(경영계층, 조직형태, 조직편성 등), 관리(공정, 자재, 품질, 원가, 예산 등), 운영(업무의 실시, 조정 등) 등의 내용을 포함한다.
- **최고경영자프로그램**(advanced management program : AMP)
  매년 유망한 중간관리자들을 후보로 선발하여 사내 프로그램을 중심으로 훈련을 실시하는 것으로 상위 관리직에 적합한 높은 잠재력을 지닌 후보자를 선정할 수 있다.

3. 인사이동관리

종업원이 기업내에서 위치가 변동되는 것으로 전환·승진·강등 등이 포함된다. 기업내 조직구조, 직무내용, 직무수의 변화에 따라 담당자의 능력·태도·행동면에 일어나는 변화에 대응하기 위해서 전직·승진·휴직 등을 통하여 종업원의 인사이동관리가 필요하다.

1) 목적

① 종업원이 직무에 적합하지 않을 때에는 적재적소에 재배치
② 여러 부서에 배치·전환시킴으로써 모든 상황(직무)에 정통한 유능한 인재 육성
③ 포상 수단으로서 승진과 제재 수단으로서 강등·징계·해고 등을 행한다.

2) 인사이동관리 방법

(1) 전환(transfer)

종업원을 타 직무로 수평적으로 이동하는 것으로 임금이나 책임이 증가되지는 않지만 직무의 성격은 변화된다. 담당직무가 적성에 맞지 않거나 기간이 경과함에 따라 성격과 능력에 변화가 일어나므로 정기적으로 종업원의 근무성적·성격 등을 재평가하여 전환할 필요가 있다.

(2) 강등(demotion)

승진의 반대되는 개념으로 임금이 보다 적은 하위직위로 옮겨지는 것이며, 인사고과가 불량하거나, 직무수행상의 과오를 저질렀을 때 이루어진다.

(3) 승진(promotion)

종전의 직무보다 책임이 크고 더 많은 기술과 경험을 필요로 하며, 상위 직위로 옮겨지는 것이다.

승진을 결정하는 요소로 연공서열과 능력을 들 수 있다. 연공서열 위주로 승진을 결정하면 기업의 성과달성면에 문제가 있게 되고, 능력위주로 하게 되면 조직은 개인위주의 분위기가 조성되게 된다. 따라서 절충주의로 자격요건(학력·연령·근무 연수·지식·태도 등)을 정하고 자격을 갖춘 사람을 우선적으로 승진시키는 자격주의 승진제도를 채택하기도 한다.

(4) 휴직(layoff)

작업량이 감소한 경우, 어떤 직무가 불필요하게 된 경우, 생산능률의 개선으

로 종업원수를 줄여야 할 경우 등과 같은 기업측 사정으로 종업원이 일시적 내지는 항구적으로 기업을 그만 두게 하는 것이다. 이것은 비자발적인 이직이므로 휴직자의 선발 및 재고용의 기준, 휴직 중의 종업원의 권리뿐 아니라 휴직을 실시하기에 앞서 근로시간의 단축은 불가능한가, 휴직순서는 어떻게 결정할 것인가에 대해서도 충분한 검토가 있어야 한다.

(5) 해직(discharge) : 해고

종업원이 그 회사와 관련을 끊고 떠나게 되는 것을 말한다. 징계의 최후 수단으로 해직을 시키게 되는데 이는 생계의 박탈인 동시에 사회생활에 있어서 치명적인 타격을 받는 것이기 때문에 가능한 한 해직은 억제되어야 한다. 가장 보편적인 이유는 종업원의 무능력·불성실 및 규칙위반 등이다.

회사 입장에서도 새로운 종업원을 채용·훈련시키는 데 많은 시간과 비용이 따르게 되므로 큰 손실이 된다.

제 4 절 보상관리

1. 임금관리(wage management)

기업이 노동의 대가로서 근로자에게 지급해야할 임금의 금액과 제도를 합리적으로 계획·조직하고 그 성과를 통제하고 개선하여 인사관리의 목적을 달성하려는 관리를 말한다.

1) 중요성

임금은 사용자의 입장에서 생산비가 되고, 근로자의 입장에서 보면 생계유지를 위한 소득의 원천이 되는 이중성을 지니고 있어 임금문제를 중심으로 노사간 분쟁이 일어나게 된다. 따라서 노사 관계를 원만하게 하고 이익을 증대시키기 위해서는 공정하고 합리적 임금관리를 하지 않으면 안 된다.

2) 임금관리 원칙

(1) 노동의 질량대응 원칙

노동의 질과 양에 따라 결정되어야 한다.

(2) 노력·성과대응 원칙

노력(공헌도)과 성과(결과)에 따라 결정되어야 한다.

(3) 임금지급한도 원칙

기업의 지급능력한도내에서 결정되어야 한다.

(4) 생계비수준상회 원칙

근로자의 생활보장이 될 수 있도록 생계비를 상회하는 수준에서 결정되어야 한다.

(5) 임금안정 원칙

안정되어 있어야 한다.

(6) 사회적 균형 원칙

대내적인 계층별 균형과 대외적인 기업간 균형을 유지하여 사회적으로 균형을 이루어야 한다.

3) 임금관리 영역

(1) 임금수준(wage level) 관리

임금수준이란 일정기간동안 기업이 노동자에게 지급하는 임금의 평균수준을 말한다. 노동자 전체에 대한 임금지불액을 노동수로 나누어 산출한다.

임금수준의 결정원리로 적정성을 들 수 있는데 적정한 임금수준은 ① 생계비, ② 그 기업의 지급능력, ③ 동일산업·동일지역의 임금수준, ④ 최저임금제도 등 네 가지 요소를 고려하여 결정된다.

(2) 임금체계(wage structure) 관리

개개의 노동자에게 지급되는 임금의 복합적 구성형태로 두 가지 요건을 갖추어야 한다.

첫째, 임금체계는 간단해야 한다. 개별 노동자가 본인이 수행한 일에 대해서 얼마의 임금을 받을 수 있는가를 쉽고 명확하게 알 수 있어야 한다.

둘째, 임금은 ① 일정한 생활수준을 영위할 수 있는 금액, ② 직무의 가치, ③ 수행된 과업의 질과 양에 준해서 지급되어야 한다.

임금체계의 유형은 다음과 같다

① **연공급** : 개개인의 학력, 자격, 연령, 근속연수 등의 인적요소기준에 따라 임금수준을 결정하는 임금체계로 낮은 임금에서 출발하여 연령, 근속연수에 따라 정기승급이 행하여진다.

② **직무급** : 직무평가에 의하여 직무의 질과 양에 대한 상대적 가치를 평가하고, 등급화된 직무등급에 의거하여 임금수준을 결정하는 임금체계로 '동일노동에 대하여 동일임금을 지급한다'는 원칙에 입각하고 있기 때문에 적정한 임금수준의 산정과 각 직무간에 공정한 임금차이를 유지할 수 있는 기반이 된다.

③ **직능급** : 인적요소기준의 연공급과 직무요소기준의 직무급을 절충한 임금체계로 먼저 직능을 등급화하여 직계(예 : 주임, 대리, 과장 등)를 정하고 세분하여 호봉의 등급을 정하는데, 호봉에는 근무연수 등의 연공적 요소가 포함된다.

(3) 임금형태(wage payment method) 관리

종업원에 대한 임금산정방법·임금지급방법 등을 총괄한 개념으로, 임금체계의 하위개념이다.

임금형태의 유형은 다음과 같다.

① **시간급** : 노동자가 노동한 시간을 기준으로 하여 임금을 지급하는 임금형태로 단순시간급, 복률시간급 및 계측일급으로 구분

② **능률급** : 노동자의 작업량과 같은 양적성과를 기준으로 하여 임금을 지급

하는 임금형태로 성과급, 할증급, 상여급으로 구분

③ **특수임금제도** : 집단자극제, 순응임률제, 이윤분배제, 성과분배제로 구분

2. 복리후생관리

종업원의 생활수준을 향상시키기 위하여 기업이 시행하는 임금이외의 간접적인 모든 급부를 말한다. 처음에 기업이 종업원에 대하여 온정적·은혜적인 의미에서 임의적 제도로 시작되었으나, 산업사회의 발전과 노사관계의 변화로 국가의 입법활동에 의하여 강제적 성격을 더해가고 있다.

1) 복리후생의 종류

법정 복리후생은 법률에서 의무화한 사회보험의 기업부담분이며 사회보장제도의 발전에 따라 좌우되고, 법정 외 복리후생은 기업이 종업원에 대해서 실시하는 경제적 급여이며 경영사회정책의 발전에 좌우된다.

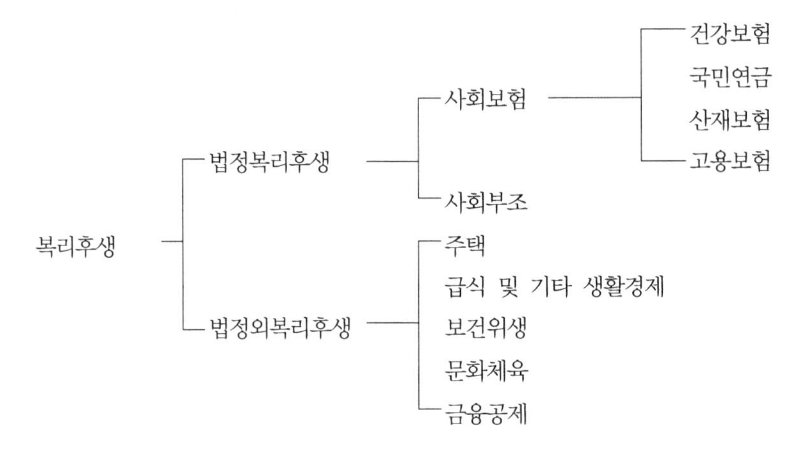

2) 복리후생의 효율적 관리

(1) 원 칙

① 적정성의 원칙

모든 종업원에게 필요하고, 경비부담이 기업의 능력범위 내이어야 하며, 동종산업·지역내의 타 기업과 크게 차이가 나지 않아야 한다.

② 합리성의 원칙

국가와 지역사회가 실시하는 사회보장제도와 지역사회 복지시설과 합리적으로 조정·관리하여야 한다.

③ 협력성의 원칙

노사가 협의하여 복리후생의 내용을 충실하게 하고, 운영에 있어서도 노사쌍방의 협력으로 보다 큰 효과를 낼 수 있다.

(2) 카페테리아식 복리후생(cafeteria-style pay plans)

다양한 개별 종업원의 욕구구조를 충족시키기 위하여 기업의 복리후생시설과 제도 중에서 일정한 비용의 범위내에서 자신이 원하는 것을 선택하게 하도록 하는 복리후생제도이다. 이는 개인의 욕구나 선호를 적절하게 충족시킬 수 있고 보상의 가치에 대한 인식과 만족감의 증대를 기대할 수 있으나, 관리의 복잡성, 비용 증대 등의 단점도 있다.

(3) 유의점

① 창출적 효과

복리후생이 종업원에게 소득을 형성시켜주는 이전적 효과에만 그칠 것이 아니라 경영의 성과를 창출하도록 운영되어야 한다. 따라서 복리후생정책은 경영성과의 과정과 통합되어야 한다.

② 종업원의 욕구구조파악

한정된 자금을 효율적으로 활용하기 위해서 종업원의 복리후생에 대한 욕구구조와 계층에 따른 욕구내용을 정확히 파악하여 이에 대한 적절한 대책을 모색하여야 한다.

③ 질적인 측면의 고찰
복리후생의 양적, 구조적 측면도 중요하지만 동기유발과 사기를 높이기 위해서 종업원을 위한 서비스나 정신적 만족감을 줄 수 있는 질적인 대책도 고려하여야 한다.

④ 종업원의 참여와 의사소통
계획과 운영에 종업원이 참여하고 복리후생의 제도와 내용 등을 종업원들이 이해하고 신뢰할 수 있도록 의사소통이 되어야 한다.

제 5 절 유지관리

1. 인간관계관리

인간은 경제적 욕구 외에도 여러 심리적·사회적 욕구도 동시에 지니고 있음을 전제로 이런 욕구를 충족시켜 주고 인간의 존엄성을 존중해 줌으로써 자발적인 협력을 이끌어내어 작업능률을 향상시켜 기업의 유지·발전에 기여하고자 하는 계획적이고 조직적인 일련의 시책이다.

1) 인간관계론의 성립배경 : 호손실험

인간관계의 발전에 중요한 공헌을 한 호손실험(Hawthorne experiments)은 하바드 경영대학원의 E. Mayo(1880 ~ 1949) 등이 1924년부터 1932년까지 약 8년 동안 실시한 실험으로 ① 노동은 개인적 활동이라기보다 집단적 활동이다. ② 작업능률을 좌우하는 것은 임금·노동시간 등의 노동조건과 조명·환기·기타 작업환경 등 물적조건 뿐만 아니라, 종업원의 태도, 감정 등 심리적 요인이 더 중요하다. ③ 종업원의 태도 및 감정을 좌우하는 것은 개인적·사회적 환경, 사내의 협력관계, 소속된 비공식집단(informal group)의 힘이라는 것을 발견하였다.

2) 인간관계개선을 위한 제제도

인간관계개선을 위한 여러 가지 제도의 핵심은 조직내의 의사소통을 개선하는 것이다.

효율적인 의사소통은 인간관계를 개선시킬 수 있기 때문에 하향적인 의사소통 뿐 아니라 상향적 의사소통제도를 확립하여 종업원의 사기를 높여야 한다. 구체적인 제도는 다음과 같다.

① **제안제도**(suggestion system)

1880년 스코틀랜드의 조선업자 W. Denny가 제창한 것으로 운영과 작업수행의 개선안을 제안토록 하여 우수한 제안에 대해서 보상하여 참여의식을 높이고 인간관계를 좋게 하며, 작업에 대한 보람을 느끼게 함으로써 근로의욕을 높이려는 제도이다.

② **사기조사**(morale survey), **태도조사**

직접적으로는 기업여건에 대한 만족도를, 간접적으로는 근로의욕이나 기업의식을 조사하는 것을 의미한다. 사기조사는 명확하게 결정된 의견이나 행동을 조사하는 것이 아니고 그러한 의견이나 행동에 이르는 개인 및 집단이 사고하는 경향 즉, 감정을 조사하는 것이다.

③ **인사상담제도**(personnel counselling system)

기업내에 전문적인 상담원을 두어 욕구불만, 갈등, 정서적 혼란, 가정적·개인적 고민 등을 상담하게 하여 문제를 해결하기 위한 면담제도이다.

④ **문호개방정책**(open-door policy)

종업원에게 상위층경영자의 문호를 개방하는 상향식 커뮤니케이션의 한 기법이다. 종업원의 어려운 점을 경영자가 발견하여 해결하여 줌으로써 우호적 관계를 유지하려는 것이다.

3) 인간관계론의 성과

① 인간의 행동을 유발시키는 생리적 욕구·경제적욕구·비경제적 욕구 중 비경제적 욕구인 심리적·사회적 욕구가 더 중요시 되어야 한다고 주장하여

경제적 욕구만을 중요시한 F. W. Taylor등의 과학적 관리법의 사고방식과 는 크게 다르다.

② 자연발생적으로 형성되는 비공식적 조직의 중요성을 강조하여 인간을 비공식적 조직의 행동기준에 따라 행동하는 존재로 본다. 비공식적 조직은 집단 특유의 감정의 체계를 가지고 있으므로, 경영자는 비용의 논리나 능률의 논리로 종업원을 다루게 되면 반발을 유발하게 된다는 것이다.

③ 경영자와 종업원간 인간관계의 원만한 유지, 경영모랄(morale)의 제고를 위한 집단의 협력관계 형성방안으로 쌍방의사소통을 충분히 도모하고, 의사 결정에 종업원도 참가시킬 것 등을 제시하였다.

2. 노사관계관리

노사관계(labor relation)란 노동조합과 경영자(사용자)가 단체교섭을 통하여 상호대등한 입장에서 상호관계하고 있다는 역사적인 발전단계 속의 사회관계를 의미한다.

이 개념은 자본과 임금노동으로서의 대립적 관계와 경영자와 작업자로서의 협동적관계에 있는 종속관계라는 이중적 성격을 갖는다.

노사관계관리는 이중성을 갖는 노사관계를 생산기술의 발달, 생산성 향상, 목표지향적관계에 이르도록 조정하는 일련의 계획적이고 조직적인 시책이다.

1) 노사관계의 발전과정

(1) 전제적 노사관계

사용자가 임금, 작업시간 등의 근로조건을 일방적으로 결정하며, 노동자는 사용자의 결정에 단지 복종하는 단계로서 생산성 제고에 실패하고 근로자가 저항을 하던 시기이다.

(2) 온정적 노사관계

생산성 저하의 문제를 해결하고, 노동자의 노동조합형성운동을 저지하기 위하여 가부장적 온정주의에 입각한 복리후생시설을 마련해주는 단계이다.

(3) 완화적 노사관계

자본과 경영의 분리에 따라, 경영자단체와 노동조합이 형성·발전되는 단계이다. 이 시기에는 경영자가 노동조합을 인정하고, 종업원의 복리증진과 의사소통을 통하여 노사관계의 긴장적 대립을 완화하고자 시도한다. 하지만 자본의 일방적 지배를 어느 정도 제약하지만 노동의 조직력이 자본과 대등한 지위까지는 이르지 못하고 있다는 제약이 있다.

(4) 민주적 노사관계

자본주의가 고도로 발전함에 따라 산업별 노동조합이 발전하게 되고 전문경영자가 책임자로서 전면적으로 등장하는 단계이다. 노동조합과 전문경영자가 대등한 입장에서 임금, 작업조건 등을 공동으로 결정한다.

2) 노사관계관리의 유형

(1) 단체교섭(collective bargaining)

노동조합을 경영층에 대한 대립기구로 보고 노사가 대등한 입장에서 교섭하는 것이다. 노동조합과 사용자가 임금이나 노동시간, 기타 근로조건에 관한 협약을 체결하고 체결된 협약을 관리하는 절차이다.

(2) 공동의사결정(co-determination)

노동조합을 경영층에 대한 대립기구로 보지 않고 노동자가 공동으로 참여하여 기업의 전략적·관리적·업무적 의사결정에 참여하는 것이다.

3) 노사관계관리의 방향

① 노동자의 자주적 조직으로서 노동조합을 인정한다.

② 조직된 노동조합을 적극적으로 경영에 활용한다.

③ 자주적 노동조합은 자본주의적 사회질서의 틀 안에 머물러야 한다.

Chapter 9 재무관리

제 1 절 기초개념

1. 재무관리란?

재무관리(financial management)는 기업경영의 하위체계(sub-system)인 인사관리, 생산관리, 마케팅관리 및 회계와 함께 기업을 효율적으로 경영하기 위한 경영기능의 한 분야로, 경영활동에 필요한 자금의 조달과 운용(투자)에 관련된 의사결정을 효율적으로 수행하기 위한 일련의 계획·시행·통제의 과정이라 할 수 있다. 그런데 기업의 모든 경영활동은 직접 또는 간접으로 자금과 관련되어 있으므로 재무관리는 화폐를 매개로 하여 기업의 모든 경영 활동을 전사적인 관점에서 계획(plan)·시행(do)·통제(see) 하는 종합적인 기능이다.

재무관리의 기능(체계)은 다음과 같다

1) 투자 결정(investment decision)

기업이 어떤 자산에 얼마만큼 투자해야 할 것인가 하는 재무상태표의 차변항목에 관련된 의사결정으로서 조달된 자본을 효율적으로 배분하는 자본운용을 의미한다. 투자결정에 의하여 기업의 자산구성이 결정되는데 이의 목표는 기업자산의 최적배합에 있다.

2) **자본조달결정**(financing decision)

투자에 소요되는 자본을 어떻게 조달할 것인가 하는 재무상태표의 대변항목에 관련된 의사결정을 말한다. 자본조달결정에 의하여 자본구조가 결정되는데 이의 목표는 기업자본의 최적배합에 있다.

3) **재무분석 · 계획 · 통제**(financial analysis, planning, controlling)

투자결정, 자본조달결정 등 주된 기능 이외에 이들 의사결정의 원활한 수행을 위한 기초자료를 제공하는 기능이다. 이는 기업이 처해 있는 현황과 문제점을 파악하고 앞으로 일어날 여러 경우를 예측하여 대비하고 경영성과를 분석하여 개선책을 강구한다.

재무관리는 기업이 필요로 하는 자금을 합리적으로 조달하고, 조달된 자금을 효율적으로 운용(투자)하는 관리 기능으로서 궁극적 목표는 기업의 가치를 극대화하는 것이다. 따라서 이들 기능은 각기 독립된 것이 아니다. 왜냐하면 자본조달은 투자를 위한 것이며, 투자결정은 재무관리의 목표를 최적 달성할 수 있는 수준에서 이루어져야 하기 때문이다. 따라서 재무관리의 각 기능은 상호의존관계에 있으며 이들은 모두 통합되어 재무관리의 목표를 효율적으로 달성할 수 있는 방향으로 발휘되어야 한다.

2. 재무관리의 목표

재무관리의 기능이 통합적으로 수행되어 기업목표를 효율적으로 달성하기 위해서는 먼저 재무관리의 목표에 대한 명확한 개념규정이 선행되어야 할 것이다. 기업의 모든 경영활동은 직·간접으로 자금과 관련되어 있으므로 재무관리의 목표는 기업의 목표와 일치하게 된다.

1) 이윤 극대화(profit maximization)

이윤 극대화 목표는 기업이 영리를 동기로 하고 있다는 점에서 전통적으로 기업의 목표로 인식되어 왔다. 그러나 이 개념은 기업목표를 지나치게 단순화하였다는 이유로 다음과 같은 비판을 받고 있다.

① 이윤극대화라 할 때 극대화의 대상이 되는 이윤이 구체적으로 무엇을 뜻하는지 그 개념자체가 모호하다.

② 현금흐름의 시간성을 무시하고 있다.

③ 미래이익의 위험을 무시하고 있다.

④ 기업이 이윤 극대화만을 추구하면 기업의 사회적책임을 소홀히 하게 되고, 경우에 따라서는 비윤리적, 불법적인 이윤획득행위가 이윤극대화 목표라는 논리에서 정당화될 수 있는 모순을 안고 있다.

2) 기업가치 극대화(firm's value maximization)

기업목표로서의 이윤 극대화가 지니는 개념상의 딜레마를 극복하여 주는 것이 기업가치 극대화 목표이다.

그런데 주식은 기업에 대한 소유권을 의미하므로 기업이 소유하고 있는 모든 자산의 가치는 채권자의 청구권을 제외하고는 주주에 귀속되며, 이는 증권시장에서 주가의 형태로 투자자들에 의하여 평가된다. 그러므로 기업의 실질적 가치는 총 발행주식수에서 주가를 곱하여 구할 수 있게 된다. 이와 같은 논리로 기업가치를 주가로 평가하는 것은 현대재무이론의 기초가 되고 있다. 따라서 기업가치의 극대화란 주가의 극대화를 뜻하는 것이 된다. 그런데 주가는 기업의 현재 수익실현능력, 미래 수익능력, 미래수익의 시간성과 위험, 위험에 대한 투자자의 태도, 사회적책임의 이행정도 등 관련정보를 포괄적으로 반영하고 있다고 할 수 있다. 따라서 기업가치 극대화목표는 이윤 극대화목표보다 훨씬 포괄적인 개념으로 현대기업이 추구하여야 할 목표이며 동시에 재무관리의 목표가 되는 것이다.

3) 기업의 사회적책임(social responsibility)

주주의 부 뿐만 아니라 기업의 존재 자체도 기업이 사회적책임을 다할 때 비로소 가능한 것이다. 그러나 사회적책임의 이행이라는 기업의 목적은 종종 기업들에 문제점을 야기한다. 사회적책임의 내용이 기업에 따라 다르고 기업가치 극대화 목표와 일치하지 않게 되는 경우도 있다. 정부는 사회적책임을 수행하도록 하기 위하여 공정거래법, 독점규제법, 차별대우 금지법 등을 입법 시행하고 있다. 따라서 경영자는 여러 가지 제약 상황 하에서 주가 극대화를 추구할 수밖에 없는 것이다.

제 2 절 투자결정

1. 자본예산

기업에 있어서 투자결정은 매우 중요한 의미를 갖는다. 투자를 미래의 불확실한 수익을 얻기 위하여 현재의 확실한 자금을 지출하는 것으로 정의할 때, 투자에는 미래 수익에 대한 위험(불확실성)이 따르게 된다. 특히 투자결정에 있어 단기투자 보다는 그 효과가 장기에 걸쳐 나타나는 장기투자에 있어서는 더욱 그렇다.

이와 같이 투자의 영향이 1년 이상 지속되는 장기투자의 총괄적 계획과 평가를 자본예산(capital budgeting)이라 한다. 여기서 투자란 대체로 기계장치 등 시설투자를 의미하나 시설투자가 아니더라도 연구개발(R&D)투자나 장기운전자금투자, 광고, 시장조사를 위한 지출도 포함된다.

이처럼 자본예산이 중요한 분야로 인식되고 있는 이유는 기술혁신과 경쟁의 심화로 투자가 대형화되고 투자의 회임기간이 장기화되어서 경제적 내용 년 수에 따른 진부화가 촉진되기 때문에 한 번의 투자실패는 기업의 존립자체를 위협하는 중대한 문제가 되며 투자결과 야기되는 제반 사회적 영향을 고려한다면 존립과 성장은 표리의 관계에 놓이며 따라서 합리적이고 과학적인 투자결정이 전제되어야 하기 때문이다.

자본예산편성의 과정은 다음과 같다

1) 투자목적 설정

기업의 환경변화를 분석·예측하여 기업목적(=기업가치)을 증대시킬 수 있는 투자기회를 포착하는 것이다. 구체적인 투자목적으로서는 신제품개발, 원가절감, 생산량 증대, 기존시설 대체 등 전략적 목적이 있다.

2) 투자안 개발(project generation)

투자목적에 적합한 투자안을 찾는 아이디어 모색으로 자본예산의 출발점이 된다. 적합한 투자안 개발은 기업의 성장과 직접 관련이 있으므로 신규투자안을 찾기 위하여 공식경로를 통한 의식적 노력이 필요하며 경우에 따라서는 연구개발비를 과감히 지출하여 그 결과에 따라 장기계획을 수립하여야 한다.

• 투자목적에 의한 분류 : J. Dean

① 대체투자(replacement) 현재 보유 자산을 새로운 자산으로 대체

② 확장투자(expansion) 기존시설 확장

③ 제품투자(product) 기존제품 개량, 신제품 개발

④ 전략투자(strategic) 전략적 목적을 달성하기 위한 투자

이에는 기업합병이나 연구개발투자, 종업원 복리후생, 공해방지시설, 지역사회개발 투자 등이 있다.

• 투자안의 상호관계에 의한 분류 : H. Jr. Bierman과 S. Smidt

투자안이 다른 투자안의 현금흐름(cash flows)에 어떻게 영향을 미치는가에 따른 분류로서

① 한 투자안이 다른 투자안의 현금흐름에 전혀 영향을 받지 않을 때 이를 독립적 투자(economically independent investments)

② 영향을 받을 경우 종속적 투자(ecocomically dependent investments)라고 한다.

3) 현금흐름 추정(cash flows estimation)

예비심사를 통과한 모든 투자안은 현금흐름의 추정을 필요로 한다. 자본예산은 투자로 인해 미래에 기대되는 현금흐름을 추정하여 이를 분석하는 과정이라 볼 수 있다.

■ 현금흐름추정의 원칙

① 현금흐름과 회계이익

미래의 투자성과는 현금흐름(cash flow)으로 측정한다.

현금흐름과 회계이익은 다른 것이다. 회계이익은 회계원칙에 따라 산출된 성과지표일 뿐, 기업의 모든 재무의사결정이 회계이익이 아니라 현금흐름에 기초하여 이루어진다는 사실을 명심해야 한다.

② 증분기준으로 측정해야 한다.

증분현금흐름이란 어떤 투자안(세차장 사업)을 채택할 경우, 기업(주유소 회사) 전체적으로 보아 늘어나거나 줄어드는 현금흐름을 말한다. 이는 투자안 자체(세차장 사업)의 현금흐름만을 고려해서는 안된다는 뜻이다.

신규투자자체(세차장)는 경제성이 없지만 기존사업(주유소)에 긍정적 영향을 미치는 경우도 또는 그 반대의 경우도 있다.

③ 세 후 기준으로 측정해야 한다.

기업이 특정 투자안을 채택하게 되면 이 투자를 추진하는 시점부터 종료되는 기간까지 각종 세금의 영향(세금부담 또는 세금혜택)을 받게 된다. 이와 같은 세금의 영향은 투자의 현금흐름에 반영되어져야 한다. 따라서 투자의 모든 현금흐름은 세후현금흐름을 기준으로 추정되어야 한다.

기업의 투자규모가 증가할수록 이익이 증가하여 세금의 부담이 증가하지만, 한편으로 투자증대에 따른 감가상각액의 증가로 감세효과도 있게 된다. 또한 기업이 선택한 투자의 종류에 따라 투자세액공제의 혜택을 받을 수도 있다.

④ 인플레이션을 일관성 있게 반영해야 한다.

현금흐름을 명목기준으로 측정한 경우에는 할인율(자본비용)도 명목기준으로 측정해야 한다.

⑤ 금융비용

현금흐름을 추정할 때 자금조달방법에 따라 다르게 되는 금융비용(이자, 배당)을 현금흐름에 포함시켜서는 안된다. 기업에서 보면 이자액이나 배당금은 현금유출이지만, 투자안을 평가하는 과정에서 할인율에 이미 반영되기 때문이다. 이 때 만약 이자액이나 배당금을 현금유출에 포함시킬 경우에는 이중으로 계산하는 결과가 된다.

* **세금효과** : 세금은 수익에서 비용을 차감한 이익에 대해 부과된다.

4) 투자안 평가(project evaluation)

일단 현금흐름의 추정이 이루어지면 기업에서는 현금유입(현가)과 현금유출(현가)을 상호 비교하여 투자안의 경제성을 평가하게 된다. 여기에는 확실성하의 투자결정과 위험 및 불확실성하의 투자결정으로 대별되는데, 이때 사용되는 평가방법을 요약하면 다음과 같다.

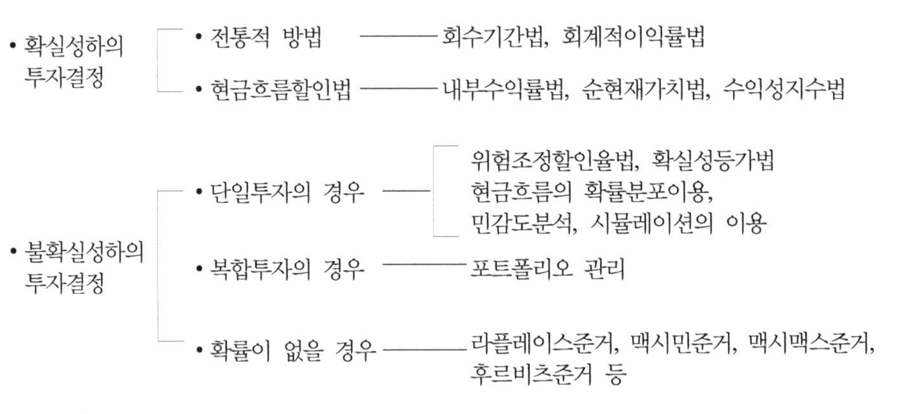

5) 투자안 선택(project selection)

기업의 자금사정, 장기적 목표 및 경쟁 상태를 고려하여 투자안 중에서 가장 바람직한 한 개의 안을 선택하는 투자결정의 단계이다. 이 때 복수의 투자안이 상호배타적일 때와 자본이 제한되어 있을 경우 이를 잘 고려하여야 한다.

6) 투자안 집행(project execution)

경영자가 선택된 투자안을 적절히 집행하는 단계를 의미한다. 투자안의 집행은 자본조달계획, 통제, 사후감사의 세 단계로 나눌 수 있다.

2. 포트폴리오 이론

포트폴리오(portfolio)란 광의로는 증권, 부동산, 귀금속 등 두 개 혹은 그 이상의 자산의 조합을 말하며, 협의로는 그 중에서 증권시장에서 거래되는 주식, 사채 등의 금융자산의 조합을 말한다.

포트폴리오에 투자하는 이유는 합리적인 투자자라면 높은 기대수익률을 추구하는 동시에 가능하면 위험을 회피하고자 하는 경향이 있기 때문이다.

포트폴리오이론(portfolio theory)은 불확실성하에서 투자자들이 어떻게 투자해야하는가를 규범적으로 접근한 방법으로서 Markowitz는 포트폴리오의 기대수익과 분산을 이용해서 위험을 계량화하고 분산투자의 효과를 측정하는 방법을 제시하였다. 포트폴리오이론을 전개함에 있어서 ① 증권의 수익률이 정규분포를 이루고, ② 투자자들은 위험을 싫어하는 위험회피형(risk averter)이라는 두 가지 가정을 하고 있다.

3. 운전자본관리

운전자본은 두 가지 의미로 사용되는데,
① 총운전자본은 유동자산을 말하는 것이며, ② 순운전자본은 유동자산에서 유동부채를 뺀 금액을 뜻한다.

따라서 운전자본관리의 문제는 필연적으로 유동자산의 관리뿐만 아니라 유동부채의 관리도 포함하는 것이다. 보다 구체적으로 현금, 유가증권, 매출채권 및 재고자산 등의 유동자산을 어떻게 기업의 목표 즉, 기업가치의 극대화에 합당하게 최적으로 구성하며, 이를 위한 자본조달을 가장 유리하게 실현할 것인가의 문제라 하겠다.

운전자본관리의 목표는 ① 유동성을 유지하면서 ② 수익성의 제고에 있다. 기업이 유동성을 지나치게 의식하여 유동자산을 과다하게 보유하면 상대적으로 수익성은 저하되며, 반대로 수익성을 지나치게 추구하여 유동성이 약화되면 단기채무 지급능력의 상실로 흑자도산의 위험이 커진다. 이와 같이 유동성과 수익성의 확보는 트레이드·오프관계에 있으므로 양자를 최적으로 조화시키는 것이 운전자본관리의 목표라 할 수 있다.

1) 유동자산관리의 기본적 시각

유동자산은 최소의 화폐단위까지 분할 투자가 가능하므로, 평소에는 가능한 최소 수준을 유지하고, 필요한 경우 즉시 보유수준을 증가시키는 정책을 취한다.

이러한 정책은 최소의 유동자산수준을 유지함으로써 유지비용을 최소화 할 수 있으나(대신 수익성자산인 고정자산에 투자함으로써 보다 많은 수익률), 반면에 예기치 않은 사태에 직면하여 보유재고의 부족으로 인한 기회비용, 필요할 때마다 그때그때 부족한 자산을 빈번하게 확보(주문)함에 따르는 비용 즉, 주문비용이 많게 된다(유동자산이 적음으로써 낮은 유동성이 수반할 보다 큰 위험).

그렇다면 어느 정도의 유동자산을 확보하는 것이 위험을 회피하면서(주문비용을 최소로) 보다 많은 수익(유지비용을 최소로)을 실현할 수 있는 최적수준일까?

유동자산의 최적규모는 그 보유수준에 대하여 트레이드·오프관계에 있는 두 가지 비용(유지비용과 주문비용)의 합이 최소가 되는 수준, 다시 말하면 보다 많은 수익률과 그 대신 부담해야 하는 위험간의 최적 조화를 실현하는 점에서 결정되어야 하며 그림에서 보는 것처럼 이것이 유형별 유동자산의 관리에 동일하게 적용되는 기본적 시각이다.

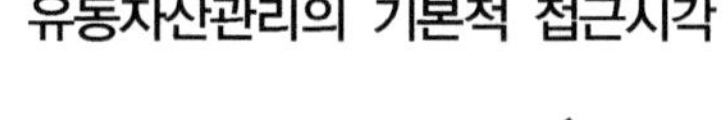

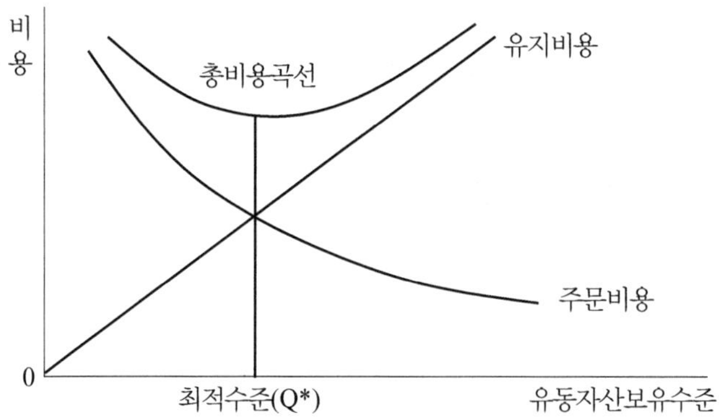

2) 현금 및 시장성 유가증권 관리

현금은 기업의 직접적인 지불수단이다. 현금이 부족할 때는 최악의 경우 부도가 발생할 수도 있고, 필요이상의 현금을 보유하는 것은 수익기회를 포기하는 것이므로 바람직하지 않다. 그러므로 현금관리의 목적은 기업의 유동성(지급능력)을 유지하는 동시에 여유현금을 잘 활용하여 수익성을 높이는 데 있다. 현금관리 문제는 ① 현금 유입은 촉진시키며, 현금 유출은 가급적 통제하고, ② 적정수준의 현금보유량을 유지하고, ③ 여유현금은 시장성 유가증권에 투자하는 것으로 요약된다.

시장성 유가증권이란 단기간의 여유자금을 투자하는 데 적합한 유가증권으로 만기가 길어야 수개월로서 짧고, 지급불능위험이 없으며, 언제든지 가격변동을 초래하지 않고 현금화할 수 있는 특징을 갖는다. 정부가 발행한 국채, 시중은행이 발행하는 양도성예금증서(CD), 우량대기업이 발행한 기업어음(CP) 등이 있다.

3) 매출채권 관리

매출채권이란 물품이나 서비스를 외상으로 판매한 후 아직 현금으로 회수되지 않은 외상매출금과 받을어음 등을 말한다. 매출채권의 관리에서 중요한 것은 ① 신용매출을 통하여 기업의 매출을 신장시키는 동시에, ② 현금으로의 회수를 촉진하여 유동성부족이 생기지 않도록 하고, ③ 불량채권 발생을 최소화하는 것이다.

어떤 거래처에 대하여 어느 규모와 기간으로 신용을 제공할 것인가를 정하는 것은 기업의 신용정책이다. 이와 관련해서는 고객의 성격(character), 능력(capacity), 재무상태(capital), 담보능력(collateral) 및 기업외적조건(conditions) 등 '5C' 검토에 의한 거래처 신용평가가 중요하다. 재무상황이 악화된 거래처에 거액의 신용매출이 제공되어 있는 경우, 거래처의 부도로 인하여 연쇄적으로 도산할 수도 있다.

4) 재고자산관리

재고자산(inventory)이란 생산에 투입될 원재료나 부품, 가공중에 있는 재공품, 생산이 완료되어 판매대기중인 제품 또는 상품 등을 말한다. 재고자산의 보유는 자본이 묶여 있음을 의미한다. 또한, 재고보유에는 보관비, 운송하역비, 보험료, 세금 등 재고유지비용이 수반되고 재고자산을 과소 보유할 경우에는 매출손실 등 기회비용이 발생한다. 그러므로 원활한 기업 경영을 위해서는 적정수준의 재고를 유지하는 것이 중요하다. 이를 위하여 개발된 것이 경제적 주문량(economic order quantity : EOQ)모형인데, 여기서는 주문비용과 재고유지비용을 최소화하는 1회의 주문량과 주문횟수가 결정된다. 오늘날 대부분의 기업은 공급업자를 생산과정에 통합시켜 원자재나 부품의 공급량과 시기를 조절할 수 있는 적시납품시스템(just in time : JIT)을 도입하여 재고수준을 최소화하고 있다. 가장 발달된 형태의 JIT시스템은 회사, 고객 및 공급업자를 네트워크로 연결함으로써 필요한 만큼의 재고가 적시에 자동적으로 납품되도록 하고 있다.

제 3 절 자본조달결정

1. 자본비용

① 기업(자본의 사용자)이 자본을 조달하면서 그 대가로 투자자에게 지급하는 비용. 차입금이자, 주식 배당 등(자본비용)

② 투자자(자본의 공급자)가 투자한 자본에 대하여 기대(요구)하는 최소한의 수익률(기대수익률 또는 요구수익률)

이때 자본비용과 관련하여 다음사항을 유의해야 한다.

① 「자본」은 보통 재무상태표의 대변 중 장기자금의 원천만을 가리킨다.

② 자본사용에 대한 대가로 지급되는 1년간의 비용 즉, $\left(\frac{\text{연간 지급비용}}{\text{연간 이용자본액}}\right)$로 표시된다. 예를 들어, '타인자본의 비용이 20%다'는 타인자본을 이용하면 1년에 20%의 이자를 지급함을 뜻한다.

③ 과거 자본조달의 역사적 비용이 아니라 새로운 자본을 조달할 경우 그에 대한 대가로 지급되어야 할 자본의 한계자본비용이다.

2. 기업의 자본조달

기업이 경영활동을 수행하기 위해서는 자본의 뒷받침이 필요하다. 따라서 기업은 어떤 방법이든 필요한 자본을 획득해야 하며, 그 획득을 위한 기업의 재무활동을 자본의 조달이라고 한다. 이때의 자본이란 재무상태표의 자산(차변)과 대비되는 자본(대변)을 의미한다.

1) 일반원칙

기업의 자본조달은 그 비용 및 방법이 문제 되며, 이에 앞서 우선 필요자본액의 크기가 선결되어야 한다. 일반적으로 R. H. Gregory에 의하면 자본조달의 일반원칙을 다음과 같이 말하고 있다.

① 고정자산의 투자는 자본금 및 고정부채 총액이내로 할 것

② 유동부채는 유동자산에만 투자할 것

③ 고정부채는 유동부채보다 안전하므로, 고정부채를 유동부채로 바꾸어서는 안 된다. 즉, 고정자산의 획득에는 장기자본, 유동자산의 획득에는 단기자본이나 장기자본을 원칙으로 하고 있다.

2) 결정요인

(1) 자본비용

가장 저렴한 자본비용을 갖는 자본조달원천을 택한다.

(2) 자본의 필요시기

자본의 필요시기(timing)를 고려하여 자본조달원천을 택한다. 이 시기의 문제는 자본의 조달기간과 용도를 감안해야 한다. 즉, 자금이 매우 급히 필요할 경우 자본의 조달기간이 짧고(빠른) 단기적 용도로 사용한다면 단기성자본으로 조달한다.

(3) 재무위험

재무위험과 관련하여 고려할 문제는 위험과 수익의 트레이드·오프관계이다. 예를 들어 부채를 많이 이용하면 감세효과 등으로 주주의 수익을 높일 수 있으나, 고정비용의 증가로 지급불능 위험이 증가된다.

(4) 기업성장의 단계

기업은 성장초기에는 증권 발행을 통하여, 성숙단계에는 주로 유보이익을, 안정단계에는 감가상각을 주요 원천으로 사용한다.

(5) 소유권과 경영통제

특히 장기자본 조달시에 고려되는 요인으로 새로운 외부자본이 어떤 조건으로 참여하는 가에 따라서 소유권과 경영통제에 영향을 받게 된다. 타인자본에 의한 자본조달은 문제될 것이 없으나, 보통주를 새로 발행할 경우 구주주들이 신주인수권을 포기하면 소유권과 경영통제에 영향을 준다.

3) 방법(형태)

(1) 장기자본 조달

장기자본은 적어도 1년 이상의 기간에 서서히 상환될 성질의 자본으로서 ① 주식자본, ② 자기금융, ③ 장기차입금, ④ 리스금융 등으로 분류된다.

이들 장기자본 중 주식과 사채가 중심을 이루고 있으며, 특수형태의 주식과 사채가 발행되나 양자 간에는 서로 접근경향을 보이고 있는 것이 추세다.

(2) 단기자본 조달

단기자본은 대체로 1년이내에 상환될 성격의 자본으로서 이의 원천은 다시 자생적 단기금융과 비자생적 단기금융으로 구분된다.

자생적 단기금융은 기업의 일상적인 영업활동에서 자생적으로 조달되는 자금으로 ① 거래신용, ② 미지급금·미지급비용 등이 있다.

비자생적 단기금융은 화폐시장에서 조달되는 자금으로 ① 은행차입, ② 기업어음, ③ 담보금융 등이 있다.

자본조달의 방법

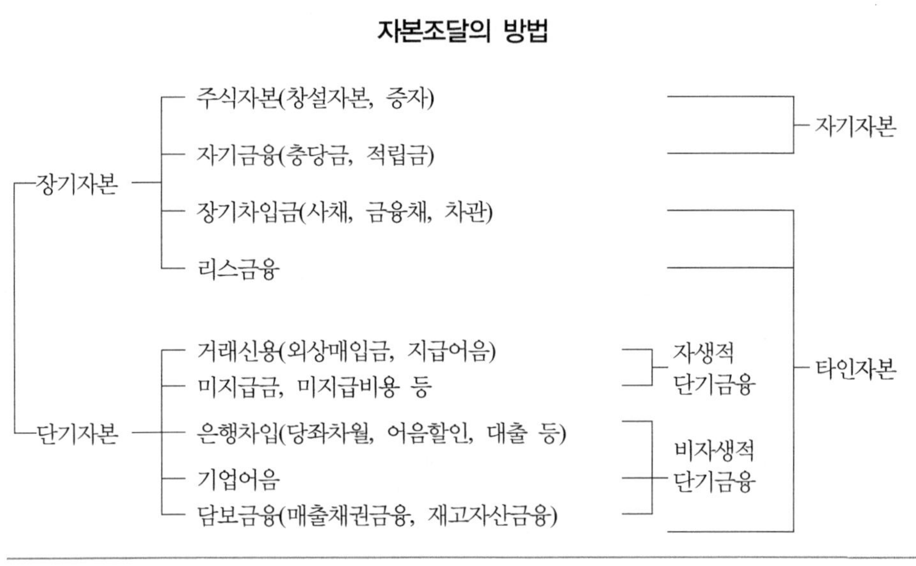

제 2 절 재무분석 · 계획 · 통제

기업의 경영활동은 크게 자본을 조달하는 재무활동과 조달된 자본을 운용하는 투자활동, 그리고 투자된 자산으로 영위하는 영업활동으로 크게 나누어 볼 수 있다. 이러한 기업의 경영활동이 요약되어 있는 것이 재무제표이며, 대표적 재무제표에는 재무상태표와 포괄손익계산서가 있다.

1. 재무상태표

기업의 자금조달 및 자금운용에 관한 정보가 요약되어 있는 재무상태표는 특정시점에서 한 기업의 재무상태를 보여준다.

재무상태표는 특정 시점(결산일)에 기업이 보유하고 있는 재산상태를 나타내 주는 표이다. 재무상태표의 왼쪽은 자산항목으로서 기업이 영업활동을 수행하기 위해 투자하거나 보유중인 자산을 표시한 것이고, 오른쪽은 부채와 자본 항목으로서 투자를 위한 소요자금이 어떻게 조달되었는지 보여 주고 있다.

재무상태표

HH 주식회사 20xx. 12. 31 현재 (단위: 억원)

차변		대변	
유동자산	196	**유동부채**	218
당좌자산	147	매입채무	48
현금	34	단기차입금	123
매출채권	75	기타유동부채	47
기타당좌자산	38	**고정부채**	171
재고자산	49	장기차입금	75
고정자산	323	회사채	66
투자자산	84	부채성충당금	17
유형자산	226	기타고정부채	13
토지	56	**자본**	130
건물	60	자본금	46
기타유형자산	110	자본잉여금	65
무형자산	13	이익잉여금	19
자산 총계	519	**부채와 자본 총계**	519

1) 유동자산

1년 이내에 현금화가 예상되는 자산으로서 현금, 1년 이내의 정기예금, 적금 등의 금융상품, 타회사 발행의 주식이나 채권 등을 단기간 보유 목적으로 소유하는 유가증권, 상품·제품·원료 등의 재고자산이 있다. 이 중에서 유동성이 매우 높은 자산 즉, 현금화가 비교적 용이한 현금, 단기금융상품, 시장성유가증권, 매출채권 등을 당좌자산이라 한다.

2) 고정자산

1년 이후에 현금화가 가능한 자산으로 투자자산, 유형자산, 무형자산이 있다.

① 투자자산

영업에 직접 사용되지 않는 1년 이상 보유 예정인 자산으로 투자유가증권 같이 다른 회사를 지배하거나 투자 부동산 같이 유휴자금을 활용하기 위하여 투자한 자산을 말한다.

② 유형자산

판매목적이 아닌 정상적인 영업활동에 사용하기 위하여 소유하고 있는 내구성 있는 유형의 자산으로 토지, 건물, 기계장치 등이 이에 속하며, 토지를 제외하고는 감가상각의 대상이 된다.

③ 무형자산

물리적 형태는 없으나 기업의 수익창출에 기여할 것으로 예상되는 자산이다. 다른 기업을 인수할 때 별도로 지불하는 영업권, 제품 생산을 위한 개발비, 특허권, 상표권, 산업재산권 등이 있다.

3) 유동부채

1년 이내에 상환될 것으로 예상되는 부채로 상품 구입 후 지급하지 않은 매입채무, 단기로 은행 등에서 빌린 단기차입금, 비용이 발생하였으나 아직 지급하지 않은 미지급비용 등이 있다.

4) 고정부채

만기가 1년 후에 도래하는 부채로서 회사채, 장기차입금 등이 있다.

5) 자 본

자본은 주식을 발행하여 조달한 자금과 기업의 이익이 배당되지 않고 사내에 유보되어 있는 부분을 말하며 자본금, 자본잉여금, 이익잉여금, 자본조정으로 분류된다. 자본금은 액면가에 발행된 주식수가 곱하여진 금액이며, 만약 액면가보다 높은 가격으로 주식이 발행되었다면 이 초과된 부분은 자본잉여금으로 분류된다. 기업에 이익이 발생하면 일부분은 배당으로 주주들에게 돌려주고 남은 부분은 이익잉여금으로 회사에 유보된다.

2. 포괄손익계산서

일정기간 동안의 경영성과를 표시하며 수익과 비용을 밝히고 당기순이익이 얼마인지를 나타낸 표이다.

포괄손익계산서

HH주식회사 20xx. 1. 1 ~ 20xx. 12. 31 (단위: 억원)

매출액		420
매출원가	(−)	332
매출총이익		88
판매비와관리비	(−)	52
영업이익		36
영업외수익	(+)	33
영업외비용	(−)	37
경상이익		32
특별이익	(+)	7
특별손실	(−)	14
법인세비용차감전 순이익		25
법인세비용	(−)	3
당기순이익		22

포괄손익계산서는 크게 매출액에서 매출원가를 차감 하여 매출총이익을 구하며 여기에서 급여, 광고비, 판매촉진비 같은 판매관리비를 차감하면 영업이익이 된다. 영업이익은 본업의 영업성과를 표시하고 있으며 여기에서 금융비용인 이자비용 같은 영업외비용을 차감 하고 타회사에 투자한 주식에서 얻은 배당수익이나 이자수익 등 영업외수익을 가산하면 경상이익이 된다. 경상이익에 재해손실 같은 특별한 경우에만 발생하는 특별손익을 가감하면 법인세차감전 순이익이 되며 여기에서 법인세 등을 차감하면 당기순이익이 된다.

이러한 당기순이익이 기업이 일정기간 동안 벌어들인 성과를 표시한 것으로서 일부는 배당되고 나머지는 재투자를 위해 회사 내에 유보시켜 이익잉여금을 구성하게 된다. 또한, 당기순이익을 발행주식수로 나눠주면 주식 1주당 벌어들이는 이익을 나타내는 주당순이익(earning per share : EPS)이 되며 이는 주식투자에 주요한 지표가 된다.

참고문헌

김영기 외 2인, 「경제의 이해」, 도서출판 두남.
김동기 외 3인, 「경영학연습」, 법문사.
김식현, 「인사관리론」, 무역경영사.
김영규, 「최신경영학원론」, 박영사.
김용민, 「기초경제의 이해」, 도서출판 두남.
김윤상, 「생산운영관리」, 박영사.
김인호, 「경영학원론」, 법경출판사.
김정호 외 2인, 「생활속의 세금강의」, 퍼스트북.
김종진, 「경영학원론」, 한국방송통신대학.
김준식·차덕환·천명섭, 「경영학원론」, 세영사.
김중호·노덕환, 「알기 쉬운 경영분석」, 도서출판 두남.
김진세 외 2인, 「생활과 경제」, 도서출판 두남.
김태형 외 2인, 「핵심 경영학원론」, 도서출판 대경.
노덕환, 「경영학 에센스」, 도서출판 두남.
박형호, 「신경영학원론」, 무역경영사.
서남수·이규헌, 「경영학원론」, 박영사.
송준호·임외석, 「경영학원론」, 도서출판 범한.
여운승, 「마아케팅관리론」, 법문사.
오상락, 「경영학원론」, 박영사.
오연갑, 「경영학원론」, 법문사.
유필화, 「현대마케팅론」, 박영사.
윤석철, 「Principia Managementa」, 경문사.
윤재희·이재학, 「경제학의 기본원리」, 북코리아.
이석규, 「창업 및 사업성검토」, 다산출판사
이성탁, 「마케팅관리론」, 박영사.
이순용, 「생산관리론」, 법문사.

이재규, 「최신경영학원론」, 박영사.
이정규·서성한·유기현, 「경영학원론」, 박영사.
임익순·소영일, 「현대경영학원론」, 박영사.
정경섭, 「경영학원론」, 법문사.
정수영, 「신경영학원론」, 박영사.
조희영·김석회, 「경영학원론」, 무역경영사.
최병용, 「최신경영학원론」, 박영사.
최종태, 「인사관리」, 박영사.
추 헌, 「현대 경영학원론」, 형설출판사.
한성수 외 3인, 「디지털시대의 생활경제」, 도서출판 두남.

Daft, Richard L., Management, (5th ed), Harcourt Brace Custom Publishing Co.
Fred Luthans, *Organizational Behavior*, (3rd ed), “New York : McGraw–Hill”.
Griffin, Ricky W., Management, (4th ed)., Houghton Mifflin Company.
H. D Koontz. C. O' Donnell and H. Weihrich, Management, (7th ed,), McGraw–Hill.
Kotler Philip, Marketing Management(8th. ed), Prentice–Hall.
Massie, Joseph L., Essentials of Management, (4th ed)., Prentice–Hall, Inc.
Robbins S. P., and De Cenzo, D. A., *Fundamentals of Management,* (2ed ed.), Prentice- Hall, Inc.

찾아보기

▶ 저자약력 ◀

김 중 호

- 명지대학교 기계공학과 졸업
- 아주대학교 대학원(경영학석사)
- 안양대학교 대학원(경영학박사)
- 삼성전자 DAS개발기획 그룹장
  현) 오산대학교 세무회계과 교수

〈저서 및 논문〉

- 알기 쉬운 경영분석(도서출판 두남)
- 지각된 경영컨설팅 서비스품질이 조직몰입과 혁신행동에 미치는 영향(2019)
- 6시그마 도입이 기업의 경영 성과에 미치는 영향에 관한 사례연구(2002)
- 전문대학 신입생의 개인특성이 대학적응 만족도에 미치는 영향(2017)
- The Polarization of Wealth : The Effect of Support of Knowledge Management on Knowledge Management Activity and Company Performance(2017)

● 알기 쉬운 **경제와 경영학**

초 판 1쇄 인쇄 —— 2022년 2월 20일
초 판 1쇄 발행 —— 2022년 2월 25일
지은이 —— 김 중 호
펴낸이 —— 전 두 표
펴낸곳 —— 도서출판 **두남**
서울시 강동구 성내로 6길 34-16 두남빌딩
신 고 : 제25100-1988-9호
TEL : 02) 478-2065~7, 2311
FAX : 02) 478-2068
E-mail : dunam1@unitel.co.kr
http://www.dunam.co.kr

● **정가 20,000원**

ISBN 978-89-6414-940-9 93320